权威·前沿·原创

皮书系列为
"十二五""十三五""十四五"时期国家重点出版物出版专项规划项目

BLUE BOOK

智 库 成 果 出 版 与 传 播 平 台

数字贸易蓝皮书

BLUE BOOK OF DIGITAL TRADE

中国数字贸易发展报告
（2024）

DEVELOPMENT REPORT OF CHINA'S DIGITAL TRADE

(2024)

主　编／李小牧　赵家章
副主编／苏二豆

社会科学文献出版社
SOCIAL SCIENCES ACADEMIC PRESS（CHINA）

图书在版编目（CIP）数据

中国数字贸易发展报告 . 2024 ／ 李小牧，赵家章主编 . --北京：社会科学文献出版社，2024.8. --（数字贸易蓝皮书）. -- ISBN 978-7-5228-4011-6

Ⅰ. F724.6

中国国家版本馆 CIP 数据核字第 2024FQ1868 号

数字贸易蓝皮书

中国数字贸易发展报告（2024）

主　　编／李小牧　赵家章
副 主 编／苏二豆

出 版 人／冀祥德
责任编辑／路　红
责任印制／王京美

出　　版／社会科学文献出版社·皮书分社 （010）59367127
　　　　　地址：北京市北三环中路甲 29 号院华龙大厦　邮编：100029
　　　　　网址：www. ssap. com. cn
发　　行／社会科学文献出版社 （010）59367028
印　　装／天津千鹤文化传播有限公司

规　　格／开　本：787mm×1092mm　1/16
　　　　　印　张：17.25　字　数：258 千字
版　　次／2024 年 8 月第 1 版　2024 年 8 月第 1 次印刷
书　　号／ISBN 978-7-5228-4011-6
定　　价／158.00 元

读者服务电话：4008918866

主编简介

李小牧　教授，首都经济贸易大学副校长，中国国际贸易学会副会长及服务贸易专业委员会主任，中宣部对外文化交流（文化贸易）研究基地首席专家，北京市"优秀教师"，北京高校"拔尖创新人才"、高水平教学创新团队带头人和首都经济贸易大学北京高校哲学社会科学（"两区"建设）创新中心主任。先后主持完成国家社科基金重大项目、北京市社科基金重大项目等各级项目 20 余项。在《经济学动态》《国际金融研究》《国际贸易》《国际贸易问题》等学术期刊上发表论文 30 余篇；出版专著近 10 部。主编"服务贸易蓝皮书""文化贸易蓝皮书"等，学术成果填补了国内相关研究领域的空白；主编国内首套"国际文化贸易专业系列教材"，所编《国际服务贸易》《国际金融》获评北京高等教育精品教材。

赵家章　教授，博士生导师，首都经济贸易大学经济学院党委书记。兼任中国国际贸易学会常务理事，北京国际经济贸易学会理事，《国际贸易》编委。研究领域为国际贸易与区域经济。主持国家社科基金项目 2 项、省部级课题项目 3 项，横向课题项目 20 余项。近年来在《经济研究》、《经济学动态》、《中国软科学》、《经济学家》、《经济社会体制比较》、《国际贸易》、*Applied Economics* 等期刊发表论文 50 余篇；出版专著 2 部。

摘　要

　　新一轮科技革命和产业变革推动全球数字经济焕发出蓬勃生机，催生了以数据为关键生产要素、以数字服务为核心、以数字订购与交付为主要特征的数字贸易。党的二十大报告明确指出，要推进高水平对外开放，发展数字贸易，加快建设贸易强国。数字贸易是"双循环"新发展格局下的新兴贸易领域，已成为国际贸易发展的新趋势和新引擎，塑造着新的商业格局和贸易模式，成为打造对外开放合作新高地的必经之路。2022年，中国的数字贸易规模达到了一个新高度，其中，可数字化交付服务进出口额达到3642.19亿美元，同比增长3.1%；可数字化交付服务出口额为2052.84亿美元，同比增长7.20%；进口额为1589.35亿美元，增速放缓。

　　报告分为总报告、分报告和专题报告三个部分。总报告首先就中国数字贸易发展历程、现状、存在的问题进行了分析，提出中国数字贸易发展建议及展望；其次，构建了中国数字贸易发展指数的指标体系，就中国数字贸易发展指数的评估方法、数据来源和采集方式进行说明，重点对中国数字贸易发展指数进行评估和分析。分报告主要针对中国跨境电子商务、中国数字服务贸易、中国跨境数据交易、中国数字文化贸易以及中国数字平台发展等进行深入分析研究。专题报告聚焦数字贸易规则，对RCEP与我国数字服务贸易的发展、DEPA对数字贸易的规制方案与中国应对、数字贸易规则的国际分歧与中国应对以及世界数字贸易规则的变革动向进行探讨。

　　数字贸易作为数字经济蓬勃发展时期的重要贸易形态，不仅是推动经济增长的重要引擎，也是加快建设贸易强国的重要抓手，更是重塑全球贸易格局的关键因素。基于此，《中国数字贸易发展报告（2024）》综合运用国别比较、定量分析与定性分析相结合等方法，集中专业力量，汇聚专家智慧，为中国数字贸易发展战略的制定、切实有效推进中国数字贸易高质量发展、加快建设贸易强国，提出有针对性的政策建议。

关键词： 数字贸易　数字服务　数字订购　国际贸易

目 录 ⟨⟨

Ⅰ 总报告

B.1 中国数字贸易发展报告（2024）
·························· 李小牧　曹越洋　朱　光／001
B.2 中国数字贸易发展指数报告（2024）········· 赵家章　苏二豆／025

Ⅱ 分报告

B.3 中国跨境电子商务发展报告（2024）················ 张宸妍／060
B.4 中国数字服务贸易发展报告（2024）················ 王佃凯／088
B.5 中国跨境数据交易分析报告（2024）······· 文　磊　邹麟钰／114
B.6 中国数字文化贸易发展报告（2024）········ 李嘉珊　刘　霞／129
B.7 中国数字平台发展报告（2024）············· 文　磊　折乐垚／143

Ⅲ 专题报告

B.8 RCEP 与我国数字服务贸易的发展 ··········· 王海文　刘佳怡／160
B.9 DEPA 对数字贸易的规制方案与中国应对 ··············· 张　建／180

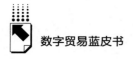

B.10 数字贸易规则的国际分歧与中国应对 ········ 郝宇彪 徐修成 / 200

B.11 世界数字贸易规则的变革动向 ································ 申 萌 / 232

Abstract ··· / 250

Contents ··· / 252

皮书数据库阅读**使用指南**

总 报 告

B.1
中国数字贸易发展报告（2024）

李小牧　曹越洋　朱　光*

摘　要：　数字贸易不仅是推动经济增长的新引擎之一，而且也是加快建设贸易强国的重要抓手。1994年以来，中国数字贸易发展大致经历了萌芽期、起步期、探索期、快速增长期。目前，中国已经成为最大的B2C跨境电商交易市场，可数字化交付服务贸易额也持续增长。接连涌现的优秀数字贸易企业、不断完善的数字基础设施建设以及持续深化的跨国数字领域合作等，为中国数字贸易的发展注入了新的活力。然而，中国数字贸易发展过程中仍然存在数字基础设施区域建设不平衡、数字服务贸易国际竞争力有待提升、数字贸易规则制定话语权相对较弱以及关键核心技术有待突破等问题。为加快打造数字贸易"新引擎"、促进中国数字贸易高质量发展，本报告建议要发挥区域比较优势弥合数字鸿沟；创新数字贸易"中国模式"，提高国际竞

---

* 李小牧，博士，首都经济贸易大学副校长、教授，主要研究领域为国际服务贸易、国际文化贸易、国际金融和世界经济；曹越洋，博士，首都经济贸易大学经济学院讲师，主要研究领域为价值理论、分配理论、数字经济；朱光，博士，首都经济贸易大学经济学院讲师，主要研究领域为全球价值链、企业创新、数字经济。

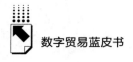

争力；探索数字贸易规则"中国方案"，提升国际话语权；布局关键基础数字技术，加强核心技术自主创新。

关键词： 数字贸易　跨境电商　数字服务贸易　贸易规则

一　中国数字贸易发展历程

近年来，数字贸易在全球范围内蓬勃发展，数字技术的广泛应用开始重塑全球产业链供应链，国际贸易已然从全球价值链贸易阶段跨入数字促进贸易阶段。这一变革得益于两个方面的共同推动：一方面，全球化背景下国际贸易深入扩展至更多产业；另一方面，数字经济及技术创新给生产组织方式带来了根本性变革。在此背景下，我国的数字贸易发展也从无到有进入了快速发展的时期。

（一）数字贸易概念梳理

回顾全球数字贸易发展历程可以理解数字贸易概念及其表现形态的发展。数字贸易发展可大致分为四个阶段：起始阶段（1994～2000年）是电子商务起步时期；成长阶段（2001～2010年）是传统电子商务成熟和数字贸易多元化发展时期；快速发展阶段（2011～2020年）是完成技术驱动且初步形成网络格局的数字贸易现代化时期；成熟阶段（2021年至今）是对现有规则适应性讨论和新规则制定的数字贸易规范化时期。

具体而言，1994～2000年，随着互联网技术逐步普及，电子商务平台如亚马逊和eBay开始出现，形成了数字贸易的基础形态。1997年，美国发布《全球电子商务纲要》，将电子商务明确划分为企业对企业（B2B）和企业对个人（B2C）两种模式，并提出要追求电子商务全球自由化，由此奠定电子商务国际协议框架的基础。2001～2010年，随着宽带互联网和移动互联网技术的不断发展，跨境电商以及在线支付的服务贸易开始普及，电子商务的贸易模式逐渐成熟，数字贸易的形态呈现多元化发展。2006 年，谷歌首次提出云计算的概念，同年以传统电商起家的亚马逊推出了 IaaS 服务平台 AWS，新型数字服务贸易形式初现。2011~2020 年，云计算、大数据、人工智能等新兴技术的发展极大地推动了数字贸易的增长，数字贸易经历了从实物商品贸易的数字化转型，到贸易对象的数字化扩展，涵盖了新型数字产品和服务，在线教育、远程医疗等数字服务在全球服务贸易中的占比显著提高。2017 年，世界贸易组织（WTO）的《贸易便利化协定》生效，该协定鼓励贸易流程从传统的纸质形式转变为电子形式，并致力于现代化全球贸易管理系统。这些进步不仅加速了贸易的数字化进程，还为全球贸易发展打开了新的篇章。随着技术的普及和政策的支持，全球消费者对于跨境购物的接受度显著提高，购物习惯及对商品品质的要求发生了彻底改变，新型现代化数字贸易势在必行。虽然美国、欧盟和中国等经济体在各自的贸易协定中不断加入涉及数字贸易的内容，但由于缺乏统一的国际规则，这一时期的数字贸易发展面临着诸多挑战。2021 年以来，面对数字贸易的迅猛发展，国际社会逐渐认识到构建多边和区域贸易协定中数字贸易规则的紧迫性，各国开始对数字贸易规则制定加以重视，旨在应对全球数字贸易发展所带来的挑战以及满足疫情后经济恢复的需求。在此背景下，随着全球数字贸易规则不断完善，有望打破欧美长期单边主导的规制格局，如在《区域全面经济伙伴关系协定》（RCEP）谈判中首次由发展中国家引领制定数据流动规则，各国合作共同提出多元共治的数据流动解决方案。

发展到今日，数字贸易这一概念的内涵和外延日益明晰，本报告参考商务部根据"OECD-WTO-IMF"概念框架的界定来定义数字贸易，其是以数据资源为关键生产要素、以数字服务为核心、以数字订购与交付为主要特征的对外贸易。可分为可数字化交付贸易和数字订购贸易两大类，其中，可数字化交付贸易包含数字技术贸易、数字服务贸易、数字产品贸易和数据贸易，数字订购贸易包括通过跨境电子商务平台达成的货物和服务贸易。

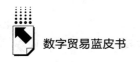

（二）中国数字贸易发展阶段

中国数字贸易发展大致可以分为四个阶段（见表1）：1994～2002年为萌芽期，互联网时代开启了传统贸易的转型；2003～2012年为起步期，电子商务兴起，数字贸易概念首次提出；2013～2016年为探索期，跨境电商业务模式转型，云计算服务扩展国际业务；2017年至今为快速增长期，可数字化交付服务显著增长，数字贸易管理、贸易规则逐渐丰富。

表1　中国数字贸易发展阶段划分

阶段	年份	事件	政策
萌芽期	1994～2002	·接入国际互联网 ·网络黄页式外贸电子商务 ·B2B在线贸易平台出现： 　阿里巴巴国际站； 　中国制造网	"金贸工程"
起步期	2003～2012	·数字贸易概念提出 ·电子商务兴起 ·支付、物流等环节电子化 ·B2C跨境电商平台出现： 　全球速卖通（AliExpress）、敦煌网 　（DHgate）	《电子商务发展"十一五"规划》； 全面启动跨境贸易电子商务服务试点工作
探索期	2013～2016	·美国国际贸易委员会（USITC）提出数字贸易概念界定 ·跨境电商业务模式转型 ·可数字化交付服务实现净出口： 　跨境云计算服务开始发展	《财政部　税务总局关于跨境电子商务零售出口税收政策的通知》、《关于跨境贸易电子商务进出口货物、物品有关监管事宜的公告》、《关于增列海关监管方式代码的公告》、设立跨境电商综合试验区
快速增长期	2017年至今	·可数字化交付服务出口持续增长 ·数据贸易兴起 ·数字产品贸易加速发展： 　游戏"出海"涌现； 　中国电信、计算机和信息（ICT） 服务出口扩大	21世纪"数字丝绸之路"； 《"十四五"服务贸易发展规划》； 建立跨境服务贸易负面清单管理模式； 党的二十大报告进一步强调"发展数字贸易"

资料来源：作者自行绘制。

1. 萌芽期（1994~2002年）

20世纪90年代互联网的广泛应用创造了全球数字贸易的基础。1993年底，由中共中央政治局常委、国务院副总理朱镕基提出的"三金工程"① 旨在建设中国的"信息准高速国道"，为数字贸易发展奠定了基础设施基础。1994年，中国正式接入国际互联网，进入互联网时代，当前中国的互联网行业龙头企业大多数是在这个时期相继成立。1998年10月，国家经贸委与信息产业部联合宣布启动以电子贸易为主要内容的"金贸工程"，推广网络化应用、开发电子商务在经贸流通领域的大型应解试点工程。在此背景下，出现了网络黄页式外贸电子商务，数字贸易这一概念尚未明确，在萌芽期通常被表示为电子商务。网络黄页式外贸电子商务依托于传统外贸，采取线上展示提供信息，线下完成交易的外贸信息服务模式，但交易环节并未数字化，是B2B电子商务的最初形式。当时具有代表性的B2B在线贸易平台有中国制造网、慧聪网等。1999年，阿里巴巴集团成立第一个业务板块——阿里巴巴国际站，通过向海外买家展示、推广供应商的企业和产品，进而助力中国中小企业获得贸易商机和订单，帮助出口企业拓展国际贸易。进入2000年，随着个体商家开始在eBay和亚马逊等国际C2C平台上开展跨境电子商务，数字贸易开始逐渐成形，尽管这一时期尚未形成规模。

2000年前后，全球互联网泡沫破灭和纳斯达克股市的崩盘对国内外互联网产业造成了重大影响，中国的互联网企业也经历了2~3年的调整和低谷。尽管如此，20世纪90年代电子商务在电子传输关税、隐私保护、数据流动、电信市场准入及数字环境下的知识产权保护等方面取得的进展，为数字贸易的未来发展构建了法律和政策框架。这一时期，虽然只是传统贸易转型数字贸易的萌芽期，但已经展现出数字技术对传统贸易模式的深刻影响。

2. 起步期（2003~2012年）

一方面，随着互联网技术的快速发展和数字基础设施的逐步完善，中国电子商务迅猛发展进一步带动了跨境电商的成长。2003年和2004年淘宝

---

① "三金工程"包括金桥工程、金卡工程和金关工程。

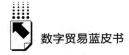

网、京东商城、当当等纷纷开始涉足电子商务领域。2007 年，国家发展改革委、国务院信息办印发了《电子商务发展"十一五"规划》，将电子商务服务业确定为国家重要的新兴产业，并提出扩大电子商务在国际贸易与经济合作中的应用，重点引导国际贸易电子商务工程。在政策支持下，中国的跨境电子商务稳健起步。

这一时期的数字贸易开始呈现关键环节数字化以及平台化趋势。除了阿里巴巴国际站、中国制造网等早期老牌的跨境电商网站专注 B2B 业务外，大批新型跨境电商平台逐渐涌现，开发探索 B2C 业务。2010 年，阿里巴巴成立全球速卖通（AliExpress），专门面向国际市场，目前已成为中国最大的跨境零售电商平台。其他 B2C 跨境电商平台包括敦煌网（DHgate）、米兰网、兰亭集势等。跨境电商平台从提供信息黄页的展示扩展为在线交易，部分支付、物流等关键环节逐渐实现数字化转型。此外，跨境电子商务平台整合生态链中的生产商和服务提供者，借助大数据和算法技术精确匹配国际市场需求并优化供应链管理，有效降低了国际交易的成本，提升了传统贸易的效率和扩大了市场范围。

另一方面，在移动支付、大数据分析、云计算等新兴技术助推数字贸易多元发展的背景下，贸易对象数字化驱动了数字服务贸易的发展。如图 1 所示，最典型的数字密集型服务贸易行业——电信、计算机和信息（ICT）服务出口额在 2005 年仅为 23.25 亿美元左右，但在之后的七年迅速发展，保持了高达 33% 的平均增速。在亚马逊推出 AWS 三年后，中国云计算技术起步并首次举办中国云计算大会，同年阿里云出世。不过，此时中国数字产品贸易出口还处于起步阶段，回顾中国游戏"出海"历程发现，中国部分游戏在 2010 年前后开始走向国际市场，国产网页游戏依托当地软件或平台在欧美等海外市场成为热门产品。2009 年 2 月，热酷的农场游戏《阳光牧场》通过 Facebook 进入了法国、意大利等欧洲国家；2014 年游族的《女神联盟》打入北美市场，获得了千万美元流水，曾被评为 Facebook 最佳新游戏。

这一时期，中国政府认识到数字服务贸易的潜力，也开始在全国范围内综合布局。2012 年 12 月，国家发展改革委、海关总署召开中国跨境贸易电

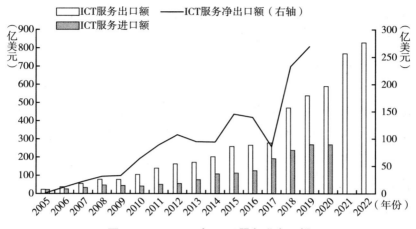

图1　2005~2022年ICT服务进出口额

资料来源：UNCTAD, https：//unctadstat. unctad. org/datacentre/dataviewer/US. TradeServICT.

子商务服务试点工作部署会，全面启动中国跨境贸易电子商务服务试点工作，郑州、上海、重庆、杭州、宁波作为5个试点城市"先行先试"。

数字贸易的理论研究也在这一阶段开始起步，Weber在研究数字经济背景下的国际贸易规则时提出数字贸易概念，将其定义为以互联网为传输媒介的商业活动，[1] 开启了理论领域对数字贸易的研究。数字贸易在这一时期超越了基于电子商务的单一贸易模式，随着科技的持续进化而发展成为一个包含更广泛应用场景和技术的多元化领域。

3. 探索期（2013~2016年）

理论上，官方关于数字贸易这一概念的界定始于2013年。2013年美国国际贸易委员会（USITC）发布《美国与全球经济中的数字贸易Ⅰ》，首次提出"数字贸易"的概念，将其范围界定为数字产品与服务贸易，主要包括数字内容、社交媒介、搜索引擎、其他产品和服务等四大类。

探索期中国的数字贸易发展实现了显著的飞跃。2013年成为跨境电商业务模式转型的关键之年，整个产业链经历了深刻的商业模式变革。

---

[1]　R. H. Weber, "Digital Trade in WTO-Law-Taking Stock and Looking Ahead," *Asian Journal of WTO & International Health Law and Policy* 5（2010）.

探索期大型工厂线上化发展，B 类买家规模化增长，大额订单显著增加，跨境电商平台承载能力显著增强，全面在线化服务提升了整个产业链的效率。而且，跨境电商的渠道和品类实现了迅速拓展，产品销售渠道从依赖网络商家和二手货源转向提供优质产品的一手货源，整体交易规模快速增长。与此同时，跨境自主品牌和自建独立站点等逐渐成为行业的领头羊。2015 年"互联网+"时代的来临进一步将跨境电商推向资本市场的风口上，加速了跨境电商渠道和品类的快速扩张以及交易规模的持续增长。

中国可数字化交付服务贸易也在这一时期稳健起步。如图 2 所示，2014 年中国可数字化交付服务进出口额快速增长，2015 年首次实现净出口。2014~2015 年，中国云计算服务逐步出口，2014 年阿里云香港区开服，2015 年腾讯云成立北美数据中心。云计算服务的海外业务不仅有助于中国企业拓展国际市场，也将其自身客户群体扩展到全球，促进了中国数字贸易的发展。

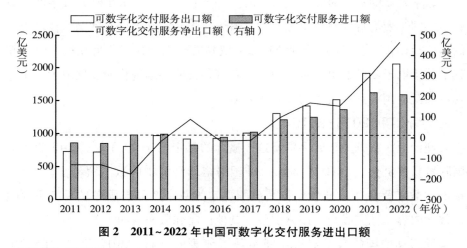

图 2　2011~2022 年中国可数字化交付服务进出口额

资料来源：UNCTAD, https：//unctadstat.unctad.org/datacentre/dataviewer/US.DigitallyDeliverableServices.

此外，以游戏"出海"作为数字产品贸易的例子，能更直观地观察这一时期中国数字化服务贸易的发展情况。国产网页游戏在国际市场逐渐打开局面。2015 年后，随着用户电子产品使用习惯的改变，中国游戏"出海"模式也开始转型，手机游戏（手游）成为中国游戏公司主要的出口数字产品。2015 年前后，腾讯、网易成功打造出几款国际现象级数字产品，如《王者荣耀》《阴阳师》等。

2013 年是中国贸易政策的关键年，以自由贸易试验区为契机打开了中国数字服务贸易的探索之路。2013 年 9 月 "一带一路" 倡议提出。同月，中国在上海成立了第一个自由贸易试验区，随后四年分两批建立了 10 个自由贸易试验区。自由贸易试验区的建设为跨境电商、离岸贸易、海外仓等数字贸易新业态提供了贸易投资便利化的条件，促进了数字贸易、科技、互联网信息等重点领域的开放，一定程度上放宽了数字领域市场准入管理措施，形成了不同自由贸易试验区探索数字贸易开放的差异化模式。2016 年，G20 峰会于杭州举行，会议提出中国 "欢迎二十国集团工商峰会对加强数字贸易和其他工作的兴趣，注意到其关于构建全球电子商务平台的倡议"[①]，将中国对于数字贸易的探索推向了高潮。

此外，这一阶段众多政策的陆续出台为中国跨境电子商务发展创造了有利环境。2013 年 12 月，《财政部　税务总局关于跨境电子商务零售出口税收政策的通知》指出跨境电商零售出口可享退免税。2014 年，《关于跨境贸易电子商务进出境货物、物品有关监管事宜的公告》《关于增列海关监管方式代码的公告》明确了对跨境电商的监管框架，为跨境电子商务提供了法律依据。2015 年 3 月，《国务院关于同意设立中国（杭州）跨境电子商务综合试验区的批复》提出要重点突破，着力在跨境电子商务各环节先行先试，打造跨境电子商务完整的产业链和生态链。2016 年 1 月，《国务院关于同意在天津等 12 个城市设立跨境电子商务综合试验区的批复》扩大了数字贸易探索发展的范围。

2013~2016 年，全球电子商务和国际物流的发展为中国跨境电商提供了

---

① 《二十国集团领导人杭州峰会公报》，外交部官网，2016 年 9 月 5 日，https：//www.fmprc.gov.cn/ziliao-674904/zt_ 674979/ywzt_ 675099/2016nzt/xjpzxzcg20_ 687489/zxxx_ 687491/201609/t20160906_ 9281470.shtml。

良好的外部环境。同时，全球数字贸易快速增长带来了新的挑战，主要包括全球治理和规则制定上的挑战，中国积极探索并参与制定数字贸易规则。尽管相关规则没有形成独立章节，但中国与智利、新西兰、秘鲁等多个国家签订的自由贸易协定（FTA）开始包含与数字贸易相关的条款，覆盖了电子文本、数字签名和电子核查系统。2015 年后，新签署的区域贸易协定（RTA）中开始出现有关电子商务的独立章节。中韩 FTA 的签署标志着中国在数字贸易规则制定方面迈出了重要步伐，中韩 FTA 包含了电子认证、电子签名、个人信息保护等内容，并明确规定不对电子交易征收关税。此外，中国与智利的 FTA 升级协议进一步加强了跨境支付的监管合作，推动了信息共享和监管合作机制的建立。

4. 快速增长期（2017年至今）

随着数字贸易的不断深入发展，2017 年，USITC 将数字贸易的定义修订为各行各业的企业在互联网交付的产品和服务，包括互联网基础设施及网络、云计算服务、数字内容、电子商务、工业应用及通信服务六种类型的数字产品和服务，从理论上形成关于数字贸易较为完善的认知。

自 2017 年以来，中国数字贸易发展趋于成熟，进入了较为稳定的增长阶段。跨境电商平台运营更加精细化，各平台纷纷开始重视海外产品本土化，并探索线上、线下相结合和直播营销等创新商业模式。商业新业态、新模式不断对外输出。与此同时，行业的壁垒初步形成。2017～2022 年，中国可数字化交付服务出口额保持了 15% 的年均增长率，2018 年起可数字化交付服务净出口稳定增长（见图 2）；ICT 服务进出口总额以及净出口额同样出现了显著增长（见图 1）。数据贸易，以跨国云计算服务为代表实现了跨越式发展。IDC 和 Gartner 公布的数据显示，2018 年阿里云占全球市场份额达到 7.7%，正式超越 IBM、谷歌成为全球第三大云服务提供商，占亚太云计算市场份额达 19.6%，超过亚马逊和微软总和。① 截至 2022 年，阿里云

---

① https：//www.alibabacloud.com/en/press-room/alibaba-ranked-the-worlds-third-largest-iaas-provi？_p_lc=1#：~：text=Alibaba%20Ranked%20the%20World's%20Third%20Largest%20IaaS%20Provider%2DAlibaba%20Cloud.

一直持续保持全球第三和亚太第一的排名。

中国游戏行业的发展突飞猛进，涌现出众多以面向海外市场研运为主要业务的游戏发行商，比如米哈游、Tap4Fun、IGG、Funplus 等。2017年，游族的海外营收达到了 19.68 亿元，占其总营收的 60% 以上。[1] 2020年，米哈游推出《原神》，两年内实现全球排名第二位，累计收入 41 亿美元，其中近七成来自海外市场。[2] 5G、云游戏、元宇宙等新技术和新业态给游戏行业带来了巨大的发展潜力，中国游戏作为数字产品出口有望保持持续增长。

中国数字贸易管理和贸易规则也逐渐丰富。2017年5月，习近平主席提出 21 世纪"数字丝绸之路"的构想，中国政府也积极为支持数字贸易的探索提供了各类政策支持。2017年11月，杭州市人民政府、阿里巴巴集团和马来西亚数字经济发展局联合建立数字自由贸易区（DFTZ），实现了马来西亚数字自由贸易区和杭州跨境电子商务综合试验区互联互通，旨在利用互联网为各国中小企业提供更多交易机会。2018年，上海自由贸易试验区首次建立跨境服务贸易负面清单管理模式，实现了中国服务贸易管理模式向负面清单模式的转变，这是中国跨境服务贸易对外开放的里程碑。中国数字贸易条款谈判同样进入发展期。2020年11月，中国签署 RCEP 协定，其中数字贸易规则主要体现在电子商务章节，条款覆盖面更广，条款内容更具体，操作执行力更强。

近年来，中国政府高度重视数字贸易的发展。2020年，北京和浙江自由贸易试验区分别提出加速构建数字经济试验区或发展示范区的目标。2021年，《"十四五"服务贸易发展规划》首次将数字贸易纳入服务贸易发展规划，以适应服务贸易日益数字化的趋势。到了 2022 年，党的二十大报告进一步强调了"发展数字贸易，加快建设贸易强国"的重要性。

---

[1] 《游族网络海外收入占公司整体收入六成》，中国经济网，2018年9月5日，http://www.ce.cn/cysc/tech/gd2012/201809/05/t20180905_ 30209865. shtml。

[2] https://www.pingwest.com/a/283663.

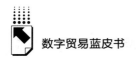

二 中国数字贸易发展现状

数字贸易逐渐成为驱动全球经济增长的新引擎，塑造着新的商业格局和贸易模式。与此同时，随着中国经济结构的转型升级和数字技术的普及应用，数字贸易在中国呈现蓬勃发展的态势。

（一）全球数字贸易发展概况

可数字化交付服务在整体服务贸易中占据着重要位置。联合国贸发会议（UNCTAD）数据显示，2022年全球可数字化交付的服务贸易总额为7.31万亿美元，同比增长3.04%，占世界服务贸易总额的53.23%。其中出口总额为3.94万亿美元，同比增长3.27%，占世界出口服务贸易的55.31%；进口总额为3.37万亿美元，同比增长2.77%，占世界进口服务贸易的50.99%。①

各大洲可数字化交付服务进出口占比情况如图3所示，可以看出，无论是出口还是进口，欧洲的可数字化交付服务贸易的发展规模最大，占世界一半以上的比重，其次为亚洲，再次为美洲。此外，亚洲和美洲的可数字化交付服务的出口占比略高于各自进口占比，其他大洲则反之。

不同国家数字贸易的发展规模及速度也有所差异。如表2所示，从发展规模来看，美国的可数字化交付服务贸易出口额和进口额均居于首位，其中出口高达6461.11亿美元；从增速角度来看，印度的可数字化交付服务出口和进口增速分别高达26.03%和15.48%，远远高于其他主要经济体，而德国、日本、法国、英国等国家的出口增速则为负，可见不同国家间的数字服务贸易发展差异较大；从占服务贸易比重来看，大部分主要经济体可数字化交付服务贸易进口和出口占比超50%，其中爱尔兰的可数字化交付服务贸易出口和进口占比分别高达85.25%和92.39%，可见数字服务贸易在其整个服务贸易中的重要地位。

---

① UNCTAD STAT, https：//unctadstat.unctad.org/datacentre/dataviewer/US.Digitally-DeliverableServices.

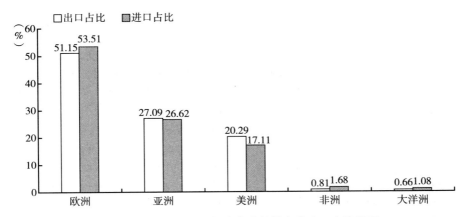

图3　2022年各大洲可数字化交付服务进出口占比情况

资料来源：UNCTAD STAT，https：//unctadstat. unctad. org/datacentre/dataviewer/US. Digitally DeliverableServices.

2022年，中国可数字化交付服务贸易出口额为2052.84亿美元，增速为7.20%，增速相对较快；进口额为1589.35亿美元，增速为-1.69%，相比2021年略有下降。与其他主要经济体进行对比，可以发现，虽然当前中国数字贸易的发展已经具备一定的规模，但是仍相对落后于美国、英国、爱尔兰、德国等发达经济体；从结构上来看，中国可数字化交付服务贸易占服务贸易的比重低于爱尔兰、美国、英国、日本等发达经济体。因此，无论是在规模上还是在结构上中国数字贸易仍存在提升和优化的空间。

表2　2022年世界及主要经济体可数字化交付服务贸易情况

经济体	出口			进口		
	金额 （亿美元）	占服务贸易出口 比重（%）	增速 （%）	金额 （亿美元）	占服务贸易进口 比重（%）	增速 （%）
世界	39419.25	55.31	3.27	33660.03	50.99	2.77
美国	6461.11	69.58	4.87	3884.07	55.75	7.62
英国	3754.13	75.93	-0.54	1795.65	56.63	-4.85
爱尔兰	3027.92	85.25	-0.57	3444.58	92.39	5.91

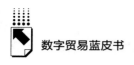
续表

经济体	出口			进口		
	金额 （亿美元）	占服务贸易出口 比重（%）	增速 （%）	金额 （亿美元）	占服务贸易进口 比重（%）	增速 （%）
印度	2321.21	75.03	26.03	962.20	38.56	15.48
德国	2319.60	56.33	-6.03	2153.55	46.89	1.19
中国	2052.84	48.41	7.20	1589.35	34.18	-1.69
荷兰	1659.73	60.82	3.19	1702.18	64.49	-0.03
新加坡	1638.42	56.25	4.19	1390.43	53.76	0.13
法国	1484.35	44.02	-0.85	1436.60	50.27	-0.18
日本	1132.95	67.97	-6.19	1444.75	68.94	-2.40
加拿大	800.95	64.95	-0.51	809.98	59.32	-1.99
韩国	559.18	42.04	4.09	648.63	47.68	3.98

资料来源：UNCTAD STAT，https：//unctadstat.unctad.org/datacentre/dataviewer/US. Digitally-DeliverableServices.

（二）中国数字贸易发展概况

1. 中国数字服务贸易发展概况

2023 年，中国数字服务贸易规模保持增长态势。国家外汇管理局的统计数据显示，2023 年中国数字服务贸易的总规模达到了 3456.17 亿美元，同比增长 3.42%，其中出口为 1799.76 亿美元，同比增长 3.44%，进口为 1656.41 亿美元，增速为 3.39%。[①] 表 3 为我国数字服务贸易各行业的具体情况，其中，其他商务服务与 ICT 服务在数字服务贸易中占据较高的比重，出口占比分别达到了 54.57% 和 32.28%，进口占比分别达到了 36.33% 和 23.44%；各行业间增速差异相对较大，相较于 2022 年，保险和养老金服务的出口增速与文化娱乐服务的进口增速均在 50% 以上，但是知

---

① 由于国家外汇管理局与 UNCTAD 数据库统计口径有所不同，国家外汇管理局公布的 2023 年中国数字服务贸易规模与 UNCTAD 数据库公布的 2022 年中国可数字化交付的服务贸易规模不具有可比性。

识产权使用费的出口增速、保险和养老金服务的进口增速则均下降了 10%
以上。

表3　2023 年中国数字服务贸易整体及分行业情况

	出口				进口			
	金额（亿美元）	占服务贸易比重（%）	占数字服务贸易比重（%）	增速（%）	金额（亿美元）	占服务贸易比重（%）	占数字服务贸易比重（%）	增速（%）
数字服务贸易	1799.76	54.20	100.00	3.44	1656.41	30.68	100.00	3.39
保险和养老金服务	69.40	2.09	3.86	55.58	161.85	3.00	9.77	-14.13
金融服务	43.58	1.31	2.42	-6.69	37.03	0.69	2.24	-5.58
知识产权使用费	109.77	3.31	6.10	-17.51	427.24	7.91	25.79	-3.91
ICT服务	580.96	17.50	32.28	3.94	388.34	7.19	23.44	2.36
其他商务服务	982.14	29.58	54.57	4.15	601.79	11.15	36.33	14.79
文化娱乐服务	13.89	0.42	0.77	2.03	40.16	0.74	2.42	53.79

注：因四舍五入存在误差。
资料来源：国家外汇管理局。

2. 中国跨境电商发展概况

跨境电商使得"买全球、卖全球"得以实现。目前，中国已成为全球
最大的 B2C 跨境电商交易市场，[①] 贸易规模持续攀升。据海关测算，2023
年中国跨境电商进出口总额为 2.38 万亿元，增长 15.6%，其中，出口 1.83
万亿元，增长 19.6%；进口 5483 亿元，增长 3.9%。[②] 从结构上来看，2023

① 《培育数字贸易竞争新优势》，商务部官网，2024 年 2 月 6 日，http://xkzj.mofcom.gov.cn/article/myszh/llyzc/202402/20240203471765.shtml。
② 《借助互联网，去年 1.83 万亿元产品由我国销往世界各地——跨境电商出口增长 19.6%》，中国政府网，2024 年 1 月 22 日，https://www.gov.cn/yaowen/liebiao/202401/content_6927429.htm。

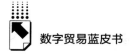

年中国跨境电商贸易额占货物贸易总额的5.70%,^① 高于2022年的5.05%，为稳外贸作出重要贡献。

从发展趋势来看，数字化技术不断应用于中国跨境电商的各个环节，如网络营销数字化、贸易单据数字化、支付结算数字化、仓储管理数字化等。此外，产品的选品与引流更是与大数据分析紧密相关。以全球速卖通（AliExpress）、敦煌网（DHgate）、希音（Shein）、拼多多（Temu）、抖音（TikTok）等为代表的中国跨境电商平台在国际市场拥有较高的知名度和影响力，与此同时，以顺丰国际、中欧班列、海外仓等为代表的物流领域的建设为中国电商"走出去"奠定了基础，以支付宝（Alipay）、中国银联为代表的跨境支付机构的业务国际化为跨境交易提供了便利。总而言之，跨境电子商务凭借产品低价、物流高效、支付便捷等优势，为中国贸易增长注入了新的动力和活力。

以2023年上半年为例,^② 分析中国跨境电商的发展现状。根据海关总署公布的相关数据，2023年上半年，中国跨境电商进出口规模约为1.1万亿元，同比增长16.6%，占中国同期货物贸易进出口总额的5.5%。其中，出口约为8254亿元，增长20.6%，占同期中国出口总值的7.2%；进口约为2771亿元，增长6.2%，占同期中国进口总值的3.2%。

从出口目的地看，美国是中国跨境电商的主要出口地，占比高达35.1%，英国、德国、法国分别占9.2%、6.1%、4.5%；从进口来源地看，日本是中国跨境电商的主要进口来源地，占比为21.9%，美国、澳大利亚、法国则分别占17.4%、9.4%、8.2%。当前，中国跨境电商贸易伙伴已覆盖全球220个国家和地区，以欧、美、日市场为主体，并不断向东南亚、非洲、中东和拉美等新兴市场拓展，同时中国也是全球跨境电商生态链最为完善的国家之一。

从贸易产品来看，消费品出口占95.9%，主要为服饰鞋包、家居家纺、手机等电子产品、家用办公电器等；消费品进口占95.3%，主要为美

---

① 根据海关总署公布的数据计算。
② 由于在截稿前，海关总署仅公布了《2023年上半年中国跨境电商进出口情况》，本报告仅针对2023年上半年情况进行分析。

妆及洗护、食品生鲜、医药及医疗器械、奶粉等。从国内区域构成来看，跨境电商出口货物主要来自广东、浙江、福建及江苏等省份，而进口货物的消费地则集中在广东、江苏、浙江、上海和北京等东部购买力较强的省市。①

（三）中国数字贸易企业竞争力现状

中国数字贸易在快速发展的同时，也涌现出一批利用数字技术和平台进行数字化转型的企业。根据福布斯中国公布的"2023数字贸易行业企业 Top 100 评选"结果，100 家入选企业分别来自中国、美国、加拿大、英国、德国、新加坡与印度尼西亚等国家。其中，国内企业入选 62 家，远远高于 2022 年的 45 家。② 其中，入选数字技术贸易创新力榜单的中国企业包括阿里云、百度集团、华为、小米集团等云计算与人工智能领域的 16 家企业；入选数字产品贸易创新力榜单的中国企业包括爱奇艺、哔哩哔哩、三七互娱等数字影视与游戏领域的 15 家企业；入选数字服务贸易创新力榜单的中国企业包括阿里巴巴集团、博深实业、中国银联等跨境电商、物流与支付领域的 13 家企业；入选数据贸易创新力榜单的中国企业包括安恒信息、京东科技、腾讯云、中国工商银行等数据治理与贸易领域的 18 家企业。此外，在入选的 38 家海外企业中，来自美国的企业有 28 家，以苹果、Alphabet、微软、Meta、亚马逊、Netflix 等为代表，主要集中于人工智能、云计算、数字影视、跨境电商、搜索引擎等领域。

虽然中国数字贸易企业得到了较快的发展，创新力有了明显提升，但是其国际影响力与认可度仍有待提高。在 UNCTAD 公布的"2021 数字化跨国公司 Top100"中，中国仅有滴滴、百度、阿里巴巴、腾讯 4 家企业上榜，4 家企业的海外营收占比分别为 7.5%、未公布③、6.8% 与 7.0%，均低于

---

① 资料来源于海关总署公布的《2023 年上半年中国跨境电商进出口情况》。
② 《在变局中寻找确定性｜"2023 数字贸易系列评选"正式发布》，福布斯网站，2023 年 11 月 23 日，https://www.forbeschina.com/innovation/66289。
③ 虽然报告中未公布百度公司的海外营收占比，但是数据显示，其海外资产占比为 8.2%。

10%，而京东、美团等中国数字巨头企业由于海外业务有限，未能上榜。与之形成鲜明对比的是，美国有 59 家企业位列榜单，与上述 4 个企业处于同领域的美国企业如优步（Uber）、Alphabet、亚马逊、Activision Blizzard 的海外营收占比分别为 45.4%、54.2%、40.4% 与 45.2%。由此可见，中国数字贸易企业的海外业绩仍不容乐观，国际市场潜力仍有待激发。

（四）中国数字基础设施建设概述

中国是仅次于美国的全球第二大数字经济大国，同时也是全球数字贸易发展最具活力的地区之一。中国数字贸易的快速发展离不开本国电子商务的支持。从总量上看，2023 年，中国电子商务交易额为 46.83 万亿元，比上年增长 9.4%，[①] 网上零售额为 15.43 万亿元，比上年增长 11.0%，连续 11 年成为全球第一大网络零售市场，其中，实物商品网络零售额占社会消费品零售总额比重增至 27.6%，创历史新高。[②]

国内数字基础设施建设为数字贸易、国内电子商务的发展奠定了坚实基础。截至 2023 年末，中国固定互联网宽带接入用户 63631 万户，比上年末增加 4666 万户，蜂窝物联网终端用户 23.32 亿户，增加 4.88 亿户。从个体来看，互联网上网人数 10.92 亿人，其中手机上网人数 10.91 亿人。互联网普及率为 77.5%，其中农村地区互联网普及率为 66.5%。[③] 此外，中国高铁和高速公路里程及快递发货量、5G 基站数量、港口吞吐量均为世界第一，[④] 完善的基础设施同样为电子商务的发展提供了有力支持。

随着人工智能、物联网、云计算、大数据、区块链等数字技术在数字贸易领域内应用场景的不断拓展，与之相关的高技术数字贸易新业态不断涌现，为中国数字贸易的发展注入新的活力和增长点。

---

① 《中华人民共和国 2023 年国民经济和社会发展统计公报》。

② 《2023 年我国网上零售额超 15 万亿元》，中国政府网，2024 年 1 月 19 日，https：//www.gov.cn/yaowen/shipin/202401/content_ 6927216. htm。

③ 《中华人民共和国 2023 年国民经济和社会发展统计公报》。

④ 《加快建设贸易强国——访商务部党组书记、部长王文涛》，中国政府网，2024 年 1 月 18 日，http：//www.gov.cn/lianbo/bumen/202401/content_6926725. htm。

（五）中国数字领域的跨国合作现状

2023 年，中国从多方面持续深化在数字领域的国际合作。2023 年 3 月，福建福州举办了第三届中国跨境电商交易会，并达成意向成交金额超 40 亿美元；2023 年 9 月，第 26 次中国-东盟领导人会议上通过了《中国-东盟关于加强电子商务合作的倡议》，该倡议旨在加强中国和东盟国家的沟通交流，并在数字经济领域创造更多贸易机会；2023 年 10 月，中国联合阿富汗、阿根廷等 35 个国家共同发布了《数字经济和绿色发展国际经贸合作框架倡议》，加强与倡议参与国在数字领域的经贸合作、挖掘数字经济发展潜能等；2023 年 11 月，第二届全球数字贸易博览会在浙江杭州举办，会议围绕数字贸易达成多项合作成果，现场签约项目金额达 1558.5 亿元，分别来自法国、德国、中国香港、新加坡等国家和地区；截至 2023 年底，中国"丝路电商"的"朋友圈"扩大至五大洲的 30 国，这不仅有效推进了"一带一路"经贸合作，同时也为数字贸易的发展注入新的动力。此外，中国还在积极推进加入《全面与进步跨太平洋伙伴关系协定》（CPTPP）和《数字经济伙伴关系协定》（DEPA），进一步深化在数字经济领域的国际合作。

与此同时，中国政府与企业不断完善跨境基础设施，为商品的跨境运输提供便利。目前，中国企业建设的海外仓已超过 2400 个，面积超过 2500 万平方米，以北美洲、欧洲和亚洲为重点辐射全球，通过提升物流效率、优化库存管理等环节，畅通外贸供应链服务网络；中欧班列累计开行超过 8 万列，成为亚欧之间重要的贸易物流大通道。[①] 截至 2023 年底，中国先后分七批设立了 165 个跨境电子商务综合试验区，覆盖 31 个省（区、市），通过简化通关手续、提供税收优惠等政策推动跨境电商的发展。

---

① 《加快建设贸易强国——访商务部党组书记、部长王文涛》，中国政府网，2024 年 1 月 18 日，http://www.gov.cn/lianbo/bumen/202401/centent_6926725.htm。

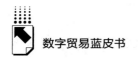

三　中国数字贸易发展存在的问题

虽然中国当前的数字贸易发展取得了一定的成绩，但在发展结构、核心竞争力培育以及贸易规则制定等方面也呈现出一些问题，这对中国数字贸易的发展提出了新的要求。

（一）数字经济基础设施建设区域不平衡

完善的数字经济基础设施建设是发展数字贸易的基础。然而，当前国内仍存在一定程度的"数字鸿沟"，从区域差异来看，截至2023年底，中国东部、中部、西部和东北地区1000Mbps及以上接入速率的宽带接入用户分别达7226万、4133万、4331万和637万户，占本地区固定宽带接入用户总数的比重分别为27.2%、25.6%、25.3%和17%；① 2023年，中国软件业务收入居前5名的省市分别为北京、广东、江苏、山东和上海，均为东部地区省份，上述省市软件业务收入占全国的69.1%，东部、中部、西部和东北地区软件业务收入在全国总收入中的占比分别为81.8%、5.7%、10.2%和2.3%，② 东部区域占据了绝对优势。此外，当前中国的农村地区互联网普及率仍远远低于国家平均水平。由此可见，虽然中国当前的数字经济基础设施建设取得了一定的成绩，但是区域间的不平衡态势仍然存在，③ 尤其是东北地区的数字经济基础设施建设亟待完善。

（二）数字服务贸易国际竞争力有待提升

2022年，中国的可数字化交付服务出口占整体服务贸易出口的比重为48.41%，而同期爱尔兰、英国、印度、美国的占比则分别为85.25%、75.93%、75.03%和69.58%（见表2），可见中国数字服务出口在整体服务

---

① 中华人民共和国工业和信息化部发布的《2023年通信业统计公报》。
② 中华人民共和国工业和信息化部发布的《2023年软件业经济运行情况》。
③ 李钢、张琦：《对我国发展数字贸易的思考》，《国际经济合作》2020年第1期。

贸易中的占比仍相对较低，数字服务贸易的增长潜力仍需进一步挖掘。与此同时，相对于全球领先的数字强国企业，中国数字服务企业的国际竞争力仍有待提升，部分企业虽然能在国内市场占据主导地位，但是在走向国际市场时，却往往处于劣势地位。在 UNCTAD 公布的"数字化跨国公司 Top100"中的数字解决方案领域，中国企业无一上榜，而百度、阿里巴巴等企业虽然入选互联网平台、电子商务等领域，但海外营收占比相对较低，企业整体上的国际化发展程度仍有待提升。

（三）数字贸易规则话语权相对较弱

数字贸易话语权的争夺关系到各国在数字贸易发展过程中的经济利益归属问题。在数字贸易快速发展的当下，由不同国家组成的贸易集团正在积极制定相关国际协议，用于形成在考虑多方利益下的全球数字贸易治理框架。其中，2019 年 9 月，美日两国以创造数据自由流动的环境为出发点，签订《美日数字贸易协定》（UJDTA），目的在于主导全球数字贸易规则的制定和亚洲数字贸易市场；新加坡、智利和新西兰 3 国于 2020 年 6 月线上签署《数字经济伙伴关系协定》（DEPA），旨在加强 3 国间数字贸易合作并建立相关规范的数字贸易协定；2023 年 5 月，联合国发布《全球数字契约——为所有人创造开放、自由、安全的数字未来》，目的是推动各方合作，缩小数字鸿沟。然而，中国作为数字贸易大国，在全球数字贸易规则制定中的参与度相对较低，在数字贸易规则、数据跨境流动等相关议题上尚未形成明确的中国方案，话语权也有待提升。①

（四）关键核心技术有待突破

数字贸易的发展同样离不开技术支撑。一方面，中国基础性关键技术仍

---

① 肖宇、梁威：《数字"一带一路"框架下中国-东盟数字贸易发展问题研究》，《北京工业大学学报》（社会科学版）2023 年第 6 期。

有待突破①，如基础软件、核心元器件、高端芯片等仍高度依赖进口，2023年，中国知识产权使用费项目的逆差高达 317.47 亿美元，出口增速为 -17.51%，是数字服务贸易行业中出口下降速度最快的。另一方面，数据的分类与分级管理、数据安全与隐私保护等需要以大数据、区块链、人工智能等核心技术为基础，然而这些前沿数字技术领域的顶级服务供应商大多来自国外，部分关键核心技术受制于人。随着以美国为代表的发达经济体对中国出口管制的不断加强，一定程度上制约了中国数字贸易的发展。

四 中国数字贸易发展建议

综合分析当前中国数字贸易发展中存在的问题，提出以下四点建议。

（一）发挥区域比较优势弥合数字鸿沟

面对数字贸易区域不平衡，政府应制定更加有针对性的政策以弥合数字鸿沟。加大对中西部地区以及农村和偏远地区的数字经济基础设施建设投入力度，如在税收、土地、信贷等方面提供有针对性的优惠和政策支持，吸引企业在欠发达地区投资。但数字贸易区域间的均衡发展并不是均等发展，应鼓励各地方政府因地制宜，利用自身比较优势，结合传统产业数字化转型，推动数字贸易发展。通过深化第一、第二产业数字化发展，充分释放相关区域的数字贸易潜力。西部相关省份应积极利用"一带一路"倡议带来的新机遇，在加强国际贸易通道建设的同时，完成自身产业转型升级，实现从开放"末梢"到开放前沿的跨越发展。

在人工智能时代，算力作为 AI 发展的三驾马车之一，是数字贸易发展的基石。应充分利用西部电力能源优势，加大力度推动"东数西算"工程②，

---

① 王皓、刘贤伟：《中国数字经济"外循环"战略定位与路径选择》，《亚太经济》2023 年第 2 期。

② 王建冬、于施洋、窦悦：《东数西算：我国数据跨域流通的总体框架和实施路径研究》，《电子政务》2020 年第 3 期。

构建全国联动数据中心、云计算、大数据一体化的新型算力网络体系。将东部算力需求有序引导到西部地区，实现算力资源的优化分配，促进东西部地区数字经济的协同发展，并实现低碳、绿色、可持续发展。

（二）创新数字贸易"中国模式"，提高国际竞争力

中国应鼓励数字贸易商业模式与技术创新，特别是数字服务贸易方面，并且推动监管和数字治理等制度创新，形成数字贸易发展的"中国模式"。通过创新服务贸易海关监管制度等方式提高自身数字服务开放水平，实施更便捷高效的数字贸易清关流程，提升中国数字服务贸易的国际竞争力。

加强与共建"一带一路"国家合作，帮助共建国家改进数字基础设施，并发展"丝路电商"，推广数字贸易商业与监管的"中国模式"。

（三）探索数字贸易规则"中国方案"，提升国际话语权

中国应提升在国际数字贸易规则制定中的参与度，探索数字贸易规则"中国方案"。[①] 通过双边或区域合作与谈判，积极与更多贸易伙伴国签订符合各方利益的双边和多边自由贸易协定，特别强调数字服务贸易相关条款。推动构建数据要素国际交易流通标准，为全球数字贸易的高质量发展提供安全保障。在跨境数据规则领域，借鉴欧盟《通用数据保护条例》相关经验，构建保护国家安全和公民隐私的数据安全分级体系，建立更加对等的数据跨境流动协定，推动安全有序的数据贸易发展。

（四）布局关键基础数字技术，加强核心技术自主创新

通过政府引导基金等方式支持鼓励企业、高校以及其他科研机构在大数据、人工智能、区块链、云计算等新一代数字技术方面的研发和合作，特别是 PaaS 等涉及操作系统、网络安全、高端芯片、通用处理器等数字服务贸

[①] 肖宇、夏杰长：《数字贸易的全球规则博弈及中国应对》，《北京工业大学学报》（社会科学版）2021 年第 3 期，第 62 页；朱福林：《数字贸易规则国际博弈、"术同"困境与中国之策》，《经济纵横》2021 年第 8 期，第 47 页。

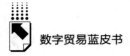

易核心技术，积极推动数字技术产学研合作创新模式。

积极推动相关技术科研成果向现实贸易应用场景转化，通过市场化手段促进科技成果的应用落地。建立健全数字知识产权保护机制，促进数据保护和利用，加强监管执法，提高维权效率，推动数字贸易核心技术的创新发展。

参考文献

赵新泉、张相伟、林志刚：《"双循环"新发展格局下我国数字贸易发展机遇、挑战及应对措施》，《经济体制改革》2021 年第 4 期。

B.2
中国数字贸易发展指数报告（2024）

赵家章　苏二豆*

摘　要：　本报告基于数字基础设施、数字贸易环境、数字贸易规模、数字贸易潜力四个维度，对2014~2022年96个国家数字贸易发展指数情况进行了测度。整体来看，全球数字贸易发展态势平稳向好，经济发达地区具有领先优势，新兴经济体发展潜力十足。聚焦我国数字贸易发展情况，得益于我国在数字贸易规模和数字基础设施建设上的国际优势，我国数字贸易发展取得了显著的进步，数字贸易发展指数国际排名上升迅速，2022年已位列全球数字贸易发展指数第八，在数字贸易领域的国际竞争力不断增强。基于测算结果和国际对比，本报告提出加强数字基础设施建设，赋能数字贸易高质量发展；加快优化数据生态治理，营造良好数字产业环境；加快培育技术优势，持续扩大数字贸易规模；建立健全数字贸易统计监测体系，促进数字贸易技术创新等对策建议。

关键词：　数字基础设施　数字贸易环境　数字贸易规模　数字贸易潜力

一　中国数字贸易发展指数的指标体系

本报告基于整体性、代表性、连续性、可得性等原则，构建了包含4个

---

* 赵家章，博士，首都经济贸易大学经济学院教授，主要研究领域为社会资本、国际贸易与区域经济；苏二豆，博士，首都经济贸易大学经济学院讲师，主要研究领域为数字经济、国际贸易、跨国投资。本报告要感谢多位首都经济贸易大学研究生。其中，张瑜桐博士为数据筛选与文字汇总小组负责人、石若瑾博士为指数测算小组负责人，王欣睿博士和周凡煜博士全程参与了中国数字贸易发展指数的测算与分析工作，孔楠、池亚杰、张慧平参与了图表绘制工作。

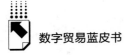

一级指标、11 个二级指标和 23 个三级指标的中国数字贸易发展指数指标体系。在一级指标中，从数字基础设施、数字贸易环境、数字贸易规模及数字贸易潜力四个维度入手，分别反映当前数字贸易发展的基础设施、贸易环境、规模现状和未来潜力，以此衡量我国数字贸易发展水平，并依据不同影响因素和数字贸易发展特征选择相应的二级和三级指标。具体指标体系如表 1 所示。

表 1 中国数字贸易发展指数指标体系

一级指标	二级指标	三级指标	方向
数字基础设施	网络设施	每百人移动蜂窝订阅量	+
		国际互联网带宽速度	+
	通信设施	每百人移动电话用户数	+
		4G 流动网络覆盖人口比例	+
	物流设施	物流绩效指数	+
		航空运输货运量	+
	电力设施	发电量	+
		电力需求量	+
数字贸易环境	营运环境	政府效率指数	+
		贸易不确定性指数（WIUI）	−
		世界法治指数	+
	贸易开放	数字服务贸易限制指数	−
		数字服务业外商直接投资监管限制指数	−
	信息保护	全球网络安全指数	+
		知识产权保护指数	+
数字贸易规模	数字订购	高科技产品出口占制成品出口总额比例	+
		ICT 产品出口占商品贸易出口总额比例	+
	数字交付	可数字化交付服务出口占服务贸易出口总额比例	+
		ICT 服务出口占服务贸易出口总额比例	+
数字贸易潜力	经济实力	外贸依存度	+
		最终消费支出	+
	创新要素	研发支出占 GDP 比重	+
		每百万参与 R&D 研究人员数量	+

（一）数字基础设施

数字基础设施是数字贸易发展的基础条件，为数字贸易的发展提供基础性支持，产业数字化和数字产业化的广泛多元发展均以良好的数字基础设施为发展基石。一国数字基础设施发展水平的高低影响着数字贸易当前发展规模和未来发展潜力的大小。

现有诸多数字贸易指标体系中将数字基础设施作为衡量数字贸易发展水平的影响因素之一。[1] 冯宗宪和段丁允[2]从有形基础设施、网络设施、通信设施和终端设备四个方面衡量数字基础设施发展水平。孟晓华和许军[3]从网络基建、通信基建、交付基建和电力基建四个方面考察数字贸易发展程度高低。本报告参考现有研究，将一级指标定为数字基础设施，其主要目的是衡量当前数字贸易发展的数字基础设施条件。该一级指标包括网络设施、通信设施、物流设施和电力设施四个二级指标，从网络、通信、物流和电力四个方面反映数字贸易基础设施的发展水平。

（二）数字贸易环境

数字贸易环境是发展数字贸易的重要依托，是数字贸易赖以生存和发展的基础环境。良好的贸易环境可以为数字贸易发展提供良好支撑，也是数字贸易有序发展的重要保障。一国数字贸易环境的好坏是决定数字贸易能否蓬勃发展的外部条件。

---

[1] 沈玉良、彭羽、高疆、陈历章：《数字贸易发展新动力：RTA 数字贸易规则方兴未艾——全球数字贸易促进指数分析报告（2020）》，《世界经济研究》2021 年第 1 期；马述忠、刘健琦、贺歌：《数字贸易强国：概念理解、指标构建与潜力研判》，《国际商务研究》2022 年第 1 期；王迎、纪洁、于津平：《数字贸易发展水平如何影响一国对外贸易利益》，《国际经贸探索》2023 年第 12 期。

[2] 冯宗宪、段丁允：《数字贸易发展指数评价及影响因素分析——基于 49 个国家的面板数据》，《北京工业大学学报》（社会科学版）2022 年第 4 期。

[3] 孟晓华、许军：《数字服务贸易发展指数评价及影响因素分析——基于 50 个国家的面板数据》，《经济问题探索》2023 年第 10 期。

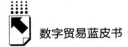

现有研究中,段丁允和冯宗宪[①]使用数字普惠金融指数和中国区域创新指数对中国城市群数字贸易环境发展水平进行测度。孟晓华和许军[②]从数字服务贸易壁垒、数字安全和营运环境三个角度衡量数字贸易环境。其中,数字服务贸易壁垒主要从数字服务限制和投资限制两个角度进行衡量;数字安全则从数据信息保护角度入手加以度量;营运环境则是从政策环境、服务便利环境和监管环境三个方面进行衡量。本报告参考现有研究,将一级指标定为数字贸易环境,包括营运环境、贸易开放和信息保护三个二级指标,着重测度当前数字贸易发展的数字环境状况。

(三)数字贸易规模

数字贸易规模是评价当前数字贸易发展水平的关键因素,是对当前数字贸易发展现状最为直观的描述。较高水平的数字贸易发展规模能够为未来数字贸易进一步发展提供坚实保障,充分挖掘其潜力。一国数字贸易发展规模的大小直接决定该国数字贸易在全球的地位高低和话语权强弱。

现有研究均从不同维度对数字贸易发展规模进行衡量和测度,并将数字贸易规模纳入数字贸易发展水平指标体系进行测度。[③] 官华平等[④]综合数字贸易内涵与特征,从产业数字化和数字产业化两个维度对数字贸易发展规模进行衡量。王迎等[⑤]从 ICT 产品出口和 ICT 服务出口两个维度出发,综合多个指标对数字贸易规模进行测度。本报告借鉴现有研究,将一级指

---

① 段丁允、冯宗宪:《中国城市群数字贸易发展水平测度》,《西安交通大学学报》(社会科学版)2023 年第 3 期。

② 孟晓华、许军:《数字服务贸易发展指数评价及影响因素分析——基于 50 个国家的面板数据》,《经济问题探索》2023 年第 10 期。

③ 杨连星、王秋硕、韩彩霞:《数字贸易与跨国并购影响研究:理论机理与中国证据》,《数量经济技术经济研究》2024 年第 3 期;李钢、韩丁、李西林:《贸易强国建设:评估、测度与实施路径》,《国际贸易》2024 年第 1 期。

④ 官华平、郭滨华、张建武:《数字贸易、技术扩散与劳动力技能结构》,《国际经贸探索》2023 年第 5 期。

⑤ 王迎、纪洁、于津平:《数字贸易发展水平如何影响一国对外贸易利益》,《国际经贸探索》2023 年第 12 期。

标定为数字贸易规模，结合经济合作与发展组织（OECD）、世界贸易组织（WTO）、国际货币基金组织（IMF）对数字贸易的定义，按照交易方式将数字贸易划分为数字订购贸易和数字交付贸易，从数字订购和数字交付两个维度测度数字贸易规模。

（四）数字贸易潜力

数字贸易潜力是评估未来数字贸易发展动能的必要条件，是数字贸易未来发展潜力的直接体现。较大的数字贸易发展潜力可以为数字贸易未来发展提供充足的信心，也是地区数字贸易发展实力强大的有效衡量。

当前诸多数字贸易发展指标体系将数字贸易潜力作为衡量数字贸易发展水平的一级指标。[1] 冯宗宪和段丁允[2]从创新投入和创新产出两个方面对数字创新能力进行衡量。韩民春和张霄[3]从贸易开放度、服务贸易出口占比和地区 GDP 三个方面衡量经济实力。数字创新能力决定未来数字贸易发展是否具有充足的动力和潜能，地区经济实力决定未来数字贸易发展是否具有足够的潜在需求。数字贸易发展潜力与该地区经济实力和创新能力具有不可分割的联系。基于现有研究，本报告将一级指标定为数字贸易潜力，从经济实力和创新要素两个维度测度数字贸易未来发展潜力。

二　中国数字贸易发展指数的评估方法

本报告主要选择层次分析法和功效系数法两种方法，对中国数字贸易发

---

① 马述忠、刘健琦、贺歌：《数字贸易强国：概念理解、指标构建与潜力研判》，《国际商务研究》2022 年第 1 期；候杰、刘旭晨：《欧亚经济联盟数字贸易发展水平对中国出口贸易的影响研究》，《价格月刊》2023 年第 6 期；候杰、介颖：《RCEP 成员国数字贸易发展水平对中国跨境电商出口的影响研究》，《价格月刊》2023 年第 10 期。

② 冯宗宪、段丁允：《数字贸易发展指数评价及影响因素分析——基于 49 个国家的面板数据》，《北京工业大学学报》（社会科学版）2022 年第 4 期。

③ 韩民春、张霄：《数字贸易赋能制造业出口产品升级——基于技术复杂度视角的研究》，《工业技术经济》2023 年第 2 期。

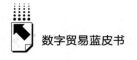

展指数进行测算和调整。通过对原始数据标准化、对各项指标平权处理、设置指数区间对最终得分进行修正。

（一）数据标准化

对每项指标原始值进行标准化（无量纲化）处理，是解决数据量纲不同和数据结构复杂的主要方法，同时通过对原始数据进行标准化处理，能够使搭建的指标体系更具有可比性、科学性和综合性[①]。因此，本报告在区分原始指标数据指标方向基础上，对所有截面值进行标准化（无量纲化）处理，具体计算公式为：

$$X'_{i,j,t} = \frac{X_{i,j,t} - \min\{X_{j,t}\}}{\max\{X_{j,t}\} - \min\{X_{j,t}\}}（正向指标） \tag{1}$$

$$X'_{i,j,t} = \frac{\max\{X_{j,t}\} - X_{i,j,t}}{\max\{X_{j,t}\} - \min\{X_{j,t}\}}（负向指标） \tag{2}$$

其中，$X'_{i,j,t}$ 为 i 国 j 指标 t 年标准化后的原始数据值，$X_{i,j,t}$ 为 i 国 j 指标 t 年的原始数据值，$\min\{X_{j,t}\}$ 为 t 年所有国家 j 指标原始数据的最小值，$\max\{X_{j,t}\}$ 为 t 年所有国家 j 指标原始数据的最大值。

（二）指标赋权

目前，国内外关于指标体系的赋权方法数以万计，大致可概括为主观赋权法、客观赋权法和综合赋权法三大类。因本报告建立的指标体系体量适中，且所观测因素的重要性差异不大，故选择平均权重的方法对指标体系进行赋权处理。分别对一级指标、二级指标、三级指标进行同一层级平均赋权，再将不同层级权重得分相乘，最终计算出每一个三级指标对应的权重。

（三）功效系数法

由于最终测算结果较为分散，为增强指标测算结果的规范性和可比性，

---

① 马立平：《统计数据标准化——无量纲化方法——现代统计分析方法的学与用（三）》，《北京统计》2000 年第 3 期。

本报告采用功效系数法对指数得分结果进行处理。具体方法为：

$$d_{i,t} = 初始分数 \times p + q \tag{3}$$

其中，本报告将中国数字贸易发展指数区间设定为 $40 \sim 100$，在具体操作时，设定 $p = 40$，$q = 60$。

利用单项功效系数进一步进行加权处理，得到指数得分，具体公式为：

$$D_t = \frac{\sum_{i=1}^{n} d_{i,t} \, \alpha_i}{\sum_{i=1}^{n} \alpha_i} \tag{4}$$

上式中，D 表示总功效系数，$d_{i,t}$ 表示各单项功效系数，α_i 表示各指标的权数。

三 中国数字贸易发展指数的样本选取和数据来源

（一）样本选取

本报告将数字贸易发展指数的数据抓取区间设定为 $2014 \sim 2022$ 年。自 2014 年以来，全球数字贸易快速发展，新时期的数字化浪潮已经成为推动经济社会发展的重要引擎。在该时期，中国数字贸易发展迅速，党的二十大报告指出，"要加快发展数字经济，促进数字经济和实体经济深度融合"，进一步加快了中国数字贸易的发展步伐。$2014 \sim 2022$ 年数据能够较好地反映在数字贸易蓬勃发展时期各国的数字贸易发展状况，以及不同国家间数字贸易发展水平的差异。囿于全球数字贸易发展指标体系中各指标数据的全面性、科学性和可得性，本报告剔除各指标中数据缺失较为严重的样本，最终数字贸易发展指数中包含了 96 个全球主要国家。

（二）数据来源

在数字基础设施指标中，每百人移动蜂窝订阅量、国际互联网带宽速度

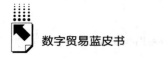

以及 4G 流动网络覆盖人口比例的数据来源于国际电信联盟（ITU）数据库；每百人移动电话用户数、物流绩效指数以及航空运输货运量的数据来自世界发展指数（WDI）数据库；发电量和电力需求量来自 Our World in Data 数据库。

在数字贸易环境指标中，政府效率指数的数据来自世界银行数据库；贸易不确定性指数（WIUI）来自世界不确定性指数数据库；世界法治指数来自 WJP 数据库；数字服务贸易限制指数以及数字服务业外商直接投资监管限制指数的数据来自 OECD 数据库；全球网络安全指数的数据来自国际电信联盟（ITU）数据库；知识产权保护指数来自产权联盟数据库。

在数字贸易规模指标中，高科技产品出口占制成品出口总额比例的数据来自世界发展指数（WDI）数据库，ICT 产品出口占商品贸易出口总额比例、可数字化交付服务出口占服务贸易出口总额比例以及 ICT 服务出口占服务贸易出口总额比例的数据来自联合国贸发会议（UNCTAD）。

在数字贸易潜力指标中，外贸依存度、最终消费支出来自世界银行数据库；研发支出占 GDP 比重以及每百万参与 R&D 研究人员数量的数据来自联合国教科文组织（UNESCO）。

四　全球主要国家数字贸易发展指数的评估结果分析

本报告首先对数字贸易发展指数（总指标）的结果进行介绍，从全球数字贸易发展指数排名情况、不同地区和收入水平分类三个角度进行特征分析，并选取代表性国家进行具体分析；其次对数字基础设施指数、数字贸易环境指数、数字贸易规模指数、数字贸易潜力指数四个分项指数进行介绍，从全球分项指数排名情况、发展趋势变化两个角度进行特征分析，并选取代表性国家就其分项指数增长率变化进行具体分析。

（一）全球主要国家数字贸易发展指数分析

随着新一代技术革命的迅速发展，数字贸易已成为推动世界经济增长的关键动力。本报告基于全球视角，通过深入分析 2014 年、2022 年的全球主要国家数字贸易发展指数排名情况、总体及区域发展情况、代表性国家指数结构，借鉴国际发展经验，为中国在数字贸易领域的长期稳健发展提供参考。

1. 全球主要国家数字贸易发展指数排名情况

全球主要国家数字贸易发展指数排名显示（见表2），美国保持领先地位，而中国的进步尤为显著，排名显著提升，各国在数字贸易领域的竞争激烈。从数字贸易发展指数来看，美国在数字贸易领域的优势依然显著。2022年，美国的数字贸易发展指数为92.26，虽然较2014年的95.74有所下降，但仍稳居全球首位。新加坡和瑞典的数字贸易发展指数分别为90.31和87.55，两国的指数和排名都保持相对稳定，显示出两国在数字贸易方面的强劲竞争力。爱尔兰和韩国也表现出色，2022年爱尔兰的数字贸易发展指数为87.33，排名上升至第4位，而韩国则以85.63的指数位列第5。芬兰虽然排名靠前，但2022年其指数略有下降，排名从第4位下降至第6位。中国的数字贸易发展指数及排名增长显著，从2014年的79.72增长至2022年的85.29，排名也从第19位上升至第8位，成为排名上升较快的国家之一，反映了中国在数字贸易领域的快速发展和全球竞争力的不断增强。

从指数排名变动来看，除了中国有显著进步（上升11个位次），越南、亚美尼亚、格鲁吉亚也在数字贸易领域中表现出了强劲的发展态势，排名从2014年至2022年分别上升19个位次、19个位次和15个位次，成为排名上升最快的三个国家。与此同时，一些传统的经济强国在数字贸易领域的排名出现了下降。如日本从第6位下降至第9位，荷兰从第5位下降至第10位，英国则从第8位下降至第15位。这些变化反映了上述国家在数字贸易领域的国际竞争力面临挑战。

总体来看，全球主要国家数字贸易发展指数的排名变化显示，各国在数字贸易领域的国际竞争激烈。发达国家通常在排名中占据优势，但新兴市场和发展中国家，如中国和越南，正通过积极的投资和政策支持迅速提升其在全球数字贸易中的地位。

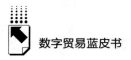
表2　2014年、2022年全球主要国家数字贸易发展指数排名情况

排名	国家	2022年指数值	2014年指数值	相比2014年排名变化
1	美国	92.26	95.74	0
2	新加坡	90.31	94.66	0
3	瑞典	87.55	88.46	0
4	爱尔兰	87.33	85.79	3
5	韩国	85.63	84.04	4
6	芬兰	85.63	87.59	−2
7	以色列	85.48	82.98	5
8	中国	85.29	79.72	11
9	日本	84.18	86.03	−3
10	荷兰	84.16	86.73	−5
11	比利时	83.55	79.55	9
12	卢森堡	83.44	83.81	−2
13	德国	83.18	83.72	−2
14	瑞士	83.08	82.75	−1
15	英国	82.84	85.76	−7
16	奥地利	81.44	80.68	0
17	爱沙尼亚	80.40	79.08	5
18	挪威	80.27	80.14	−1
19	丹麦	79.99	81.87	−
20	澳大利亚	79.74	79.34	1
21	捷克	79.10	78.19	3
22	加拿大	78.52	80.85	−7
23	冰岛	78.17	73.25	5
24	法国	77.85	80.09	−6
25	越南	76.85	66.59	19
26	阿联酋	76.33	74.78	0
27	塞浦路斯	76.15	67.99	14
28	立陶宛	74.87	70.12	10
29	菲律宾	74.81	73.21	0
30	匈牙利	74.41	75.21	−5
31	马来西亚	74.22	78.26	−8
32	马耳他	74.08	72.98	−2

续表

排名	国家	2022 年指数值	2014 年指数值	相比 2014 年排名变化
33	拉脱维亚	73.92	71.34	0
34	西班牙	73.84	71.89	−2
35	斯洛文尼亚	73.77	71.14	1
36	葡萄牙	73.62	69.98	3
37	新西兰	73.34	74.28	−10
38	印度	73.11	67.76	4
39	意大利	72.60	72.19	−8
40	波兰	72.57	71.24	−5
41	哥斯达黎加	70.57	71.29	−7
42	罗马尼亚	70.38	66.89	1
43	泰国	70.38	64.73	5
44	科威特	69.96	70.42	−7
45	塞尔维亚	69.69	61.62	14
46	希腊	69.56	63.63	5
47	乌拉圭	69.38	64.38	2
48	乌克兰	68.07	61.38	14
49	阿曼	67.85	65.17	−2
50	北马其顿	67.70	61.72	7
51	白俄罗斯	67.47	60.91	12
52	克罗地亚	67.02	61.81	4
53	巴西	67.00	68.74	−13
54	保加利亚	66.82	62.15	−1
55	毛里求斯	66.10	66.29	−10
56	格鲁吉亚	66.02	59.12	15
57	亚美尼亚	65.91	58.29	19
58	南非	65.88	62.08	−4
59	黑山	65.55	61.53	2
60	沙特阿拉伯	65.17	61.88	−5
61	摩洛哥	64.66	61.67	−3
62	俄罗斯	64.58	66.09	−16
63	斯里兰卡	64.51	58.50	11
64	阿根廷	64.30	60.41	2
65	智利	64.19	64.22	−15
66	墨西哥	63.40	62.26	−14

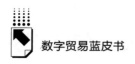
排名	国家	2022 年指数值	2014 年指数值	相比 2014 年排名变化
67	印度尼西亚	63.34	58.88	6
68	巴拿马	63.06	61.53	−8
69	巴基斯坦	62.76	56.48	14
70	蒙古	62.45	59.78	−2
71	哈萨克斯坦	61.81	60.74	−7
72	突尼斯	61.74	59.64	−2
73	肯尼亚	61.72	56.90	5
74	伊朗	61.68	55.33	13
75	哥伦比亚	60.99	60.55	−10
76	卢旺达	60.87	56.77	5
77	危地马拉	60.59	59.00	−5
78	塞内加尔	60.58	59.67	−9
79	黎巴嫩	60.52	60.32	−12
80	乌兹别克斯坦	60.06	54.16	8
81	厄瓜多尔	59.68	58.46	−6
82	巴拉圭	59.53	55.77	3
83	马达加斯加	59.41	50.93	11
84	波黑	59.35	55.51	2
85	秘鲁	59.26	57.79	−8
86	萨尔瓦多	58.22	56.84	−6
87	赞比亚	57.87	52.37	3
88	柬埔寨	57.56	53.26	1
89	缅甸	57.12	52.22	2
90	布基纳法索	56.53	56.85	−11
91	津巴布韦	56.05	49.90	5
92	阿尔及利亚	55.80	51.63	0
93	乌干达	54.97	56.33	−9
94	喀麦隆	53.91	56.71	−12
95	洪都拉斯	52.89	50.84	0
96	埃塞俄比亚	51.57	51.42	−3

2. 全球数字贸易发展指数总体及区域特征

（1）全球数字贸易发展指数总体特征

2014～2022 年，全球数字贸易发展指数呈现波动上升趋势，数字贸易发

展韧性十足。从均值和中位数来看，2014 年的全球数字贸易发展指数均值
为 67.54，中位数为 64.55；到了 2022 年，均值上涨至 69.81，而中位数上
涨至 67.96（见图 1），年均增长率分别达到了 0.42% 和 0.65%，展现了全
球范围内数字贸易的增长趋势。在 2014~2018 年，全球数字贸易发展指数
的均值和中位数增长率较为稳定，整体呈现增长的态势。2019 年增长显著，
然而，2020 年出现了一个小的下降，均值增长率为−0.10%。这是受全球经
济环境变化的影响，如新冠疫情对全球贸易发展造成了较大冲击。到了
2021 年，全球数字贸易发展指数再次呈现上升趋势，均值增长率为 0.72%，
中位数增长率为 0.51%。这表明尽管面临挑战，全球数字贸易发展指数仍
在恢复并持续增长，显示了全球数字贸易的韧性和增长潜力。

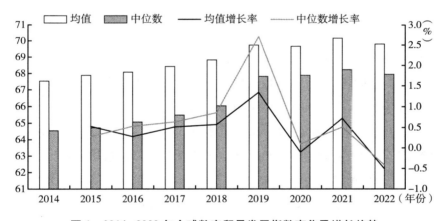

图 1　2014~2022 年全球数字贸易发展指数变化及增长趋势

（2）全球不同地区数字贸易发展指数特征

图 2 展示了 2014 年、2022 年全球不同地区数字贸易发展指数的均值，从
中可以发现，北美地区、欧洲和中亚地区、东亚和太平洋地区数字贸易发展
指数持续领先，而南亚、撒哈拉以南非洲等地区暂时落后，但发展潜力较大。

具体来看，数字贸易发展指数较高的地区主要集中在北美、欧洲和中亚，
以及东亚和太平洋地区。北美地区以 2014 年 88.29 的数字贸易发展指数均值
领先全球，这一优势在 2022 年下降至 85.39，但仍然保持其领先地位。欧洲和中

亚地区、东亚和太平洋地区的数字贸易发展指数均值也相对较高，2022 年分别为 74.34 和 73.94，展现了上述地区在数字贸易领域具有较强的竞争力。

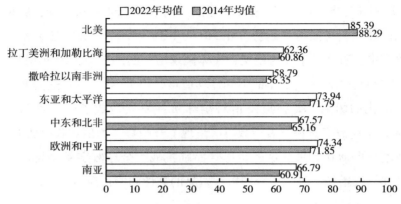

图 2　2014 年、2022 年全球不同地区数字贸易发展指数均值

南亚、中东和北非、撒哈拉以南非洲地区的数字贸易发展指数均值虽然较低，但增长速度较快。南亚地区的数字贸易发展指数增长尤为显著，从 2014 年的 60.91 增长至 2022 年的 66.79，中东和北非地区从 65.16 增长至 67.57，撒哈拉以南非洲地区从 56.35 增长至 58.79。拉丁美洲和加勒比海地区的数字贸易发展相对缓慢，2022 年的数字贸易发展指数均值相比 2014 年有所上升，但增速较缓。

（3）全球不同收入水平国家数字贸易发展指数特征

本报告分析了 2014～2022 年全球不同收入水平国家数字贸易发展指数发展特征。基于世界银行收入分配标准，共划分了 44 个高收入国家、26 个中高收入国家、21 个中低收入国家以及 5 个低收入国家。

整体来看，2014～2022 年数字贸易发展指数的平均水平与经济发展水平正相关。具体来看，高收入国家的数字贸易发展指数得分显著高于其他国家。2014 年，高收入国家的数字贸易发展指数均值为 76.46，到 2018 年增长至 77.09，2022 年增长至 77.50。中高、中低收入国家的数字贸易发展指数增长速度较快，显示出其在数字贸易领域的后发优势。特别是中低收入国家，2014 年，其数字贸易发展指数均值为 58.01，2018 年增长至 60.15，

2022年达到62.13，平均增长率达3.5%。低收入国家的数字贸易发展指数均值相对较低，2014年为54.46，2018年略有增长至55.22，2022年增长至56.67（见图3）。尽管在持续增长，但与高收入国家相比，低收入国家在数字贸易领域仍有较大的发展差距。

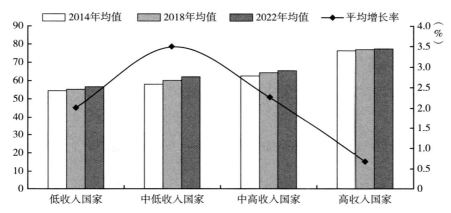

图3　2014～2022年全球不同收入水平国家数字贸易发展指数均值及平均增长率

资料来源：作者自行绘制。

从平均增长率来看，2014～2022年数字贸易发展指数的平均增长率与经济发展水平呈倒"U"型关系。其中，中低收入国家的数字贸易发展指数平均增长率最高，表明这些国家在数字贸易方面的追赶速度最快。而高收入国家的增长率最低，可能与其较高的发展基数有关。

3. 代表性国家数字贸易发展指数分析

本报告选择了英国、芬兰、瑞典、日本、中国、美国6个代表性国家进行具体的国别对比分析。报告显示，美国在数字基础设施和数字贸易潜力上保持领先，中国在数字基础设施建设方面取得显著进步，而英国、芬兰、瑞典和日本在数字贸易环境方面表现强劲。

具体来看，英国的数字贸易指数自2014年的85.76下降至2022年的82.84，呈现轻微的下降趋势（见图4）。数字贸易环境和数字基础设施是英国得分较高的两个领域，而数字贸易规模和数字贸易潜力相比其他几国则有

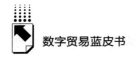
待提升。值得注意的是，在2022年，英国数字基础设施的指数下降至18.06，低于数字贸易规模指数的18.18，这表明英国数字贸易基础设施的优势有所下降，有待进一步更新。

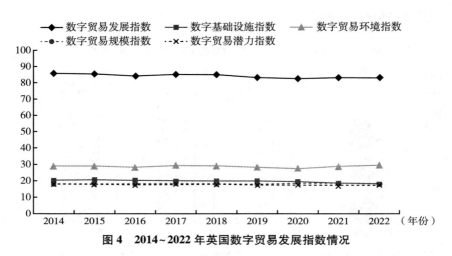

图4　2014~2022年英国数字贸易发展指数情况

芬兰的数字贸易发展指数在2014~2022年相对稳定，2014年为87.59，到2022年略有下降至85.63（见图5）。芬兰在数字贸易环境上表现良好，2014年为29.90，到了2022年为30.22，呈现持续增长态势，但在数字基础设施、数字贸易规模和数字贸易潜力方面有待加强。这可能与芬兰在数字治理和创新能力方面的强劲表现有关，但在基础设施投资和市场拓展上需要更多的努力。

瑞典的数字贸易发展指数在2014~2022年保持了较为稳定的发展态势（见图6）。指数从2014年的88.46发展至2022年的87.55，尽管略有下降，但整体表现强劲。瑞典在数字贸易环境和数字贸易潜力方面表现突出，2014年分别为28.32和20.73，2022年分别为29.47和19.84，但在数字贸易规模方面还有提升空间。

日本的数字贸易发展指数在2014年为86.03，到2022年下降至84.18，呈现下降趋势（见图7）。日本同样在数字贸易环境上表现较好，2014年为29.79，而到了2022年则为29.81，呈现轻微增长趋势，但在数字贸易规模

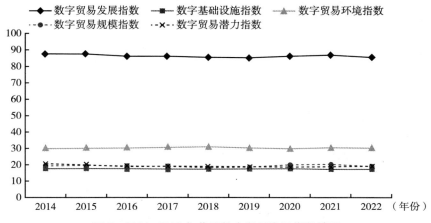

图5　2014~2022年芬兰数字贸易发展指数情况

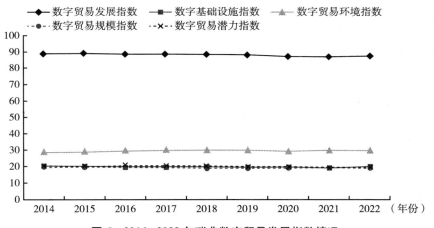

图6　2014~2022年瑞典数字贸易发展指数情况

上有所不足，数值在 16 上下浮动，相比其他几国处于劣势，这反映了日本在技术创新和政策环境方面的优势，以及在市场规模和市场活力方面的挑战。

中国的数字贸易发展指数在 2014~2022 年整体呈现增长趋势。指数从 2014 年的 79.72 增长至 2022 年的 85.29（见图 8），显示出中国在数字贸易领域的快速发展。中国在数字基础设施和数字贸易环境方面取得了显著进步，2014 年分别为 21.63 和 20.91，而到了 2022 年则为 26.73 和 22.60，显示出大

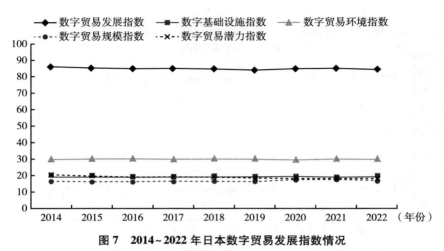

图7 2014~2022年日本数字贸易发展指数情况

幅度的增长。相对于其他几国,中国在数字贸易规模和数字基础设施方面显示出优势,但在数字贸易潜力和数字贸易环境方面存在较大上升空间。这表明中国在推动数字贸易发展方面采取了有效的基础投资和市场措施,未来需要进一步优化政策环境,加快技术创新,以推动数字贸易高质量发展。

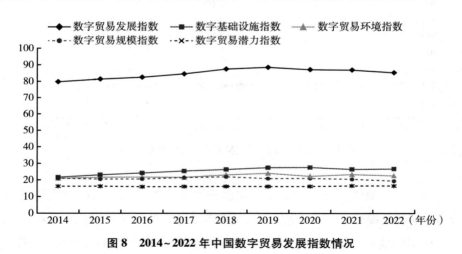

图8 2014~2022年中国数字贸易发展指数情况

美国在数字贸易发展指数方面保持全球领先,2014年的指数高达95.74,尽管2022年略有下降至92.26,但仍然位居全球前列(见图9)。美国在数字贸易环境、数字基础设施和数字贸易潜力方面均表现出色，2014年分别为 29.14、26.49 和 22.48，2022 年分别为 28.99、23.66 和 22.19，尽管均有所下降，但依然保持较高水平。这反映了美国在数字贸易领域的全面均衡发展，显示了其在数字贸易中的强劲地位。

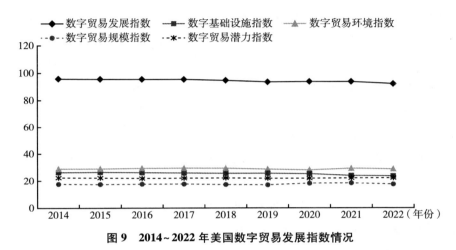

图 9　2014~2022 年美国数字贸易发展指数情况

总体来看，美国在数字基础设施和数字贸易潜力上显示出强劲优势，中国在数字基础设施建设方面取得显著进步，而英国、芬兰、瑞典和日本等国则在数字贸易环境方面表现较佳。相比其他几国，中国在数字贸易规模和数字贸易基础设施方面具有较大优势，但在数字贸易潜力和数字贸易环境方面仍需持续努力。中国需要进一步加强国际合作，学习借鉴国际先进经验，加快技术创新步伐，持续优化数字贸易发展环境，提升自身的数字贸易竞争力。

（二）数字基础设施指数分析

2022 年全球数字基础设施指数排名前 20 的国家如表 3 所示，中国数字基础设施水平一直位居前列，于 2022 年超越美国，跃居全球首位。2022 年中国数字基础设施指数为 26.73，相较于 2014 年的 21.63，增长了 23.58%。2022 年美国数字基础设施指数位居第 2，达 23.66，相较于 2014 年有所下滑，但是数字基础设施指数仍高于 20。阿联酋和瑞典排名紧随其后，在

2022 年数字基础设施指数得分较为相近，分别为 19.69 和 19.63。新加坡数字基础设施指数为 19.30，于 2022 年位列第 5。数字基础设施指数在全球排名位居第 6 位至第 10 位的国家分别是印度、日本、德国、韩国和奥地利，其中印度和日本的指数相对较高，均在 19 以上。冰岛、英国、挪威、荷兰等国家位居数字基础设施指数的第 11 位至第 20 位，以发达国家为主。

从数字基础设施指数排名变动来看，中国、美国、瑞典、德国、挪威、法国、瑞士等国家的排名相对稳定，而印度是数字基础设施排名中提升最快的国家之一。相较于 2014 年，印度的数字基础设施指数于 2022 年达到 19.20，该指数排名上升了 53 个位次；泰国在数字基础设施排名中变化较快，2022 年的排名相较于 2014 年上升了 34 个位次；奥地利、南非和冰岛这 3 个国家的数字基础设施指数于 2022 年的全球排名相较于 2014 年上升了 15 个位次及以上，于 2022 年全球数字基础设施指数排名中分别位列第 10、第 16 和第 11。然而，相较于 2014 年，英国、荷兰、卢森堡、意大利等国在 2022 年数字基础设施指数中排名有所下滑。

总体来看，各国在 2022 年数字基础设施发展水平中具有较大的差异，位居前 20 的国家大多为发达国家。发展中国家中，中国位居首位，印度位居第 6，南非和泰国的排名分别为第 16 位和第 18 位。

表 3　2022 年全球数字基础设施指数排名前 20 的国家得分情况及其排名变化

名次	国家	2022 年数字基础设施指数值	2014 年数字基础设施指数值	与 2014 年相比排名变化
1	中国	26.73	21.63	1
2	美国	23.66	26.49	-1
3	阿联酋	19.69	18.32	5
4	瑞典	19.63	19.97	0
5	新加坡	19.30	18.08	5
6	印度	19.20	13.79	53
7	日本	19.18	19.12	-2
8	德国	18.81	18.55	-1
9	韩国	18.77	18.08	0
10	奥地利	18.46	16.56	15

续表

名次	国家	2022 年数字基础设施指数值	2014 年数字基础设施指数值	与 2014 年相比排名变化
11	冰岛	18.37	15.95	21
12	英国	18.06	20.41	-9
13	挪威	18.04	17.94	-1
14	荷兰	17.99	18.61	-8
15	卢森堡	17.61	17.98	-4
16	南非	17.43	15.58	20
17	意大利	17.36	17.57	-3
18	泰国	17.33	13.91	34
19	法国	17.30	17.16	-1
20	瑞士	17.28	17.03	-1

2014~2022 年数字基础设施指数整体水平（均值、中位数）和增长趋势如图 10 所示，全球数字基础设施指数的均值和中位数在 2014~2020 年呈现较明显的上升趋势，于 2020 年之后增长放缓。全球数字基础设施指数的均值从 2014 年的 14.79 增加至 2022 年的 16.10，增长幅度为 8.86%；全球数字基础设施指数中位数从 2014 年的 14.35 增加至 2022 年的 16.00，增长幅度为 11.50%。数字基础设施指数均值于 2020 年达到峰值，达 16.18，同比增长率为 1.62%；同年数字基础设施指数中位数的数值为 15.96，同比增长率为 1.61%。数字基础设施指数均值于 2019 年具有较快的增长，其增长率达 2.17%；而数字基础设施指数中位数于 2016 年的增长最快，增长率高达 4.13%。受新冠疫情影响，2021 年数字基础设施指数的均值和中位数的增长率放缓，中位数增长率趋近于 0%。随着全球经济复苏，2022 年数字基础设施指数均值和中位数的增长率有所回升。整体来看，全球数字基础设施仍具有较大的发展潜力。

根据数字基础设施指数排名和国别发展特征，选择了中国、美国、英国、芬兰、瑞典以及日本这 6 个代表性国家，就其 2015~2022 年数字基础设施指数增长率变化情况（见图 11）进行分析。整体来看，中国数

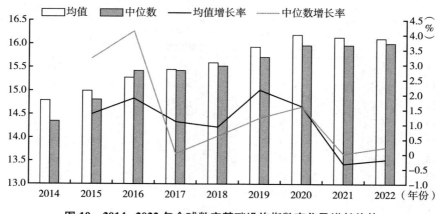

图 10　2014~2022 年全球数字基础设施指数变化及增长趋势

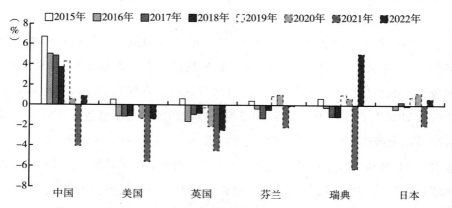

图 11　2015~2022 年代表性国家数字基础设施指数增长率情况

字基础设施发展迅猛，增长率整体上领先于其他 5 个国家。2015~2019 年中国数字基础设施增长率一直处于 3.71% 及以上，2020 年受新冠疫情影响，数字基础设施指数增长率出现较大幅度的下降，仅为 0.53%，尤其是在 2021 年首次出现负增长，2022 年增长率有所回升，达到 0.87%。美国和英国的数字基础设施指数仅在 2015 年呈现正向增长，2016~2022 年数字基础设施增长明显放缓。芬兰的数字基础设施指数在 2015 年、2019 年以及 2020 年的增长率为正，其他年份的增长率依旧为负。瑞典的数字基础设施指标增长率变动情况在 2021 年之前与芬兰的情况类似，然而在 2022 年瑞典的数字基础设施指数实现大幅度增长，增长率高达 5.03%。日本的数字基础设施指数增长率在 2015~2018 年相对较为稳定，在 2019 年和 2020 年呈现较为明显的增长态势，2021 年增长率出现下滑，2022 年有所回升。

（三）数字贸易环境指数分析

表 4 为 2022 年全球数字贸易环境指数前 20 位国家的得分情况及其排名变化。

表 4　2022 年全球数字贸易环境指数排名前 20 的国家得分情况及其排名变化

名次	国家	2022 年数字贸易环境指数值	2014 年数字贸易环境指数值	与 2014 年相比排名变化
1	丹麦	30.37	29.45	6
2	芬兰	30.22	29.90	0
3	荷兰	30.15	29.65	3
4	挪威	29.94	29.28	4
5	卢森堡	29.92	28.41	10
6	日本	29.81	29.79	-2
7	澳大利亚	29.71	29.81	-4
8	瑞典	29.47	28.32	8
9	德国	29.40	28.64	4
10	英国	29.38	29.10	0
11	新加坡	29.38	29.72	-6
12	爱沙尼亚	29.27	28.55	2
13	瑞士	29.06	27.76	4
14	美国	28.99	29.14	-5
15	加拿大	28.99	29.99	-14
16	阿联酋	28.96	26.60	8
17	比利时	28.44	26.96	2
18	立陶宛	28.23	26.09	10
19	法国	28.17	27.72	-1
20	奥地利	28.13	28.85	-8

从指数的总体排名情况来看，卢森堡、立陶宛的数字贸易环境指数排名增长幅度较大，名次均提升了 10 个位次。而加拿大的数字贸易环境指数排名倒退情况明显，名次下降超过了 10 个位次。

基于数字贸易环境指数的测算结果，本报告发现，就全球总体趋势而言，数字贸易环境指数在 2019 年实现了较大的进步和发展，指数均值由 2014 年的 23.5 增长至 25.2，而指数标准差则由 3.66 降至 3.09（见图 12），全球国家间数字贸易环境差距明显缩小，这一趋势，也在一定程度上反映出世界主要国家对数字贸易环境关注程度的变化。而 2019 年后，受全球数字经济和贸易监管与治理程度不断加强的影响，在《美日数字贸易协定》（UJDTA）、《数字经济伙伴关系协定》（DEPA）、《区域全面经济伙伴关系协定》（RCEP）、《全面与进步跨太平洋伙伴关系协定》（CPTPP）等一些关于数字贸易的国际协定和数字条款的提出与落实后，国际数字贸易环境出现短期小幅度的反弹，但在更为明确和规范的国际规则和环境治理下，数字贸易环境指数整体呈增长趋势。

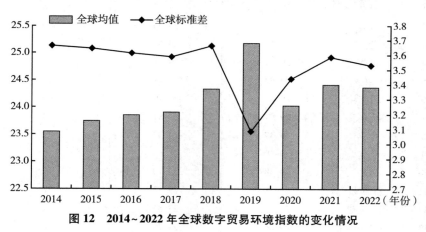

图 12　2014~2022 年全球数字贸易环境指数的变化情况

从国家分布的地区情况来看，数字贸易环境较好的国家更多分布在欧洲和亚洲地区①（见图 13）。从年份变化来看，除美洲和大洋洲外，欧洲、亚

---

①　在测算的 96 个国家中，大洋洲所属国家只有澳大利亚和新西兰 2 个国家，因其数字贸易环境较优，从而测算出的洲均值相对较高，但比较意义相对较弱，因此本报告在综合分析中将其结果进行了弱化。

洲和非洲的数字贸易环境均有明显优化，数字贸易环境指数值分别从 2014 年的 25.5、22.8、20.2 增长为 2022 年的 26.5、23.8、21.3。其中，非洲的指数增长最为明显，欧洲与亚洲的数字贸易环境改善速度相对持平。

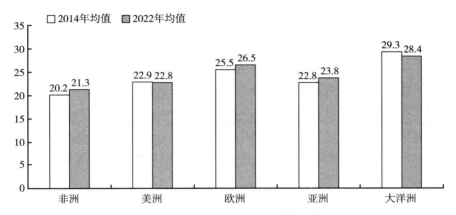

图13　2014 年、2022 年数字贸易环境指数的地区分布情况

从全球、亚洲以及中国数字贸易环境指数的变化情况（见图 14）来看，中国与全球数字贸易环境指数发展趋势相同，2019 年是限制条件最少、发展程度最好的一年，中国数字贸易环境指数从 2014 年的 20.9 增长至 24.0。虽然截至 2022 年，中国数字贸易环境指数较亚洲和全球平均水平仍存在一定差距，但从环境优化和改善的努力程度来看，中国在数字贸易环境方面所进行的努力效用较为显著，从数字上反映了中国与亚洲和全球差距进一步缩小。从政策上，反映在每年政府工作报告、中央经济工作会议、"十四五"规划等国家重要工作安排中关于数字贸易环境优化、促进、调整以及高质量发展等方面的内容体现和关注程度上。

（四）数字贸易规模指数分析

从 2022 年全球数字贸易规模指数排名前 20 位国家的分布情况来看（见表 5），菲律宾排在第 1 位。2022 年，菲律宾的数字贸易规模指数为 26.89，与 2014 年相比，其数字贸易规模指数全球排名并未发生变化，依旧处于全

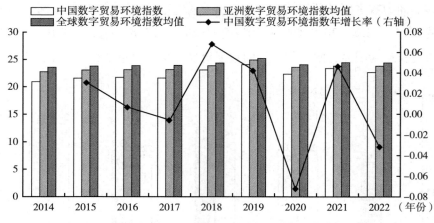

图14　2014～2022年全球、亚洲以及中国数字贸易环境指数变化情况

球首位。爱尔兰、越南、以色列和新加坡分别排名全球第2~5位，数字贸易规模指数均在20以上。其中，爱尔兰2022年数字贸易规模指数为25.53，与2014年相比，其数字贸易规模指数全球排名也未发生变化，仍为全球第2位。除此以外，中国、印度、乌克兰、马来西亚和芬兰也具有较为领先的数字贸易规模水平，指数排名在全球第6~10位，数字贸易规模指数均在19以上。数字贸易规模指数全球排名第11~20位的国家中包括瑞典、捷克、英国、瑞士、荷兰等。

　　从数字贸易规模指数排名变动情况来看，越南、乌克兰、塞浦路斯、马达加斯加和巴基斯坦2022年的数字贸易规模治理指数排名相较于2014年均有较大幅度的提升，相较于2014年，越南、乌克兰、塞浦路斯、马达加斯加和巴基斯坦2022年数字贸易规模指数全球排名分别上升9个位次、37个位次、15个位次、77个位次和33个位次。其中，马达加斯加是数字贸易规模指数排名提升速度最快的国家。而马来西亚、科威特和荷兰等国家2022年的数字贸易规模指数排名相较于2014年出现了一定程度的下降，分别下降了5个位次、7个位次和6个位次。就中国的排名情况而言，中国2022年数字贸易规模指数排名较2014年变化较小，稳定在全球前6位，整体发展趋势较为平稳，在全球市场占有一定地位。

表 5　2022 年全球数字贸易规模指数排名前 20 的国家得分情况及其排名变化

名次	国家	2022 年数字贸易规模指数值	2014 年数字贸易规模指数值	与 2014 年相比排名变化
1	菲律宾	26.89	27.15	0
2	爱尔兰	25.53	23.37	0
3	越南	22.77	19.35	9
4	以色列	22.09	20.40	2
5	新加坡	20.07	23.26	−2
6	中国	19.45	21.00	−1
7	印度	19.32	19.68	1
8	乌克兰	19.18	14.33	37
9	马来西亚	19.14	21.56	−5
10	芬兰	19.01	19.36	1
11	瑞典	18.61	19.44	−1
12	塞浦路斯	18.60	16.15	15
13	马达加斯加	18.50	11.29	77
14	捷克	18.40	17.54	5
15	英国	18.18	18.21	−1
16	科威特	18.18	19.45	−7
17	韩国	17.65	18.11	−2
18	瑞士	17.56	17.72	−2
19	荷兰	17.49	19.30	−6
20	巴基斯坦	17.49	13.66	33

2014～2022 年数字贸易规模指数整体水平和趋势变动情况如图 15 所示，2014～2019 年，全球数字贸易规模指数均值整体呈现平稳发展趋势，中位数波动相对较大，两者于 2020 年出现较明显的上升趋势，随后于 2022 年出现小幅下降。从全球数字贸易规模指数均值来看，全球数字贸易规模指数均值从 2014 年的 14.86 增长为 2022 年的 15.34，增长幅度为 3.23%；从全球数字贸易规模指数中位数来看，全球数字贸易规模指数中位数从 2014 年的 13.97 增长为 2022 年的 14.95，增长幅度为 7.02%。数字贸易规模指数均值于 2021 年达到峰值，指数为 15.70，同比增长率为 0.95%；数字贸易规模

指数中位数也于 2021 年达到峰值，指数为 15.26，同比增长率为 1.24%。从全球数字贸易规模指数均值增长率来看，2015～2019 年，全球数字贸易规模指数均值增长率整体呈现平稳发展趋势，于 2020 年迅速上升，随后于 2020～2022 年呈现连续下降趋势。2020 年全球数字贸易规模指数均值增长率为 5.95%，达到增长峰值。从全球数字贸易规模指数中位数增长率来看，2014～2020 年，全球数字贸易规模指数中位数增长率呈现波动上升趋势，随后于 2020～2022 年呈现连续下降趋势。2020 年全球数字贸易规模指数中位数增长率为 7.32%，达到增长峰值。出现这种变化趋势的原因可能是受全球新冠疫情的影响，全球经济贸易等运输销售受到不同程度冲击，而数字贸易不受时间地点所局限，在疫情防控期间得以实现贸易规模大幅增长；随着新冠疫情的结束，世界经济贸易活动逐渐恢复正常，数字贸易规模增长率也随之有所下降。长期来看，随着数字经济的蓬勃发展和世界经济的逐步复苏，全球数字贸易规模仍有较大的增长空间和发展潜力。

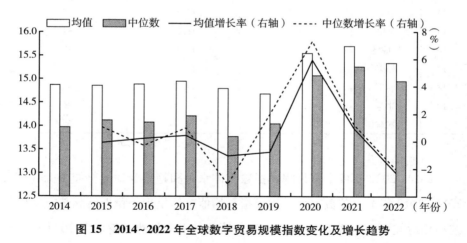

图 15　2014～2022 年全球数字贸易规模指数变化及增长趋势

根据数字贸易规模指数排名和国别发展特征，选择中国、美国、英国、芬兰、瑞典及日本六个代表性国家，就其 2015～2022 年数字贸易规模指数增长率变化情况（见图 16）进行分析。整体来看，各国数字贸易规模指数均存在不同程度的增长率正向和负向变化。中国的数字贸易规模指数在

2015 年、2019 年、2021 年和 2022 年的增长率为负，在其他年份增长率为正，其中 2017 年中国数字贸易规模指数增长率达到最高水平，为 4.21%。美国、英国和日本的数字贸易规模指数增长率变化趋势较为一致，在 2015 年、2018 年、2019 年和 2022 年的增长率为负，在其他年份增长率为正，美国数字贸易规模指数增长率在 2020 年达到最高水平，为 6.98%，英国和日本数字贸易规模指数增长率也在 2020 年达到最高水平，分别为 3.35% 和 8.01%。芬兰数字贸易规模指数增长率在 2015 年、2019 年、2020 年和 2021 年为正，在其他年份为负，且芬兰数字贸易规模指数增长率在 2020 年达到最高水平，为 7.50%。瑞典数字贸易规模指数增长率仅在 2020 年和 2022 年为正，在其他年份增长率均为负，2020 年瑞典数字贸易规模指数增长率同样达到最高水平，为 2.03%。由此可见，代表性国家中发达国家由于经济基础和发展水平相似，数字贸易规模发展趋势也较为类似。2020 年数字贸易获得广阔发展空间，市场规模也由此迅速扩大，增长率得以迅速攀升。而中国作为发展中国家，数字贸易发展起步较晚，发展基础和市场规模较发达国家有一定差距，中国数字贸易规模指数增长率在 2017 年达到最高水平，逐渐缩小的与发达国家之间的差距，不断提升和扩大的我国数字贸易发展水平和市场规模，使中国在世界数字贸易发展格局中逐步获得更高地位和更多话语权。

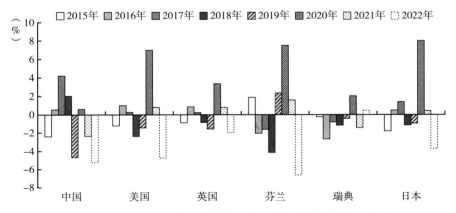

图 16　2015~2022 年代表性国家数字贸易规模指数增长率变化

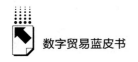

（五）数字贸易潜力指数分析

2022年数字贸易潜力指数全球排名前20的国家如表6所示，均为发达国家；且相较于2014年，绝大多数国家2022年数字贸易潜力指数得分下降。2022年在全球数字贸易潜力指数中位居首位的国家为韩国，该指数22.31，虽然相较于2014年的22.43有所下降，但是排名相较于2014年上升了2个位次。美国在2022年的数字贸易潜力指数为22.19，位居第2。新加坡的数字贸易潜力指数于2022年为21.56，位列第3。比利时数字贸易潜力指数排名紧随其后，其数字贸易潜力指数得分从2014年的19.17增长至2022年的20.77，增长幅度为8.35%。2022年在全球数字贸易潜力指数中位列第5的国家为瑞典，该指数得分为19.84。数字贸易潜力指数在2022年全球排名位列第6~10位的国家分别为卢森堡、瑞士、以色列、芬兰和奥地利。丹麦、德国、冰岛、荷兰、日本的排名紧随其后，得分均高于18。排名15位及之后的国家分别为斯洛文尼亚、澳大利亚、爱尔兰、挪威和英国。

从数字贸易潜力指数排名来看，国家排名相对稳定，位次变动幅度均在10个位次以内。其中，比利时的排名上升最快，相较于2014年，2022年的排名上升了9个位次；冰岛的排名上升位次相对较快，2022年的排名上升了7个位次；丹麦和日本于2022年在全球数字贸易潜力中的排名有较明显的下滑，相较于2014年的排名均下降了7个位次。2022年以色列和爱尔兰的位次相较于2014年均下降了3个位次，而新加坡、芬兰、澳大利亚以及英国的排名下降了2个位次及以内。

表6　2022年全球数字贸易潜力指数排名前20的国家得分情况及其排名变化

名次	国家	2022年数字贸易潜力指数值	2014年数字贸易潜力指数值	与2014年相比排名变化
1	韩国	22.31	22.43	2
2	美国	22.19	22.48	0
3	新加坡	21.56	23.61	−2
4	比利时	20.77	19.17	9

名次	国家	2022 年数字贸易潜力指数值	2014 年数字贸易潜力指数值	与 2014 年相比排名变化
5	瑞典	19.84	20.73	1
6	卢森堡	19.71	20.30	3
7	瑞士	19.19	20.25	3
8	以色列	19.18	20.81	−3
9	芬兰	19.16	20.72	−2
10	奥地利	19.10	19.59	1
11	丹麦	19.00	21.10	−7
12	德国	18.61	19.44	0
13	冰岛	18.55	17.87	7
14	荷兰	18.53	19.17	0
15	日本	18.19	20.52	−7
16	斯洛文尼亚	17.69	18.49	1
17	澳大利亚	17.57	18.78	−1
18	爱尔兰	17.55	19.02	−3
19	挪威	17.27	17.68	2
20	英国	17.22	18.03	−2

2014~2022 年数字贸易潜力指数整体水平和增长趋势情况如图 17 所示。2014~2022 年全球数字贸易潜力指数的均值和中位数存在小幅波动，整体得分相对稳定。全球数字贸易潜力指数均值在 2014 年最高，达 14.33，在 2015~2022 年该指数均值在 14.0 左右。均值增长率的波动相对较小，2022 年数字贸易潜力指数的增长率最高，达 0.58%。2014~2022 年全球数字贸易潜力指数中位数得分在 2015 年最大，为 13.08，其余年份的中位数得分基本处于 12.5~13.0。在该期间，数字贸易潜力中位数增长率于 2022 年达到最高值，为 0.96%。

根据数字贸易潜力指数排名和国别发展特征，本报告选择了中国、美国、英国、芬兰、瑞典以及日本这 6 个代表性国家，就其 2015~2022 年数字贸易潜力指数增长率变化情况（见图 18）进行分析。整体来看，美国数

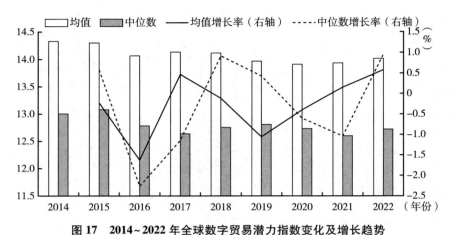

图 17　2014～2022 年全球数字贸易潜力指数变化及增长趋势

字贸易潜力指数增长率在 2015～2022 年间相较于其他 5 个国家变动幅度最小。具体来看，中国在 2015 年数字贸易潜力指数增长率为 0.2%，在 2016年有较明显下滑，2017～2020 年出现较小幅度的波动，于 2021 年中国数字贸易潜力指数增长率达到顶峰，达 2.10%，但在 2022 年增速放缓；美国数字贸易潜力指数增长率于 2017 年、2018 年、2021 年以及 2022 年为正，增长率均在 0.5% 左右，而在其他年份美国数字贸易潜力指数增长率为负，降幅小于 2%，整体增长率波动幅度较小；英国数字贸易潜力增长率仅在

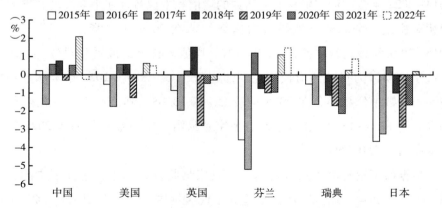

图 18　2015～2022 年代表性国家数字贸易潜力指数增长率变化

2017 年、2018 年和 2022 年呈现正向增长，于 2018 年数字贸易潜力增长率最高，达 1.52%；2015～2022 年芬兰和瑞典数字贸易潜力增长率整体的变动趋势较为一致，但是芬兰增长率的波动幅度大于瑞典；日本数字贸易潜力指数增长率整体偏低，仅在 2017 年和 2021 年呈现正向增长。

五　中国数字贸易发展的政策建议

（一）加强数字基础设施建设，赋能数字贸易高质量发展

第一，不断完善信息网络基础设施，确保网络设施的稳定性和可靠性。要扩展网络带宽，推进光纤网络扩容提速，推动以卫星互联网为代表的算力"新基建"发展，实现全球范围内的互联网接入，不断提升我国数字基础设施的应用效益，赋能中国数字贸易发展。第二，积极推动 5G 网络全面覆盖。强化移动 5G 基站建设投入，加速数据传输，提高数据处理能力，为数字交易提供即时响应和反馈，进而提升数字贸易的效率。第三，大力发展智慧交通和智慧物流，推动数字贸易高质量发展。加快发展数字交通，建设一大批新型的交通基础设施。发展和促进多式联运体系，提高不同运输模式之间的衔接和互联互通能力。同时，推动数字化技术在物流领域的应用，提高物流效率和可预见性。第四，持续实施"东数西算"工程。西部地区要基于国家的"东数西算"战略，加大数字基础设施建设和技术研发力度，建设国家算力枢纽节点和数据中心群，促进全球一体化算力网络形成，助力打造中国数字贸易新优势。

（二）加快优化数据生态治理，营造良好数字产业环境

新时代，以智能化、信息化、数字化技术为核心的数据生态逐渐成为经济社会发展的重要系统，创建安全、健康、高效的数据环境，是重塑国际经济格局、改革国内经济增长方式、畅通国内国际双循环的关键内容。中国作为数字大国，具有广阔的数字市场和可观的数字经济规模，通过营造良好的

数字产业环境，有利于建立稳定可持续的产业发展基础，从而增强对数字企业的吸引力，提升数字贸易领域在技术、管理、体制改革等方面的效率，持续释放数字增长动能。第一，将数字监管和数字评价纳入数字贸易改革框架，强化全过程监管的便利化和规范化，强调事后绩效评估的重要性，总结经验不断完善企业数字贸易交易流程，深化政府治理阶段性改革。第二，加强数字贸易线上与线下环境协调统一，加速进入产业良性竞争和高质量发展的新阶段。第三，推进数字贸易平台规则的标准化和国际化，加快相关制度与政策落地，进一步提升数字产品与数字服务跨国流通的自由化，探索更具创新与活力的贸易手段，建立并完善更为成熟的贸易模式，实现数字贸易的高质量发展。

（三）加快培育技术优势，持续扩大数字贸易规模

数字贸易发展规模是一国数字贸易发展水平最直观的体现。当前，中国的数字贸易规模发展水平在全球具有一定的领先地位，数字贸易规模指数排名基本稳定在全球前 6 位，整体发展趋势较为平稳。未来，中国应在现有数字贸易规模优势的基础上，进一步在更大范围内整合数字资源、开放数字平台，加快培育壮大数字贸易新模式和新业态，促进数字贸易规模优势向技术优势转化，借助技术优势持续扩大数字贸易规模。第一，实施"数字强贸"战略，深化跨境电子商务综合试验区建设，推动贸易主体、贸易平台等数字化转型，鼓励外贸企业融入平台所搭建的生态体系，增强数字贸易竞争实力，稳步扩大我国数字贸易规模。第二，稳步推进数字贸易示范区建设，积极支持数字产品贸易和数字服务贸易优化发展，持续扩大数字服务贸易进出口规模。第三，稳步推进通信技术服务等贸易业态发展，积极探索数据贸易模式，发挥数字贸易技术优势，持续扩大数字贸易规模，提升中国数字贸易发展水平。

（四）建立健全数字贸易统计监测体系，促进数字贸易技术创新

第一，建立健全系统的数字贸易统计监测体系，明确数字贸易的定义、

分类和统计方法。通过引入先进的数据采集和分析技术，如大数据分析和人工智能，提升数据的准确性和实时性。该体系应涵盖跨境电子商务、数字服务出口、数据流动等多个方面，确保全面反映数字贸易的规模、结构和发展趋势。同时，加强与国际统计机构的合作，推动统计数据的国际互认，提升中国在全球数字贸易中的话语权。通过准确的统计数据，为政策制定、市场监管和企业决策提供科学依据。第二，设立国家级数字贸易技术创新基金，支持企业在大数据、人工智能、区块链等领域的研发和应用。鼓励企业通过技术创新提升数字贸易服务的智能化、个性化水平。同时，建立跨行业、跨领域的数字贸易创新平台，促进技术交流与合作，推动数字贸易新模式、新业态的发展，增强中国在全球数字贸易中的竞争力。通过技术创新，促进数据、技术、资本等要素资源快捷流动，推动各类市场主体重构组织模式、打破时空限制、延伸产业链条，从而有效提升中国数字贸易的国际竞争力和发展潜力。

分 报 告

B.3
中国跨境电子商务发展报告（2024）

张宸妍*

摘　要： 中国跨境电子商务高质量发展是推动数字贸易发展的重要基础。近年来，我国跨境电子商务发展规模稳中有升，贸易规模、市场规模、融资规模不断增加，这离不开国际环境、数字技术带来的发展机遇，跨境电商的发展模式也在不断更新，交易结构更加多元，呈现更具活力的发展前景。与此同时，我国跨境电子商务发展也面临一些现实挑战：供应链外迁压力加大，跨境支付体系有待推广，物流体系仍需完善，品牌质量亟待提高。为推动我国跨境电子商务的发展，中央和地方分别围绕统计监测、进出口环节、综合试验区建设、外贸新业态、资金支持等方面，出台相关政策举措。为降低供应链转移的风险，解决跨境电子商务发展过程中的问题，本报告建议加速构建生态化服务体系，统筹供应链全球化布局，加强国际品牌建设，有机融合贸易新业态。

---

* 张宸妍，博士，首都经济贸易大学副教授，主要研究领域为国际贸易、跨国投资。

关键词： 跨境电子商务 外贸新业态 品牌建设

一 中国跨境电子商务发展现状

（一）发展规模稳中有升

全球贸易格局面临地缘政治冲突、地区保护主义、供应链危机等诸多挑战，越来越多的企业通过市场多元化来降低风险，开展跨境电商业务成为实用且安全的解决方案。在此背景下，中国成为跨境电商领域的主导力量，是美国、英国等经济体进行跨境采购的主要市场。

1.跨境电商贸易规模

跨境电商已成为中国外贸增长的新引擎。根据海关总署初步测算，2023年，我国跨境电商进出口2.38万亿元，相比2022年的2.11万亿元，增长12.8%，增速超过上一年度，我国跨境电商持续高速发展（见图1）。其中，出口1.83万亿元，比2022年的1.55万亿元增长18.1%；进口0.55万亿元，和2022年相比，减少0.01万亿元，下降幅度有所缩窄。就进出口结构来看，2022年出口占比73.5%，进口占比26.5%；而2023年出口占比76.9%，进口占比23.1%，2023年出口增长尤为强劲。近年来，尽管进出口增速有所波动，但总体平稳向上，出口总体占比较高，增速持续快于进口，反映了国际市场对中国产品的持续需求。与此同时，参与跨境电商进口的消费者人数逐年增加，2023年消费者达到1.63亿人，很大程度上得益于跨境电商容易满足消费者多样化的需求。

2.跨境电商市场规模

在国际环境和经济发展特点的影响下，跨境电商行业进入了长期稳定的发展时期。"电数宝"电商大数据库显示，2023年上半年中国跨境电商市场规模达8.2万亿元。2018~2022年市场规模分别为9万亿元、10.5万亿元、12.5万亿元、14.2万亿元和15.7万亿元，实现增速分别为11.66%、

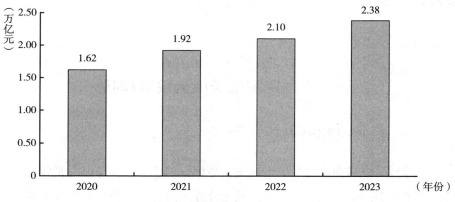

图1 2020～2023年中国跨境电商进出口额

资料来源：海关总署。

16.67%、19.04%、13.6%和10.56%。① 截至2023年7月，已经有超过10万家市场主体参与跨境电商活动。随着进入市场企业数量的不断增加，竞争愈加激烈。2023年1～11月我国跨境电商企业注册量达14445家，同比增长38.2%，超过2022年全年新增企业数量。② 这表明跨境电商行业持续吸引新的参与者，并且市场活力旺盛。

从市场上跨境电商上市公司来看，规模较大的跨境电商上市公司总市值有增有减，一定程度上反映了跨境电商行业的竞争较为激烈。如截至2024年3月15日，安克创新科技股份有限公司总市值为338.51亿元、跨境通总市值为44.56亿元、浙江广博集团股份有限公司总市值为33.43亿元、致欧家居科技股份有限公司总市值为99.60亿元、深圳市有棵树科技股份有限公司总市值为13.38亿元、杭州联络互动信息科技股份有限公司总市值为50.51亿元、义乌华鼎锦纶股份有限公司总市值为35.88亿元、有棵树总市值为7.71亿元、兰亭集势总市值为6.29亿元。其中，安克创新科技股份有限公司较2023年6月30日的355.62亿元总市值有所减少，总市值出现减

---

① 资料来源于网经社电子商务研究中心发布的《2023年（上）中国跨境电商市场数据报告》。
② 资料来源于企查查、中商产业研究院。

少的还有跨境通、杭州联络互动信息科技股份有限公司、深圳市有棵树科技股份有限公司、兰亭集势；而致欧家居科技股份有限公司的总市值在2023年6月30日为95.16亿元，出现小幅增长，总市值增长的还有义乌华鼎锦纶股份有限公司。①

基于股息率来衡量跨境电商上市公司股票的投资价值，对比跨境电商指数、上证指数、创业板指、科创50的股息率，可以发现，2023年初，跨境电商指数股息率接近上证指数股息率，显著高于创业板指和科创50的股息率，展现出较高的投资价值。然而，2023年5月之后，跨境电商指数股息率出现明显下降，而上证指数股息率仍保持在较高水平，对比之下，创业板指和科创50的股息率均呈现增长趋势。2023年末，跨境电商指数股息率略高于创业板指和科创50的股息率（见图2）。这也表明，在跨境电商行业高速发展之下，跨境电商企业投资价值显著高于创业企业价值以及科创型企业的价值，但随着竞争越来越激烈，跨境电商行业面临着一轮洗牌。

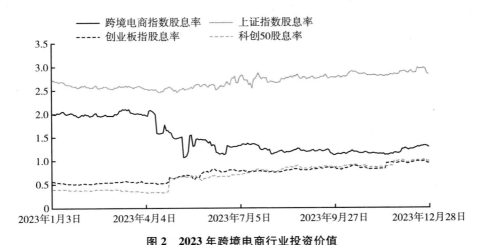

图2 2023年跨境电商行业投资价值

资料来源：Wind数据库。

---

① Wind数据库。

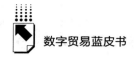

3. 跨境电商融资规模

就融资规模来看，2023 年跨境电商行业总融资规模高达 157 亿元，与电子商务行业整体资金缩水现象形成鲜明对比。网经社电子商务研究中心发布的《2023 年度中国电子商务投融资数据报告》显示，2023 年全国电子商务融资 148 起，创近 5 年新低，其中跨境电商融资 22 起；电子商务融资金额为 291.7 亿元，较去年同期下降 9.00%，而跨境电子商务[①]融资总额 157.3 亿元，较 2022 年同期的 130.5 亿元，增长 20.53%。其中，SHEIN 获得了红杉基金、MIC 穆巴达拉投资公司 20 亿美元融资，跨境电子商务企业中融资金额在千万元以上的还包括来自广东省的 Akulaku、芯宏科技、跨境魔方，来自天津市的普乐电商，来自浙江省的抖金文化，来自北京市的 QuickCEP、及时语、EchoTik，来自福建省的嘀嗒狗。

（二）发展机遇持续赋能

当前，各国深入推进贸易自由化便利化，经贸往来不断加深，释放出发展活力，为跨境电商发展提供良好的机遇。与此同时，移动互联网技术的发展改变了消费者的消费习惯，数字技术为跨境电商的发展打下了坚实的基础。

1. 国际环境带来的机遇

随着经济全球化的深入推进，各国之间的贸易投资壁垒大幅降低，区域贸易协定和双边自贸协定的进展加快，贸易的自由化和便利化为跨境电商行业的发展带来了重要的增长机遇。[②] 一方面，随着各国通关手续的不断简化、烦琐程序减少、通关方式优化，海关管理透明度和管理效率不断提升，跨境零售电商在通关过程中的时间成本降低，随着跨境电商贸易量的逐渐扩大，海关的监管方式也在不断改革，规范着跨境电商相关的贸易。随着贸易环境的改善，贸易成本降低，跨境电商企业可以探索新的业务模式和拓展新

---

① 这里的跨境电商指的是跨境零售电商，存在实物商品的地理转移。

② 马述忠、王晔辰、房超：《制度型开放与跨境电商出口：基于"丝路电商"合作备忘录的研究》，《浙江社会科学》2024 年第 2 期，第 78~90、158 页。

的市场空间，进一步推动产业创新和发展。另一方面，跨境电商大幅降低了国际贸易的门槛，企业进出口的可变成本降低，一批中小微企业参与到国际贸易中，不断释放发展潜力，进一步推动了贸易的增长和贸易便利化进程。

各国消费者对于进口产品的旺盛需求为跨境电商提供了巨大的发展潜力。尤其是在东南亚、非洲等新兴市场，消费者对国外商品的需求日益增长；在北美、欧洲等地区，消费者对中国物美价廉商品的需求始终不减，线上购物是主流的消费方式之一。目前，在国际市场上，虽然美国的 eBay、亚马逊、Wish 等成立时间较早，在海外市场具有一定的影响力，但这些跨境电商平台在进入中国等市场时，仍表现出一些不适应，国际市场份额相对分散，这为中国的跨境电商企业和平台进驻海外市场提供了契机。

2. 数字技术带来的机遇

以人工智能、大数据、物联网、云计算等技术为代表的第四次科技革命深刻改变了产业结构，为跨境电商的发展奠定技术基础。如大数据技术对于用户需求的分析使跨境电商平台能够精准地为消费者提供商品推荐，提升用户体验感和满意度。而物联网技术的发展帮助跨境零售电商企业进行商品的追踪和溯源，提高了消费者购买过程中的信息透明度，增强了消费者对商品的信任和购买意愿。与此同时，云计算、区块链等技术助力跨境电商企业进行供应链管理，优化配置资源，进一步提高供应链运转效率。①

跨境电商行业本身具有数字化程度高、交易便捷性强的特点，数字技术的不断发展催生了跨境电商的新平台、新业态和新模式，催生出更多应用新场景。一是消费场景的更新，数字技术使得产品可以方便在跨境电商平台上进行展示，通过在线支付、线上客服的方式，降低交易成本；跨境直播、视频电商等方式增强了卖家与买家之间的互动，有效提升了场景化的服务体验。通过社交媒体、搜索引擎营销、电子邮件营销等方式，跨境电商形成社群化的消费互动模式，可以吸引更多消费者。二是跨境电商生

---

① 魏浩、涂悦：《中国跨境电商零售进口：发展特点、存在问题与政策建议》，《国际贸易》2023 年第 4 期，第 31~39 页。

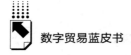

产、物流、仓储等环节的创新，数字技术在跨境电商全流程中的应用有助于提升运营效率，提供更好的服务保障，提高了消费者满意度。如中国跨境电商企业通过与国际物流公司合作、建立海外仓库等方式，不断优化物流体系，并利用信用卡、第三方支付平台等，为消费者提供多样化的支付服务。

（三）发展模式更具活力

随着中国跨境电商发展规模的不断扩大，在旺盛的国际需求和创新的数字技术的影响下，跨境电商的发展模式不断更新，交易结构更加多元，销售方式带动新的增长点，跨境电商平台海外布局加速，呈现富有活力的发展前景。

1. 跨境电商交易金额

根据交易双方的市场主体属性划分，跨境电商可以分为 B2B 跨境电商、B2C 跨境电商和 C2C 跨境电商。B2B 跨境电商的卖家一般为大中型企业，最终客户为企业或集团客户，在跨境电商市场中，该模式处于主导地位。随着跨境电商的营销、物流、支付、售后等环节的不断优化，越来越多的个人消费者参与跨境电商交易，带来了交易金额的显著变化。近年来，虽然整体来看，跨境电商 B2B 交易仍占据主导地位，但其占比呈现下降趋势，而 B2C 交易占比正稳步提高。网经社电子商务研究中心发布的《2023 年（上）中国跨境电商市场数据报告》显示，2018～2023 年，我国跨境电商交易金额的结构正在变化。B2B 交易金额从 2018 年占比 83.2% 逐步降低至 2022 年的 75.6%，2023 年上半年该比重进一步降低 1.7 个百分点。而 B2C 交易金额的占比不断提高，2018 年，我国 B2C 交易金额仅占 16.8%，到了 2023 年上半年，该比例提升至 26.1%（见图 3）。不断增加的个人买家数量和交易的金额为跨境电商的发展带来活力。

2. 跨境电商平台影响力

根据构建跨境电商平台主体，可以将跨境电商平台分为两大类，一类是第三方开放平台，如速卖通、Temu；另一类是企业自主建设、独立运营的

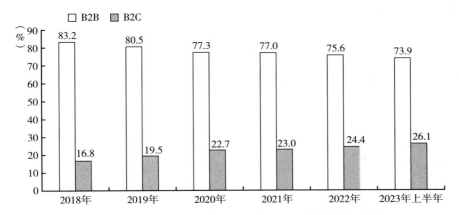

图3　2018年至2023年上半年B2B与B2C交易金额占比情况

资料来源：网经社电子商务研究中心，《2023年（上）中国跨境电商市场数据报告》。

品牌网站。中国市场孕育了多个跨境电商平台，其战略各异。尼尔森IQ发布的《2023年中国跨境电商平台出海白皮书》显示，当前速卖通、SHEIN、TikTok Shop与Temu的月均访问量分别为5.3亿次、1.9亿次、0.7亿次和1亿次。数据分析机构data.ai发布的《2024移动市场报告》显示，2023年全球购物类App下载增速排行榜前4名，分别是Temu、SHEIN、速卖通和TikTok Shop。这些跨境电商平台在国际上的影响力在不断增强，其中，Temu重点拓展北美市场，加快在欧洲市场的扩张步伐，目前已经在美国、加拿大、英国、德国、法国、意大利、荷兰、西班牙等多个国家上线，并且计划进一步拓展更多的海外市场。SHEIN属于时尚类的购物网站，瞄准的是全球范围内的年轻消费者，特别是18~35岁的年轻女性。速卖通着眼全球市场，重点关注北美、欧洲和亚太等地区。TikTok Shop的海外市场目前以印度尼西亚、泰国等东南亚地区为主，在欧洲地区的影响力不断扩大。

3. 跨境电商销售方式

在数字技术的带动下，直播电商、社交媒体、红人营销、短视频等新兴渠道兴起，跨境电商的销售方式变得更多样化，尤其是跨境直播电商正

成为推动产品出口的重要途径。2020 年，中国跨境直播电商市场规模为
240.0 亿元，到 2023 年增加至 2845.8 亿元，同比增长 155.0%。预计到
2025 年，中国跨境直播电商的市场规模将增加至 8287.0 亿元（见图 4）。
跨境直播电商既成为跨境电商增长的新引擎，也为中国产品"出海"打开
了新空间。

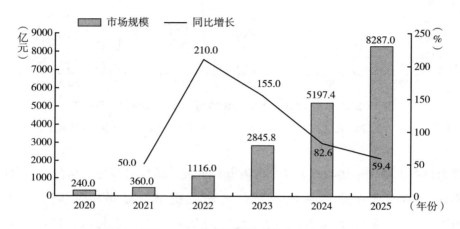

图 4　2020~2025 年中国跨境直播电商市场规模

注：2024 年、2025 年中国跨境直播电商市场规模为预测值。
资料来源：艾媒咨询。

　　此外，很多跨境电商企业开始注重社交媒体营销、口碑营销等新型营销
方式，如利用社交媒体平台发布高质量的内容、与消费者进行互动等，并利
用网红或"意见领袖"进行品牌推广，通过直播或短视频等形式吸引消费
者，提高产品销量。

　　海外跨境电商企业生产的产品进入中国市场的门槛较低，具有一定的
成本效益。天猫、京东、网易考拉等电商平台积极实施放宽市场准入的政
策，通过官方旗舰店、授权品牌直接向中国消费者销售等方式，为国际品
牌营造有利的跨境电商环境，促进跨境电商交易，其进口的产品以化妆品、
婴儿用品、食品饮料、时装、珠宝等为主。

二　中国跨境电子商务发展面临的挑战

（一）供应链外迁压力加大

随着全球范围内劳动力、资本、技术等要素禀赋的变化，国家比较优势发生转化，跨国公司为实现经济效益，重新调整生产布局，寻找有利的分工结构，带动供应链加速重构，给我国跨境电商的发展带来一些阻力。

从企业成本收益的角度来看，比较优势的转化以及技术的进步推动了供应链的转移。过去十年，中国的劳动力成本不断上升，劳动密集型产业以及制造环节的成本逐渐增加，促使跨国公司寻求劳动力成本更低的生产地点，以保持在国际竞争中的优势。与此同时，随着自动化、人工智能等领域的技术进步，跨国公司在生产环节对于相关技术的应用大幅降低了对于劳动力的需求，劳动力成本的重要性大幅度下降，跨国公司可能将供应链迁至更靠近消费市场的地方、能够与新技术相适应的生产基地或者迁回本国。

从外部冲击的影响来看，地缘政治压力、不确定性风险不断增强是推动供应链转移的重要力量。随着全球贸易格局的变化和地缘政治紧张局势的出现，一些企业开始考虑将生产环节迁出中国，以规避潜在风险和成本上升，减轻关税提高和贸易中断的影响，这种趋势在一些行业尤为明显，部分制造业企业已经开始将生产线转移到东南亚等地区。新冠疫情的冲击凸显了全球供应链的脆弱性，迫使跨国公司重新评估供应链战略，降低对单一国家的依赖，通过多元化的方式分散风险。发达国家政府也在推动实施相关政策，鼓励本国跨国公司将制造业务迁回本国或其他低成本制造目的地，试图发展区域价值链，甚至与中国"脱钩"，跨国公司在安全问题和利润的双重考量下，可能会转移供应链。

（二）跨境支付体系有待推广

中国的跨境支付方式相对多样化，并且在技术和服务水平上处于较高水

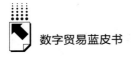

平，但是跨境交易涉及不同国家或地区的货币和支付体系，存在对跨境支付的限制和管制，目前，我国尚缺乏自主可控的跨境支付体系，在跨境支付市场上缺乏话语权。

就支付方式来看，由于不同国家和地区的金融体系、监管政策以及消费者习惯的差异，中国的跨境支付方式与国外存在一定的差异。目前，中国的跨境电商普遍采用第三方支付平台、银行转账、跨境电汇三种方式完成结算。其中，第三方支付平台具体可以分成中国银联提供的第三方支付服务（如银联在线支付、云闪付），互联网公司推出的支付产品（如支付宝、微信支付），以及独立第三方支付机构（如易宝支付）。虽然这些支付方式已经在中国境内广泛应用，并逐渐扩展到海外市场，但是大多数外国市场还是依赖 PayPal、Stripe 等第三方支付提供商。虽然中国的银行系统已经与国际银行系统相连，支持跨境资金转移，但是在部分国外市场银行转账不太常见，需要支付较高的手续费以及花费较长的等候时间。跨境电汇是一种常见的跨境支付方式，我国的跨境电汇服务相对成熟，在部分海外市场，跨境电汇仍然是主要的支付方式，但也存在一些限制。此外，部分海外市场已经开始接受虚拟货币支付，而我国对虚拟货币的监管相对较严格，尚未出现大规模的虚拟货币支付应用场景。由于买家在不同国家或地区有不同的支付习惯和偏好，因此，为了提升用户体验和促进交易，商家往往需要提供本地化的支付方式。

就支付环节来看，跨境支付面临着诸多痛点。一是流程烦琐，从效率层面出发，跨境支付涉及多个国家和地区，需要进行复杂的货币转换、支付授权和结算过程，这些烦琐的流程增加了交易的时间和成本。二是支付成本高，尤其是当交易方所处的国家或地区对跨境支付设定额外的审查、审批程序或资金限制时，会增加支付的时间和成本，影响交易的流畅性和效率。三是透明度不高，存在安全隐患。跨境电商支付涉及跨国资金流动，支付安全成为一个重要的问题，商家需要确保支付系统的安全性，防范欺诈和数据泄露的风险。跨境电商平台、相关企业以及个人消费者依赖于国外的支付服务提供商，而一旦这些支付服务提供商将中国卖家的账号及资金冻结，将影响跨境电商产业的资金运转，进而阻碍跨境电商的发展。[①]

（三）物流体系仍需完善

物流是跨境电商供应链的核心环节，我国物流企业在国外的服务网络和运输能力较弱，国际物流企业的规模和覆盖范围缺乏国际竞争力，难以提供端到端的一体化物流供应链服务，制约了跨境电商行业的运输安全。

目前，中国的国际快递发展规模和跨境电商整体需求不匹配。国际快递市场份额主要被 FedEx、UPS、DHL 等占据，中国开展国际快递业务的企业主要是邮政和顺丰，物流方式较为单一。中国作为货物贸易出口大国，跨境电商的业务覆盖世界上绝大多数国家和地区，但是还没有一家物流企业的业务覆盖范围能够和中国跨境电商的业务覆盖范围相匹配。由于国际物流网络的复杂性，跨境电商的物流信息往往不够透明，加之清关手续烦琐，跨境配送存在不确定性，物流体系发展缺位可能影响消费者的购买决策和信任度。

随着行业细分程度深化，国际货代业务也融入跨境电商的物流环节。货代公司作为中间商，负责协调和安排货物的运输、报关、保险等环节。和传统货代相比，跨境电商货代面对的环境本身具有订单集中度低、业务来源较分散、时效性敏感等特点，国际货代公司服务质量参差不齐，无法保证运输时效性、信息准确性，存在货物滞留、运输延误等问题。与此同时，对于相关业务，我国的监管力度相对较弱，进一步影响行业的健康发展。许多小型跨境电商货代公司为了保证运营的低风险，业务局限在国内段的揽收、仓储等环节，缺乏必要的海外资源积累，制约了跨境电商行业对于物流的掌控力。

这里，海外仓是解决跨境物流"最后一公里"的有效途径之一，能够降低物流成本，突破物流瓶颈。[②] 而我国跨境电商企业在建设海外仓方面仍

---

① 石红英：《跨境电商支付平台结算问题》，《中国金融》2018 年第 19 期，第 102 页。
② 牟进进、王淑云：《跨境电商供应链物流增值服务的优化决策》，《中国管理科学》2023 年 3 月 25 日，第 1~13 页。

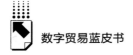

处于探索阶段，且建立的海外仓主要功能集中在"仓"上，尚未搭建起海外仓的贸易物流服务"生态"，缺乏配送、售后、体验、金融等配套服务支撑。有部分投资方对于海外仓项目盲目乐观，在未对目的国当地法规体系和法律风险进行调查的情况下，便盲目尝试建仓，这不利于海外仓的正常运营与规模化发展。

（四）品牌质量亟待提高

随着跨境电商的快速发展，越来越多的中国品牌和制造商进入国际市场，一些中国跨境电商品牌已经在国际市场上取得了良好的口碑和认可。但也应注意到，过去，中国跨境电商的产品出口往往以低价来抢占市场份额，忽视了对于质量的把控，且跨境电商涉及的环节众多，任何一个环节出现问题都可能影响最终的产品质量以及买家的体验。目前，我国跨境电商存在品牌研发能力弱、影响力小、产品同质化严重等问题，品牌质量亟待提高。

部分大型跨境电商企业内部治理不规范，假货丛生、价格欺诈等现象频现，体现出信用评价体系还不够完善的问题。2023 年，网络消费纠纷调解平台"电诉宝"受理的跨境电商领域用户有效投诉数据显示，投诉榜前十位的依次为洋码头、中免日上、天猫国际、Shopee、识季、别样、考拉海购、全球速卖通、亚马逊、铭宣海淘。在 2023 年全国跨境电商消费评级中，结合平台回复率、回复时效性和用户满意度等情况，综合来看，考拉海购和洋码头属于"不建议用户下单"的类型，天猫国际、Shopee、识季、别样、全球速卖通属于"不予评级"的类型。投诉问题中，商品质量、网络售假等问题突出。其中，识季是致力于为海外消费者提供高品质中国商品的电商平台，被投诉的主要问题是商品以次充好，故意欺骗销售；而考拉海购属于跨境进口电商，其销售的产品主要面向国内消费者，被投诉的主要问题是疑似售卖假货，但拒绝退换货。

跨境电商业务涉及不同国家和地区的市场经营活动，国家和地区之间的市场环境、法规标准、消费者需求等存在显著差异，给跨境电商品牌的质量管理带来了一定的挑战。目前，就跨境电商领域，中国政府出台了一系列法规和管理措施，如《中华人民共和国电子商务法》其中设有专门针对跨境电商的内容，相关政策文件则包括降低关税、优化税收结构、加强知识产权保护等，为跨境电商提供了良好的发展环境。而就国际来看，部分国家和地区对于跨境电商的监管较为严格，涉及税收、数据保护等方面的问题，还有一些国家和地区对于跨境电商领域的管理相对宽松，给跨境电商企业在海外维护品牌形象带来一些困难。

三　中国跨境电子商务发展的政策导向

（一）中央支持政策

近年来，与跨境电商行业相关的政策接连出台，围绕挂动跨境电商出口、建立跨境电子商务统计调查制度等方面，不断优化跨境电商发展的商务环境，这些政策的推出为跨境电商的发展提供了重要支持。

2023 年 1 月 30 日，财政部、海关总署、国家税务总局联合发布《关于跨境电子商务出口退运商品税收政策的公告》，提出对符合规定的跨境电商出口退运商品，免征进口关税和进口环节增值税、消费税，出口时已征收的出口关税准予退还。这一政策将方便跨境电商企业为买家办理退货手续，便利的退货流程将提升消费者的购物体验，体现了跨境电商企业的服务质量和专业水平，进一步提升品牌形象，从而提升国际市场对于跨境电商产品的信任度和忠诚度；消费者看到退货机制的便利性，也会放心地购买产品，促进销售增长。对于跨境电商企业来说，这一政策一定程度上减少了跨境电商企业对于退换货的担忧，有助于企业积极地与客户沟通、提供售后服务，提高整体运营效率。从行业层面来说，有助于推进跨境电商行业建立规范的退货机制，提升行业的竞争力。2023 年 8 月 22 日，财政部、海关总署、国家税务总局发布《关于延续实施跨境电子商务出口退运商品税收政策的公告》，延长政策的有效时间，

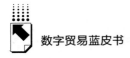

体现这一政策的积极意义。

　　跨境电商的快速发展对于统计监测提出了更高要求。① 2023 年 6 月 13 日，海关总署发布《跨境电子商务统计调查制度》，为完善跨境电商统计体系，准确统计我国跨境电子商务进出口的实际规模，规定向主要境内电商平台企业、电商服务企业和电商卖家企业，开展数据调查和统计。通过收集、分析跨境电商相关数据，总结出发展趋势、市场规模等重要信息，帮助企业了解市场需求、合理决策。同时，也有助于政府了解行业现状和潜在风险，为相关政策的制定提供科学依据。

　　在稳定跨境电商出口增长方面，鼓励企业参与"一带一路"经贸合作国际平台"丝路电商"。截至 2023 年 10 月，中国通过增强与 30 个国家的合作，扩大了市场准入，借助互联网和电子商务技术，连接起中国与合作国家的供应商、制造商、经销商以及消费者，充分挖掘了跨境电商的发展潜力。在进口方面，2018 年发布的《关于完善跨境电子商务零售进口税收政策的通知》规定对于通过跨境贸易向中国消费者销售的产品，单次交易金额在 5000 元以下，年度电子商务交易总额在 26000 元以下，可以免征进口关税。

　　跨境电商综合试验区是我国跨境电商制度创新、管理创新、服务创新的试验田。通过优化支付系统、通关流程、物流基础设施、仓储设施等关键环节，跨境电商综合试验区的交易流程得到简化，相关成本得到降低。截至 2023 年，批准设立的跨境电商综合试验区数量达到 165 个，覆盖 31 个省（区、市）。其中，北京、天津、上海、重庆 4 个直辖市均获批跨境电商综合试验区，广东省、山东省、江苏省、浙江省的跨境电商综试区数量最多，分别为 21 个、16 个、13 个、12 个。跨境电商综合试验区范围的持续扩大在带动产业扩张、简化企业注册手续等方面发挥了重要作用，提升了跨境电商的交易量，有力促进了跨境电商的发展。

　　① 李志远、刘丹：《跨境电商统计监测体系建设难点与解决思路》，《国际经济评论》2022 年第 2 期，第 8、160~176 页。

（二）地方支持政策

2023 年，各地立足自身产业优势和发展定位，共出台跨境电商相关政策文件 149 份，促进更多企业参与跨境电商发展。2023 年也是各地方政府发布政策数量最多的一年，其中地方规范性文件 25 份，地方工作文件 124 份。①

跨境电商相关的地方政策文件可以分为五类。一是跨境电商进出口规范申报的文件，如上海、深圳、济南、太原、呼和浩特、哈尔滨、宁波、南宁等地出台规范跨境电商进口零售申报商品条码的政策文件，天津、重庆、郑州、宁波、杭州、南京等地方政府出台跨境电商零售进口税款电子支付的公告，深圳还鼓励企业参与跨境电商零售出口阳光化申报试点实施细则（见表 1）。相关政策表明，各地正在着力完善跨境电商进口的监管制度，提高监管水平。此外，从中山市商务局发布的《中山市商务局关于采购跨境电商数据监测服务的公告》可以看出，这项政策文件观察到了跨境电商领域统计监测存在的问题。

表 1　2023 年各地发布的跨境电商进出口规范申报政策文件（部分）

省（区、市）	制定机构	政策名称	发布时间
北京	北京海关	《北京海关关于开展跨境电商零售进口商品条码应用的公告》	2023 年2 月 10 日
天津	天津海关	《天津海关关于开展跨境电商零售进口税款电子支付的公告》	2023 年8 月 31 日
上海	上海海关	《上海海关关于规范跨境电商零售进口申报商品条码的通告》	2023 年2 月 9 日
重庆	重庆海关	《重庆海关关于开展跨境电商零售进口税款电子支付应用试运行的公告》	2023 年5 月 30 日
河北	石家庄海关	《石家庄海关关于推广跨境电商零售进口商品条码应用的公告》	2023 年2 月 7 日

---

① 资料来源于北大法宝数据库。地方规范性文件具有特定的行政性和外部性以及普遍适用性和长期性，可以认为其影响力大于地方工作文件。

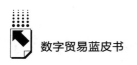

续表

省(区、市)	制定机构	政策名称	发布时间
河南	郑州海关	《郑州海关关于开展跨境电商零售进口税款电子支付应用试运行的公告》	2023年9月1日
山东	济南海关	《济南海关关于规范跨境电商零售进口申报商品条码的通告》	2023年2月10日
山西	太原海关	《太原海关关于规范跨境电商进口零售申报商品条码的通告》	2023年2月7日
内蒙古	呼和浩特海关	《呼和浩特海关关于规范跨境电商零售进口申报商品条码的通告》	2023年2月10日
黑龙江	哈尔滨海关	《哈尔滨海关关于规范跨境电商零售进口申报商品条码的公告》	2023年2月7日
辽宁	大连海关	《大连海关关于规范跨境电商零售进口申报商品条码的公告》	2023年2月9日
	沈阳海关	《沈阳海关关于规范跨境电商零售进口申报商品条码的公告》	2023年2月9日
青海	西宁海关	《西宁海关关于推广跨境电商零售进口商品条码应用的通告》	2023年2月9日
甘肃	兰州海关	《兰州海关关于推广跨境电商零售进口申报商品条码应用的公告》	2023年2月9日
宁夏	银川海关	《银川海关关于推广跨境电商零售进口商品条码应用的公告》	2023年2月6日
浙江	宁波海关	《宁波海关关于规范跨境电商零售进口申报商品条码的通告》	2023年2月8日
	宁波海关	《宁波海关关于开展跨境电商零售进口税款电子支付试运行的公告》	2023年6月1日
	杭州海关	《杭州海关关于开展跨境电商零售进口税款电子支付应用试运行的通告》	2023年8月31日
江苏	南京海关	《南京海关关于开展跨境电商零售进口税款电子支付试运行的通告》	2023年8月29日
湖南	长沙海关	《长沙海关关于推广跨境电商零售进口商品条码应用的公告》	2023年2月9日
湖北	武汉海关	《武汉海关关于推广应用跨境电商零售进口商品条码的通知》	2023年2月2日
	武汉海关	《武汉海关关于开展跨境电商零售进口税款电子支付的通告》	2023年8月30日

续表

省（区、市）	制定机构	政策名称	发布时间
江西	南昌海关	《南昌海关关于开展跨境电商零售进口税款电子支付的通告》	2023 年 8 月 31 日
四川	成都海关	《成都海关关于推广跨境电商零售进口商品条码应用的公告》	2023 年 2 月 6 日
广东	中山市商务局	《中山市商务局关于采购跨境电商数据监测服务的公告》	2023 年 3 月 10 日
广东	广州海关	《广州海关关于开展跨境电商零售进口税款电子支付的通告》	2023 年 5 月 31 日
广东	深圳海关	《深圳海关关于规范申报跨境电商零售进口商品条码的通告》	2023 年 2 月 9 日
广东	深圳市商务局	《深圳市商务局鼓励企业参与跨境电商零售出口阳光化申报试点实施细则》	2023 年 3 月 17 日
广东	深圳市商务局	《深圳市商务局关于开展跨境电商零售出口企业阳光化申报试点的通知》	2023 年 3 月 31 日
广西	南宁海关	《南宁海关关于推广跨境电商零售进口商品条码应用有关事项的通告》	2023 年 2 月 10 日
贵州	贵阳海关	《贵阳海关关于规范跨境电商零售进口申报商品条码的通告》	2023 年 2 月 8 日
海南	海口海关	《海口海关关于规范跨境电商零售进口申报商品条码的公告》	2023 年 3 月 20 日
福建	福州海关	《福州海关关于开展跨境电商零售进口税款电子支付项目试运行的通告》	2023 年 5 月 30 日
福建	厦门海关	《厦门海关关于开展跨境电商零售进口税款电子支付试运行工作的通告》	2023 年 8 月 31 日

资料来源：根据北大法宝数据库整理所得。

二是促进跨境电商综合试验区或产业园区发展的政策。例如，山东、河南、辽宁、包头、茂名、南宁等地发布跨境电子商务综合试验区发展的政策；大连、安徽、中山、广州发布跨境电子商务产业园区的认定办法，优化跨境电商金融服务、培育跨境电商品牌、支持海外仓建设等，具体侧重点有所差异（见表 2）。

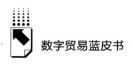

表2　2023年各地发布的促进跨境电商综合试验区或产业园区发展的政策文件（部分）

省（区、市）	制定机构	政策名称	发布时间
山东	山东省人民政府	《中国（枣庄）跨境电子商务综合试验区实施方案》等7个文件	2023年5月18日
河南	河南省人民政府	《中国（许昌）跨境电子商务综合试验区实施方案》	2023年10月8日
	河南省人民政府	《中国（焦作）跨境电子商务综合试验区实施方案》	2023年10月16日
	河南省商务厅	《关于认定第三批省级跨境电商示范园区、人才培训暨企业孵化平台的通知》	2023年11月27日
山西	山西省人民政府办公厅	《中国（运城）跨境电子商务综合试验区建设实施方案》	2023年9月15日
	山西省商务厅	《关于组织参加跨境电商实务与跨境电子商务综合试验区建设培训的通知》	2023年4月19日
内蒙古	包头市人民政府办公室	《促进中国（包头）跨境电子商务综合试验区发展若干政策》	2023年9月20日
黑龙江	黑龙江省人民政府	《中国（同江）跨境电子商务综合试验区实施方案》	2023年1月20日
吉林	吉林省人民政府	《中国（延吉）跨境电子商务综合试验区实施方案》	2023年5月18日
辽宁	大连市商务局	《中国（大连）跨境电子商务产业园区认定办法（试行）》	2023年10月25日
	辽宁省人民政府	《中国（鞍山）跨境电子商务综合试验区实施方案》	2023年12月24日
安徽	安徽省商务厅	《安徽省省级跨境电子商务产业园区认定及管理办法（修订版）》	2023年7月19日
	安徽省人民政府办公厅	《中国（蚌埠）跨境电子商务综合试验区建设实施方案》	2023年4月3日
湖南	湖南省人民政府	《中国（衡阳）跨境电子商务综合试验区实施方案》《中国（株洲）跨境电子商务综合试验区实施方案》	2023年7月31日
四川	四川省人民政府	《中国（宜宾）跨境电子商务综合试验区实施方案》《中国（达州）跨境电子商务综合试验区实施方案》	2023年12月8日
江西	江西省人民政府	《中国（萍乡）跨境电子商务综合试验区实施方案》《中国（新余）跨境电子商务综合试验区实施方案》《中国（宜春）跨境电子商务综合试验区实施方案》《中国（吉安）跨境电子商务综合试验区实施方案》	2023年7月31日

续表

省（区、市）	制定机构	政策名称	发布时间
广东	中山市商务局	《中山市跨境电商产业园区认定办法（试行）》	2023 年 2 月 23 日
	汕头市商务局	《关于组织申报 2023 年跨境电商示范省建设项目（支持地市跨境电商产业园区建设）的通知》	2023 年 3 月 14 日
	中山市商务局	《中山市商务局关于开展中山市跨境电商产业园区认定工作的通知》	2023 年 7 月 13 日
	茂名市人民政府	《关于促进中国（茂名）跨境电子商务综合试验区发展的若干政策措施（试行）》	2023 年 8 月 29 日
	广州市商务局	《广州市商务局关于组织开展广东省跨境电商产业园区和企业认定工作的通知》	2023 年 12 月 14 日
广西	南宁市商务局	《南宁市商务局关于开展 2023 年南宁跨境电商综试区建设项目申报工作的通知》	2023 年 3 月 17 日
	贺州市人民政府办公室	《贺州市人民政府办公室关于成立中国（贺州）跨境电子商务综合试验区工作专班的通知》	2023 年 8 月 30 日
	广西壮族自治区人民政府办公厅	《中国（贺州）跨境电子商务综合试验区实施方案》	2023 年 11 月 5 日
	广西壮族自治区人民政府办公厅	《中国（柳州）跨境电子商务综合试验区实施方案》	2023 年 7 月 6 日
云南	云南省人民政府	《中国（大理）跨境电子商务综合试验区实施方案》	2023 年 7 月 24 日
贵州	贵州省人民政府办公厅	《中国（铜仁）跨境电子商务综合试验区实施方案》	2023 年 8 月 24 日
西藏	西藏自治区人民政府	《中国（拉萨）跨境电子商务综合试验区实施方案》	2023 年 8 月 18 日
新疆	新疆维吾尔自治区人民政府办公厅	《中国（伊犁）跨境电子商务综合试验区实施方案》	2023 年 3 月 20 日

资料来源：根据北大法宝数据库整理所得。

三是促进跨境电商高质量发展的政策。河北、辽宁、重庆、青岛、杭州、盐城、株洲、成都等地出台促进跨境电商高质量发展的政策文件（见表 3），具体内容与促进跨境电商综合试验区发展的政策有所交叉，但更为全面宏观。

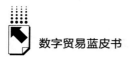

表3 2023年各地发布的促进跨境电商高质量发展的政策文件（部分）

省（区、市）	制定机构	政策名称	发布时间
重庆	重庆市人民政府办公厅	《重庆市推进跨境电商高质量发展若干措施》	2023 年 12 月 4 日
河北	河北省人民政府办公厅	《关于推进现代商贸物流业高质量发展的实施意见》 《河北省支持跨境电子商务发展十条政策》 《河北省加快现代物流发展十五条政策措施》	2023 年 6 月 14 日
山东	青岛市商务局、 青岛市财政局	《关于加快推进跨境电商高质量发展若干政策措施的实施细则》	2023 年 3 月 2 日
内蒙古	呼和浩特市人民政府	《关于促进中国（呼和浩特）跨境电子商务综合试验区发展的若干政策》	2023 年 5 月 18 日
辽宁	中国（辽宁）自由贸易试验区营口片区管委会	《营口片区跨境电商产业扶持政策》	2023 年 3 月 1 日
浙江	杭州市人民政府办公厅	《杭州市人民政府办公厅关于加快推进跨境电子商务高质量发展的实施意见》	2023 年 1 月 18 日
江苏	盐城市人民政府办公室	《关于加快推进跨境电子商务高质量发展的若干政策》	2023 年 11 月 25 日
	江苏省商务厅、 江苏省交通运输厅、 江苏省税务局、 中国人民银行江苏省分行、南京海关	《江苏省推进跨境电商高质量发展行动计划（2023—2025 年）》	2023 年 10 月 20 日
	南京市人民政府办公厅	《南京市推进跨境电商高质量发展计划（2023—2025 年）》	2023 年 11 月 15 日
湖南	湖南省人民政府办公厅	《关于促进跨境电商高质量发展的若干措施》	2023 年 3 月 3 日
	株洲市人民政府	《关于加快推进跨境电商高质量发展的实施意见（试行）》	2023 年 11 月 1 日
	邵阳市人民政府办公室	《推进口岸平台建设及跨境电商高质量发展的若干措施》	2023 年 12 月 21 日
四川	成都市人民政府办公厅	《成都市推动跨境电商高质量发展三年行动计划（2023—2025 年）》	2023 年 2 月 10 日
	成都市商务局	《成都市推动跨境电商高质量发展政策措施》	2023 年 2 月 13 日
	成都市商务局	《成都市推动跨境电商高质量发展政策措施实施细则》	2023 年 8 月 4 日
广东	广州开发区管理委员会、 广州市黄埔区人民政府	《关于进一步促进广州开发区、广州市黄埔区跨境电子商务产业发展若干措施》	2023 年 12 月 28 日

资料来源：作者根据北大法宝数据库整理所得。

四是有针对性地促进跨境电商新业态发展的政策。例如，郑州市人民政府发布《郑州市加快直播电商发展的实施方案》，南京市商务局发布推进公共海外仓认定工作的通知，广西壮族自治区举办"首届中国-东盟跨境电商主播大赛"（见表4）。我国各地区发布的关于跨境电商综合试验区、跨境电商高质量发展的政策内容全面，包括促进海外仓、直播电商等的发展，这类政策更有针对性，直接反映了地方政府的政策目标和导向。

表4 2023年各地发布的促进新业态发展的政策文件（部分）

省（区、市）	制定机构	政策名称	发布时间
河北	河北省商务厅	《关于河北省跨境电商宣传片拍摄制作项目比选公告》	2023年12月8日
河南	郑州市人民政府	《郑州市加快推进跨境电商发展的若干措施》《郑州市跨境电子商务专项提升行动实施方案》《郑州市加快直播电商发展的实施方案》	2023年12月15日
江苏	南京市商务局	《关于开展2023年南京市跨境电商产业园、创业创新孵化基地和公共海外仓认定工作的通知》	2023年5月29日
四川	四川省商务厅	《四川省商务厅关于"2023跨境电商进口嘉年华"承办单位的比选公告》	2023年10月30日
广东	中山市商务局	《中山市商务局关于开展中山市跨境电商出口品牌企业认定工作的通知》	2023年7月13日
	深圳市商务局	《深圳市商务局关于申报广东省外经贸运行监测系统跨境电商专项监测点的通知》	2023年8月7日
	深圳市商务局	《深圳市商务局关于申报跨境电商海外仓重点联系企业的通知》	2023年11月10日
广西	广西壮族自治区广播电视局、广西壮族自治区工业和信息化厅、广西壮族自治区商务厅、崇左市人民政府	《关于举办首届中国-东盟跨境电商主播大赛的通知》	2023年8月4日

资料来源：根据北大法宝数据库整理所得。

五是明确给予跨境电商资金支持的政策。天津、湖南、广东等地发布了相关政策文件，鼓励跨境电商企业申报专项资金或补助资金（见表5）。

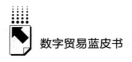

表 5　2023 年各地发布的给予跨境电商资金支持的政策文件（部分）

省(区、市)	制定机构	政策名称	发布时间
天津	天津市财政局	《天津市财政局关于安排中央财政外经贸发展资金 2022 年度跨境电商综合试验区服务体系建设等项目补助资金的通知》	2023 年 7 月 11 日
	天津市财政局	《天津市财政局关于安排中央财政外经贸发展专项资金 2023 年跨境电商综合试验区建设项目补助资金的通知》	2023 年 7 月 27 日
湖南	长沙市商务局、长沙市财政局	《关于做好 2023 年长沙市开放型经济发展专项资金(外经部分)申报工作的通知》	2023 年 3 月 31 日
广东	佛山市商务局	《佛山市商务局关于开展省级稳外贸资金(跨境电商方向)(第一批)申报工作的通知》	2023 年 5 月 9 日
	佛山市商务局	《佛山市商务局关于 2024 年省级促进经济高质量发展专项资金(跨境电商示范省建设事项)申报入库工作的通知》	2023 年 7 月 21 日
	珠海市商务局	《珠海市商务局关于开展 2024 年省级促进经济高质量发展专项资金(跨境电商示范省建设事项)项目入库申报的通知》	2023 年 7 月 21 日
	中山市商务局	《中山市商务局关于开展 2024 年省级促进经济高质量发展专项资金(跨境电商示范省建设事项)申报入库工作的通知》	2023 年 7 月 24 日
	汕头市商务局	《汕头市商务局关于开展 2024 年省级促进经济高质量发展专项资金(跨境电商示范省建设事项)项目入库申报的通知》	2023 年 7 月 28 日
	惠州市商务局	《惠州市商务局关于组织申报 2024 年省级促进经济高质量发展专项资金(跨境电商示范省建设事项)的通知》	2023 年 8 月 2 日
	横琴粤澳深度合作区经济发展局	《关于开展 2024 年省级促进经济高质量发展专项资金(跨境电商示范省建设事项)项目入库申报的通知》	2023 年 8 月 2 日
	广州市商务局	《广州市商务局关于印发 2023 年跨境电商示范省建设项目专项资金申报指南的通知》	2023 年 8 月 10 日
	广州市商务局	《广州市商务局关于拨付 2023 年跨境电商示范省建设项目专项资金的通知》	2023 年 9 月 28 日
	中山市商务局	《中山市商务局关于开展中山市跨境电商出口品牌企业认定工作的通知》	2023 年 7 月 13 日

资料来源：根据北大法宝数据库整理所得。

四　中国跨境电子商务发展的建议

（一）加速构建生态化服务体系

2023 年，中国跨境电商进出口额实现大幅增长，很大程度上归功于政府为跨境电商创造的有利环境，包括跨境电商综合试验区建设以及"一带一路"倡议下"丝路电商"的推进。中国跨境电商行业的显著扩张凸显了其韧性，已成为极具潜力的发展亮点。未来，要促进中国跨境电商的发展，需要构建生态化服务体系，打造系统工程。

第一，完善铁路、港口、机场等基础设施建设，保证物流环节畅通，同时结合跨境电商数字化的特点，构建性能与安全兼顾的新型数字基础设施，并将其深度应用于跨境电商供应链，建立智能物流系统，通过引入大数据分析、物联网等先进的技术手段，提高物流效率和准确性，推动跨境电商的供应链优化。

第二，完善跨境电商平台以及相关企业交易支付方案。对此，可以鼓励银行、金融机构等开发中国的支付工具，提供可以推广的安全、高效的跨境支付系统；同时帮助跨境电商平台及相关企业与国际上使用广泛的支付机构开展合作，简化支付流程，保障从事跨境电商业务企业的资金安全。

第三，跨境电商平台和相关企业加强数据分析和信息化建设，通过数据分析，把握消费者需求和国际市场变化，有针对性地提供售前售后服务；同时，强化客户关系管理，根据用户标签提供个性化服务，提升企业的管理效率和跨境电商行业的发展水平。

第四，加强与各国政府的沟通和协调，推动政策的一致性和便利性，为跨境电商活动创造有利的环境。如商务部举办"双品网购节"，邀请"丝路电商"伙伴国参与。进一步为跨境电商的交易、支付、融资、进出口等提供综合性服务保障和政策支持，通过简化报关手续、降低进口关税、普及电子签名等手段，吸引更多企业参与跨境电商贸易。同时，加强与国际组织的

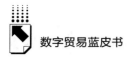

合作，共同推动跨境电商的发展，当前，我国正积极申请成为《全面与进步跨太平洋伙伴关系协定》《数字经济伙伴关系协定》等经贸协定成员，主动对接电子商务的高标准国际经贸规则。

（二）统筹供应链全球化布局

当前，供应链管理是跨境电商企业的着力点。跨境电商的卖家以制造业为基础，本身就需要合理布局全球生产，再加上跨境电商涉及供应链的所有环节，更应重视供应链的合理统筹安排。

立足全球供应链重构的背景，增强自身供应链韧性、提升供应链安全性是第一步。对此，要进行全球市场分析，确定目标市场，了解不同国家和地区的市场需求、竞争环境和法律法规，确定供应链布局战略。结合供应商的产品质量、交货能力、价格等，选择合适的供应商和合作伙伴，根据产品特性、市场需求、成本等因素，采用现代化的生产技术和管理方法，不断提高生产效率。要重视与优质的供应商建立长期合作关系，确保产品质量和供应的稳定性。同时，建立多元化的采购渠道，比较直接采购、代理采购、合作采购等方式，降低采购成本以及供货不稳定带来的风险。

进一步统筹跨境电商供应链的全球化布局，解决跨境电商供应链中物流、仓储、支付等节点的难题。在物流方面，设计覆盖目标市场的物流网络，选择合适的运输方式和物流合作伙伴，优化供应链的物流流程和配送渠道，实现货物的快速、安全、高效运输，并尽可能地降低运输成本。在仓储方面，合理的库存管理和仓储优化至关重要，可以根据产品销售情况和市场需求，合理规划库存水平和仓储布局，减少库存积压和资金占用，提高资金周转率。加速海外仓的全球布局，提升物流能力，丰富海外仓功能，扩大辐射范围。如可以选择靠近主要市场和客户的地理位置，减少运输时间和成本，提高物流效率；建立完善的仓储管理系统和信息技术平台，实现仓库的信息化管理，实时监控库存情况和订单状态，提高仓库运作效率和可见性。关于支付环节，可以为买家提供多种支付方式，满足不同国家/地区用户的支付习惯；采用安全的支付加密技术，保护支付数据的安全性，防止支付信息被窃取和篡改，增强支付的可信度，同时建立风险管理机制，实时监控支付交易，及时发现和应对潜在的支付风险和欺诈行为，保证支付操作的合法性和合规性；与支付服务提供商协商降低跨境支付手续费率，采用更有效率的支付解决方案，降低支付成本，提高利润率。

在供应布局的过程中，离不开信息技术的支持。例如，可以建立完善的信息系统和技术平台，实现供应链信息的实时监控、数据分析和预测，提高供应链的可见性和灵活性，优化供应链管理和决策。进而吸引有国际竞争力的企业，培育独特的区域物流网络，构建公共服务平台，加强产业链对接。基于此，要不断进行供应链的评估和优化，提升供应链的竞争力和适应能力。

（三）加强国际品牌建设

产品是品牌的载体，彰显了品牌价值，随着跨境电商市场竞争日趋激烈，平台流量红利见顶，跨境电商的卖家亟须寻找新的增量入口，对于中国跨境电商企业来说，从质量和服务入手，打造中国的品牌，加强品牌建设是未来的发展方向。

打造国际品牌需要较长的时间，跨境电商企业应在短期盈利和长远发展之间做出权衡，要清楚定义品牌标识，与竞争对手进行有效区分，根据目标受众，优化品牌信息，加强与客户之间的共鸣。在经营的过程中，逐渐明确品牌的特征，并合理利用各种营销渠道，提升品牌知名度；长期跟踪品牌建设的绩效，分析品牌建设战略并持续改进。

技术创新能力是国际品牌建设的核心，企业在产品生产时，应注重打造品牌，要不断投入研发，掌握新技术、新工艺和新材料，从而提升产品的技术含量和增加附加值，同时还要关注行业发展趋势，及时把握市场变化，并调整自身创新策略。例如，我国是全球纺织服装第一大国，大量的产品通过跨境电商的方式销往海外市场，在高速发展之下，企业要更加重视品牌及知识产权保护，保持产品的创新；而政府则要出台相关政策文件，保护企业的研发成果，打击侵权行为，降低维权成本，保护品牌企业发展。

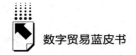
品牌所有者应保持对市场的敏感度和洞察力。一方面，结合数据分析、市场调研等多种方式，准确判断市场需求和消费者喜好，加强产品设计和用户体验，有针对性地开发新产品或改进现有产品，满足消费者的多元化需求。另一方面，根据国际国内环境的变化，及时调整品牌运营策略，保证供应链管理的效率，确保供应的稳定性，保持产品的市场份额；并关注用户反馈和评价，提升用户体验和忠诚度，为品牌形象的建立提供支持。

（四）有机融合贸易新业态

推动跨境电商与外贸综合服务企业、保税维修企业、离岸公司等其他新业态新模式的融合是未来趋势。

外贸综合服务企业可以为跨境电商企业提供通关等贸易流程的管理服务，制定贸易策略和规划，帮助客户开拓市场和开展营销活动，提供金融支持和保险服务等，对于从事跨境电商业务的中小微企业尤其重要。跨境电商企业可以与外贸综合服务企业建立合作，整合各自的资源和优势，共同开拓市场、进行技术创新和产品研发，并推广产品，打造更加完整和高效的服务体系。跨境电商企业和外贸综合服务企业可以通过品牌合作，共同推广品牌形象和产品，提升品牌知名度，实现互利共赢。在这一过程中，跨境电商企业和外贸综合服务企业还可以探索新的市场机会和业务模式，拓展跨境贸易的发展空间。

保税维修企业可以在保税区中提供维修服务，并通过跨境贸易方式，将维修产品销售到海外市场。跨境电商为保税维修企业提供展示的平台或者跨境销售渠道，将其维修产品销售到海外市场。基于此，跨境电商可以与保税维修企业建立合作关系，共同开展跨境销售和维修服务，对此，双方可以签订合作协议，明确合作内容、责任和权利。跨境电商可以与保税维修企业整合供应链资源，共同解决跨境物流、海关清关等问题，确保产品安全、快速地到达海外客户手中。

跨境电商可以在适当的地区设立离岸公司，如中国香港、新加坡、塞舌尔等具有税收优惠政策的地区。利用离岸公司的优势，跨境电商可以更方便地进入国际市场，开拓新的销售渠道和客户群体，拓展市场份额。离岸公司可以作为跨境电商的贸易平台，进行采购、销售和跨境贸易活动，通过离岸采购，可以以更低的采购成本获得更多优质产品，提升产品竞争力。离岸公司可以作为跨境电商的结算中心，负责处理跨境支付、资金结算、税务申报等事务，通过离岸结算，可以降低跨境支付成本，并且提高支付的便捷性和安全性。在离岸地区设立公司可以享受税收优惠政策，通过合理规划跨境电商的税务结构，可以降低税负，提升企业盈利能力。离岸公司可以负责跨境电商的供应链管理，包括供应商管理、库存管理、物流配送等，通过合理规划和管理供应链，提升产品的供应稳定性和交付效率。但是无论跨境电商如何融合贸易新业态，都需要遵守国际贸易法规和税务法规，确保合规经营。

B.4
中国数字服务贸易发展报告（2024）*

王佃凯**

摘　要： 近十年来，我国数字服务贸易进入了快速发展阶段。随着服务贸易数字化转型加速，数字服务贸易的规模不断增长，占服务贸易的比重不断提高，数字服务贸易结构也在发生变化。为了促进服务业和数字服务贸易的发展，我国通过不断优化数字服务贸易的发展环境、以"先行先试"为基础扩大对外开放、主动对接国际高水平经贸规则等途径，加大了数字服务贸易领域的改革和开放力度。通过积极参与国际数字贸易规则谈判、深化与RCEP国家合作、扩大与共建"一带一路"国家合作等形式，不断加强我国与其他国家在数字服务贸易领域的经贸关系。与此同时，我国数字服务贸易发展依然存在国际竞争力较弱、数字服务市场建设尚需完善、外部环境日趋复杂等问题。为此，本报告提出要积极打造数字服务贸易发展的产业基础、加快形成统一高效的数字服务市场、强化与国际数字服务领域的经贸联系等建议。

关键词： 数字服务贸易　改革开放　国际合作

随着服务贸易数字化趋势日趋明显，我国数字服务贸易的规模不断扩大，占服务贸易的比重不断提高。2023年，我国可数字化交付的服务贸易

---

* 本报告中的数字服务是采用联合国贸发会议（UNCTAD）工作组提出的可数字化交付服务概念，即强调通过ICT网络以电子可下载格式远程交付的所有跨境交易的服务。数据如无特殊说明，均来自国家外汇管理局编制的《中国国际收支平衡表》。
** 王佃凯，博士，首都经济贸易大学经济学院副教授，主要研究领域为国际经济学、国际服务贸易。

进出口总额再创历史新高，达到3456.16亿美元。在当前全球经济复苏乏力、外需持续低迷的形势下，数字服务贸易日益成为稳定我国外贸增长、进一步推进外贸可持续发展的重要支撑。根据商务部预测，到2025年，中国数字服务贸易进出口总额将超过4000亿美元，占服务贸易总额的比重将达到50%左右。[①]

一　中国数字服务贸易发展情况

（一）总体发展情况

1.进出口贸易规模创历史新高

2023年中国数字服务贸易进出口规模达3456.17亿美元，同比增长3.42%，规模再创历史新高。其中出口额达到1799.76亿美元，同比增长3.44%；进口额达1656.41亿美元，同比增长3.39%。近十年来，随着数字技术的大规模使用，服务贸易的数字化转型不断加速，中匤数字服务贸易整体呈现上升趋势（见图1）。从进出口额来看，2014年中国数字服务进出口规模为2014.5亿美元，2023年为3456.16亿美元，年均增长率为8.0%。从出口额来看，2014年为990.2亿美元，2023年达到1799.76亿美元，年均增长率为9.1%；从进口额来看，从2014年的1024.2亿美元增长到2023年的1656.41亿美元，年均增长率为6.86%。中国数字服务贸易占全球数字服务贸易的比重也在不断上升，根据联合国贸发会议统计数据，2022年我国的数字服务贸易规模占全球数字服务贸易的比重为5.21%，比10年前上升了近2个百分点。从贸易差额上看，由于近两年来，相对于进口来说，数字服务贸易出口的增长速度较快，中国数字服务贸易差额由负转正，2023年中国数字服务贸易顺差创出新高，达143.1亿美元（见图2）。这一变化体现出中国数字服务贸易的竞争力在不断提升。

---

① 《共享数字贸易发展新机遇》，《经济日报》2021年9月4日。

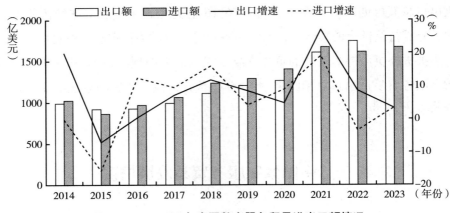

图1　2014~2023年全国数字服务贸易进出口额情况

资料来源：国家外汇管理局。

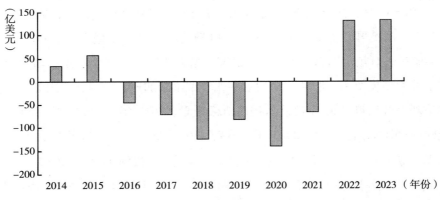

图2　2014~2023年全国数字服务贸易差额情况

资料来源：国家外汇管理局。

2. 在服务贸易中的占比不断提高

随着中国数字经济的发展，数字化技术在服务贸易领域得到越来越广泛的应用，服务贸易的数字化转型不断加速，数字服务贸易占服务贸易的比重在不断上升。2023年中国数字服务贸易规模占服务贸易总规模的比重为39.6%，比2014年上升了近10个百分点（见图3）。从2014~2023年的发展情况来看，2014~2019年属于服务贸易数字化转型的起步阶段，数字服务贸易占总服务贸易的比重基本稳定在30%左右。2020年以后，由于服务贸易数字化转型速度加快，加上疫情防控所形成的外部推动，数字服务贸易在服务贸易中的占比呈现了加速上升的趋势，2020~2023年基本稳定在40%左右。中国数字服务贸易进入了快速发展的阶段。

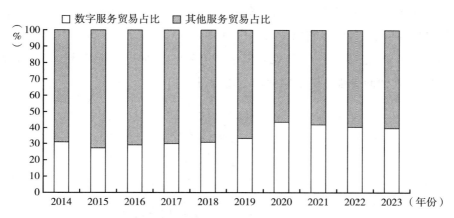

图3 2014~2023年全国数字服务贸易在服务贸易中的占比情况

资料来源：作者根据相关数据绘制。

3. 进出口贸易结构在发生变化

在贸易规模不断扩大的同时，中国的数字服务贸易的结构也在不断变化，主要表现为ICT服务、知识产权使用费和文化娱乐服务的占比在不断提高，金融服务、保险和养老金服务以及其他商务服务的占比在下降。

如图4、图5所示，在2023年数字服务贸易的进出口额中，ICT服务占比为27.9%，相较于2014年的15.4%有了显著的提升。这一变化反映出随着全球性数字经济的兴起，ICT服务已经成为我国与其他国家之间数字贸易最活跃的领域之一。知识产权使用费在数字服务贸易中的比重从2014年的11.6%上升到了2023年的15.4%，增长了3.8个百分点。这一增长表明，随着中国科技实力的提升和创新驱动发展战略的深入实施，国内外知识产权交易活动日益频繁。随着数字音乐、网络游戏的快速发展，中国文化娱乐服务在数字服务贸易中的比重由2014年的0.5%上升到了2023年的1.6%，这

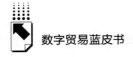

一方面反映出我国与世界的文化娱乐服务交流日益密切，另一方面也反映出文化娱乐服务的数字化趋势在不断加深。

2023 年，金融服务在数字服务贸易规模中的占比为 2.3%、保险和养老金服务的占比为 7.0%，分别比 2014 年下降了 2.4 个百分点和 6.4 个百分点，反映出全球金融服务市场的波动性较强，给中国金融服务出口带来了挑战。尽管其他商务服务的贸易规模由 2014 年的 1096.3 亿美元上升到了 2023 年的 1583.93 亿美元，但其比重却从 2014 年的 54.4% 下降到 2023 年的 45.8%，其他商务服务的数字化转型需要进一步加速。

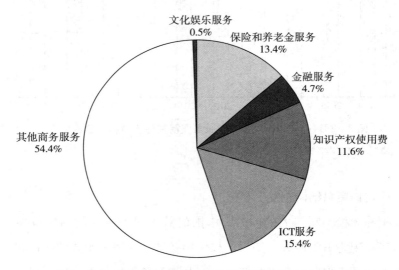

图 4　2014 年全国数字服务贸易各领域进出口额占比情况

资料来源：国家外汇管理局。

（二）数字服务贸易各领域发展情况

1. ICT 服务贸易规模持续增长

如图 6 所示，2023 年，全国数字服务贸易中 ICT 服务贸易呈现稳健的增长趋势，进出口额跃升至 969.30 亿美元，相较于 2014 年的 309.2 亿美元，10 年间实现了 213% 的增长。其中，2023 年的出口额达到了 580.96 亿

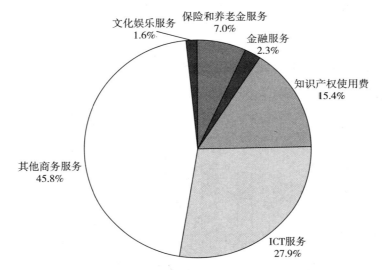

图 5　2023 年全国数字服务贸易各领域进出口额占比情况

资料来源：国家外汇管理局。

美元，与 2014 年的 201.70 亿美元相比，增长了 188%；而进口额则由 2014 年的 107.50 亿美元增长至 2023 年的 388.34 亿美元，增幅高达 261%。ICT 服务贸易不仅规模增长迅猛，而且多年来一直保持贸易顺差。2014 年 ICT 服务贸易顺差为 94.20 亿美元，2023 年 ICT 服务贸易出现了高达 192.62 亿美元的顺差，增长了 104%。10 年来，中国在全球 ICT 服务市场中的影响力和竞争力日益增强。中国 ICT 服务贸易的快速发展主要得益于 5G 通信、信息网络、先进计算和人工智能（AI）技术的全面创新发展以及众多应用场景的开发。根据世界知识产权组织划分的 35 个技术领域统计，截至 2023 年底，中国在信息技术管理方法、计算机技术和基础通信程序这 3 个领域的有效发明专利增长速度位居全球前列，分别实现了 59.4%、39.3% 和 30.8% 的同比增长，① 充分展示了中国在数字技术领域的创新活力和持续发展潜力，

① 《2023 中国经济年报丨世界首个！我国国内有效发明专利数量突破 400 万件》，光明网，2024 年 1 月 16 日，https://economy.gmw.cn/2024-01/16/content_ 37092045.htm。

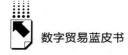

不仅为中国数字经济的优质发展提供了强有力的创新动力，也为提升其国际竞争力注入了新的活力。

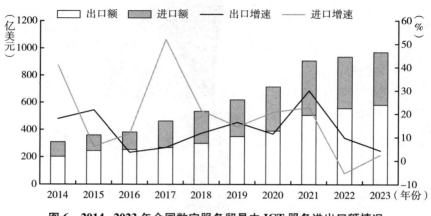

图6　2014~2023年全国数字服务贸易中ICT服务进出口额情况

资料来源：作者根据相关数据绘制。

2. 金融服务发展规模波动较大

从2014~2023年的发展情况来看，全国数字服务贸易中金融服务规模起伏比较大，经过2012~2014年的快速增长之后，2014年达到了最高值94.71亿美元，紧接着2015年就出现了47%的负增长，后恢复至2021年的90.03亿美元，基本恢复到了2014年的水平（见图7）。但是2022年和2023年金融服务的规模又连续下降，进出口额分别为85.92亿美元、80.61亿美元，同比下降4.57%和6.18%。在贸易保护主义沉渣泛起、全球疫情蔓延、地缘政治紧张等因素影响下，全球经济疲软态势难以扭转，国际贸易与投资增长放缓，再加上中美贸易摩擦带来的冲击效应导致中国对外经贸的发展出现波动，引发了中国金融服务进出口规模的较大波动。尽管金融服务进出口的波动较大，但是随着我国数字经济发展和数字技术的不断进步，特别是随着中国金融行业数字化投入稳定增长，以人工智能、区块链、云计算、大数据为核心的信息技术被大量应用到金融行业，使用金融科技关键技术的相关应用场景不断落地，中国金融服务贸易的发展前景应该非常广阔。

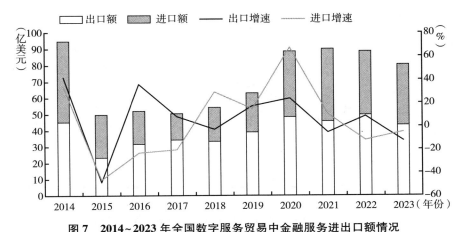

图 7 2014~2023 年全国数字服务贸易中金融服务进出口额情况

资料来源：作者根据相关数据绘制。

3. 保险和养老金服务贸易的逆差不断缩小

国内保险业的竞争力较差，导致我国保险和养老金服务贸易长期处于逆差状态。但是从 2014~2023 年的发展情况来看，在全国数字服务贸易中保险和养老金服务贸易的逆差在逐渐缩小（见图 8）。2014 年保险和养老金服务规模为 270.2 亿美元，贸易逆差 179 亿美元；2023 年保险和养老金服务贸易总额为 231.25 亿美元，贸易逆差 92 亿美元。贸易逆差缩小主要是出口增加和进口减少的共同作用。其中，2023 年出口额为 69.40 亿美元，相比 2014 年的 45.70 亿美元，增长了 52%；而进口额从 2014 年的 224.50 亿美元下降到 2023 年的 161.85 亿美元，降幅为 28%。十年来，中国保险行业不断积极探索数字化转型，包括人保、平安、太保、泰康等知名保险公司都在保险大模型、数字人产品等领域进行了深入的研发和应用布局。中国保险行业在技术研发、产品创新等方面的进步使产品与服务更加贴近市场需求，赢得了国际客户的广泛认可。由于国内保险市场开放程度不断提高，大量的国际保险公司进入中国市场，推动了国内保险和养老金服务市场的逐渐成熟，使得国内产品能够更好地满足市场需求，从而减少对外国保险产品的需求。

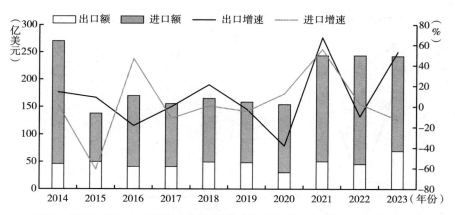

图8　2014～2023年全国数字服务贸易中保险和养老金服务进出口额情况

资料来源：作者根据相关数据绘制。

4. 其他商务服务的竞争力持续提高

如图9所示，2023年，中国数字服务贸易中其他商务服务贸易总额达到了1583.93亿美元，与2014年的1096.34亿美元相比，实现了44.47%的显著增长。其中出口额从2014年的688.95亿美元稳步增长至2023年的982.14亿美元，增长率达到了42.56%。与此同时，进口额也实现了稳步的增长，从2014年的407.39亿美元大幅增长至2023年的601.79亿美元，增长率达47.72%。这一变化一方面反映出国内外客户对其他商务服务需求的持续增长；另一方面也反映中国对国际商务服务需求的日益旺盛，同时也反映了中国其他商务服务市场的开放程度不断提高。

十年来，中国在数字服务贸易的其他商务服务领域贸易一直保持顺差，而且顺差不断扩大，2023年的顺差达380.35亿美元，与2014年相比增长了35.09%。这一变化反映出中国其他商务服务的出口竞争力不断加强。其他商务服务的快速增长主要源于不断加速的数字化转型。在法律服务领域，AI、云计算、大数据等数字技术被大量使用，2018年5月，由司法部建设的中国法律服务网（12348中国法网）正式上线运行，利用AI和大数据技术为公众提供便捷的法律咨询。大批国内律师事务所积极探索数字化转型，采用线上办公系统和云端服务，提升了法律服务的效率。数字技术的飞速发展与革新，还推动了人力资源服务行业的数字化进程。近年来，一些互联网领域的企业开始进入人力资源服务行业，积极研发应用于人力资源服务的技术和产品，如通过直播招聘让求职者通过网络就能找到满意的工作等。各家传统人力资源服务企业不断进行着数字化转型探索，推出了各类人力资源服务的数字化工具，如根据数据信息为企业人力资源状况进行精准"画像"，为企业决策提供科学可靠的参考。一些人力资源服务外包业务也迈向"云端"，为企业降本增效提供助力。这些成果不仅推动了商务服务的创新发展，也为中国在全球经济中的地位提升奠定了坚实基础。随着技术的不断进步和市场需求的持续增长，中国其他商务服务领域有望继续保持强劲的发展势头，为国内外客户提供更加优质、高效的服务。

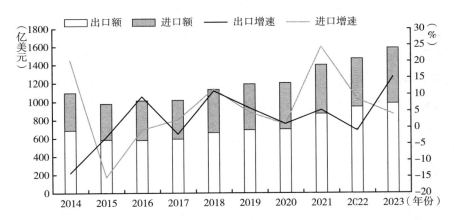

图9　2014~2023年全国数字服务贸易中其他商务服务进出口额情况

资料来源：作者根据相关数据绘制。

5. 知识产权使用费出口能力显著增强

如图10所示，2023年，数字服务贸易中知识产权使用费贸易额为537.01亿美元，相较于2014年的232.9亿美元，实现了130.58%的增长。其中出口额从2014年的6.8亿美元增至2023年的109.77亿美元，增长了15倍多，体现了中国在专利、品牌、版权等知识产权创造、保护和运用方面的巨大进步，也体现了国际市场对中国知识产权价值的认可。2023年，中国在知识产权国际申请方面继续保持领先地位，中国申请人提交的PCT国际专利申请、海牙外观设计国际申请、马德里商标国际注册申请均位居世界前列。特别是PCT国际专利申请量与2022年基本持平，而马德里商标国际注册申请量同比增长了6.3%。这表明中国企业对于技术创新的保护和品牌的保护意识正在不断增强，在拓展国际市场时，中国企业越来越重视知识产权的全面布局。此外，根据国家知识产权局的数据，2023年，我国启动了首批10家国家知识产权保护示范区建设，并且第二批15家的遴选和公示工作也已经完成；全国共新建知识产权保护中心8家、快速维权中心7家，总数达112家；新设海外知识产权纠纷应对指导地方分中心21家、海外分中心2家，总数达45家。这些举措显示出中国在知识产权保护体系建设方面的积极进展。同时，知识产权使用费进口额也从2014年的226.1亿美元稳步增长至2023年的427.24亿美元，增长了88.96%，反映出中国对国外知识产权的强烈需求。2023年产生了高达317.47亿美元的贸易逆差，这反映出中国在核心技术创新方面的不足，中国在国际知识产权市场上竞争力有待提升。尽管近年来中国在知识产权保护方面取得了显著进步，但与国际标

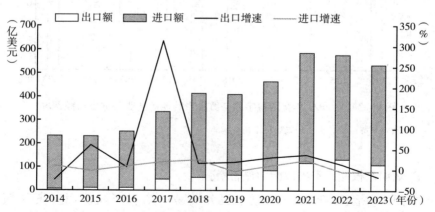

图10 2014~2023年全国数字服务贸易中知识产权使用费进出口额情况

资料来源：作者根据相关数据绘制。

准相比，仍存在一定的差距。国内市场对知识产权的尊重和保护意识不足，可能导致创新动力受到抑制，进而影响知识产权的出口。此外，全球知识产权市场正面临着新一轮的保护主义和技术封锁的挑战，无疑增加了中国知识产权出口的难度。同时，国际竞争对手可能通过更为优惠的条件和成熟的市场策略吸引潜在买家，从而进一步挤压中国知识产权在国际市场上的出口空间。

6. 文化娱乐服务增长势头明显

2023 年数字服务贸易中文化娱乐服务总额为 54.05 亿美元（见图 11），是 2014 年的贸易总额的 5 倍多，这一增长不仅体现了文化娱乐服务在全球服务贸易中的重要地位，更凸显了中国在这一领域的强劲发展势头。从出口来看，出口额整体呈现稳步增长趋势。从 2014 年的 1.7 亿美元到 2023 年的 13.9 亿美元，增长幅度高达 718%。这一数据充分展示了中国文化娱乐产品在国际市场上的竞争力与吸引力，也反映出中国在全球文化娱乐服务贸易中的积极贡献。短视频成为全球互联网的新"蓝海"。TikTok 等数字平台探索出算法驱动、用户生成、数据高效利用的新型文化产品，在国际市场显示出很强的市场竞争力。与此同时，进口额也出现了迅猛增长势头。从 2014 年的 8.7 亿美元飙升至 2023 年的 40.16 亿美元，增长了 362%。这一增长趋势反映出中国对国外优质文化娱乐服务的需求日益旺盛。值得注意的是，中国数字服务贸易的文化娱乐服务贸易一直呈现贸易逆差的状态，2023 年文化娱乐服务贸易领域出现了 26.26 亿美元的贸易逆差，尽管中国文化娱乐服务产业不断发展壮大，但在出口竞争力方面仍有待提升。

尽管中国的文化娱乐服务贸易出口增长较快，但是也存在一些问题。以最近几年快速发展的国产游戏为例，根据《2023 年中国游戏出海研究报告》，全球游戏市场规模在 2023 年达到了 11773.79 亿元，同比增长 6.0%。然而，中国自主研发游戏在海外市场的实际销售收入约为 163.66 亿元，同比下降 5.65%，[①] 这已经是连续两年出现下降，并且下降幅度有

---

① 《2023 年中国游戏市场营收突破 3000 亿元 出海仍然前路多艰》，中国经营网，2023 年 12 月 22 日，http://www.cb.com.cn/index/show/zj/cv/cv135242701260。

所扩大，游戏"出海"面临较大的增长压力。当今游戏企业"出海"所面临的主要问题已经不再是文化差异或不熟悉市场环境，而是集中在"出海"赛道竞争日趋激烈、流量获取成本上升以及缺乏本土化人才等方面。通过游戏"出海"问题可以看出，中国文化在传播上仍处于弱势地位，尤其体现在缺乏自主创新产品、品牌影响力不足、政策支持不够、核心技术缺少等方面。但中国仍在不断尝试，努力对接国际高标准规则，大力推广中国文化的传播。

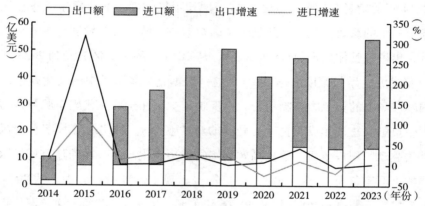

图11　2014～2023年全国数字服务贸易中文化娱乐服务进出口额情况

资料来源：作者根据相关数据绘制。

二　中国数字服务贸易领域的改革与开放

（一）不断优化数字服务贸易的发展环境

党的二十大报告强调"发展数字贸易，加快建设贸易强国"。《"十四五"服务贸易发展规划》提出"加快服务贸易数字化进程"，特别是首次将"数字贸易"列入服务贸易发展规划，明确了数字产品、数字服务、数字技术和数据等四类数字贸易类型，为未来一个时期我国数字服务贸易发展明确了方向和路径。

不断完善数据跨境流动的顶层制度设计。2022 年 12 月，《中共中央国务院关于构建数据基础制度更好发挥数据要素作用的意见》发布，提出要构建数据安全合规有序跨境流通机制。为了更好地促进数据跨境安全流动，自 2022 年起，国家互联网信息办公室发布了《数据出境安全评估办法》和《个人信息出境标准合同办法》，为涉及大量个人信息、重要数据的出境问题提供了规范，并且为国内企业向境外提供个人信息提供了具体指引。2024 年 3 月，国家互联网信息办公室又公布了《促进和规范数据跨境流动规定》，进一步对现有数据出境安全评估、个人信息出境标准合同、个人信息保护认证等数据出境制度的实施和衔接进行了明确。在相关政策解读中，国家互联网信息办公室有关负责人指出，为了充分释放数据要素价值，扩大高水平对外开放，在保障国家数据安全的前提下，要适当放宽数据跨境流动条件，适度收窄数据出境安全评估范围，从而进一步便利数据跨境流动，降低企业合规成本，为数字经济高质量发展提供法律保障。

2023 年 7 月，《国务院关于进一步优化外商投资环境加大吸引外商投资力度的意见》提出要探索便利化的数据跨境流动安全管理机制。要在落实《中华人民共和国网络安全法》（以下简称《网络安全法》）、《中华人民共和国数据安全法》（以下简称《数据安全法》）、《中华人民共和国个人信息保护法》（以下简称《个人信息保护法》）要求的前提下，为符合条件的外商投资企业建立绿色通道，高效开展重要数据和个人信息出境安全评估，促进数据安全有序自由流动。支持北京、天津、上海、粤港澳大湾区等地在实施数据出境安全评估、个人信息保护认证、个人信息出境标准合同备案等制度过程中试点探索形成可自由流动的一般数据清单，建设服务平台，提供数据跨境流动合规服务。

不断优化数字营商环境。2023 年 8 月，商务部宣布继续着力优化数字营商环境，提升贸易数字化水平，加快培育服务贸易数字化发展的新动能。高标准建设国家数字服务出口基地，进一步落实支持基地发展的各项政策措施，推动扩大可数字化的服务出口；加快服务贸易数字化进

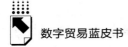
程，支持旅游、运输、建筑等传统服务贸易数字化改造，同时大力推动智慧物流、远程医疗、线上办展等新兴领域的发展，不断提高服务的可贸易性。

2024 年 2 月，国务院办公厅印发《扎实推进高水平对外开放更大力度吸引和利用外资行动方案》，在数字经济领域提出要健全数据跨境流动规则；科学界定重要数据的范围；全面深入参与世界贸易组织电子商务谈判，推动加快构建全球数字贸易规则。探索与《数字经济伙伴关系协定》成员方开展数据跨境流动试点，加快与主要经贸伙伴国家和地区建立数据跨境流动合作机制，推动构建多层次全球数字合作伙伴关系网络。

利用开放平台促进数字服务贸易发展。中国国际服务贸易交易会已成为全球服务贸易领域规模最大的综合性展会，以及中国扩大开放、深化合作、引领创新的重要平台。2023 年的中国国际服务贸易交易会展现了数字金融、数字医疗、数字体育等多方面融合发展成果，累计入场近 28 万人次，共达成 1100 余项成果，① 国际参与度和影响力进一步提升。2023 年 11 月 23 日至 27 日，第二届全球数字贸易博览会在杭州国际博览中心举办。本届博览会以"国际化、专业化、市场化"为宗旨，以"数字贸易 商通全球"为主题，呈现了百余个数字贸易最新产品、服务和解决方案，汇聚了 AI 创意、智慧物流等数字贸易领域全球全国首发、首秀、首展，现场签约项目 32 个，总签约金额 1558.5 亿元。其中，外商投资项目 11 个，总投资额 17 亿美元，占投资类项目数的 39.3%，主要来自德国、法国、日本、匈牙利、新加坡、中国香港等国家和地区。②

（二）以"先行先试"为基础扩大对外开放

通过自由贸易试验区、国家服务业扩大开放综合试点和服务贸易创新发展试点等多种形式，"先行先试"，不断提高电信、金融、法律等数字服务

---

① 《2023 年服贸会达成 1100 余项成果》，《北京日报》2023 年 9 月 7 日。
② 《第二届数贸会总签约金额达 1558.5 亿元》，中国政府网，2023 年 11 月 27 日，https：//www.gov.cn/yaowen/liebiao/202311/content_6917402.htm。

贸易领域的开放程度。

自由贸易试验区差异化探索数字服务贸易开放。自由贸易试验区是我国高水平对外开放的高地，2013 年以来，我国已经建立了 22 个自由贸易试验区。近年来，自由贸易试验区聚焦数字、科技、互联网信息等重点领域加快开放，在进一步放宽数字领域市场准入的基础上，差异化探索数字贸易开放模式。上海自由贸易试验区临港新片区提出将有序放开互联网数据中心等增值电信业务领域的外商投资准入限制，同时提出将完善云计算等新兴业态外资准入与监管制度。最新版上海自贸区总体方案提出要拓宽数字金融服务在国际经贸往来中的应用场景。主要是加强前沿技术在电子支付、跨境资产管理等领域的具体运用，探索数字人民币在贸易领域的应用场景。加强金融数据要素的价值实现，在国家数据传输安全管理框架下开展金融数据跨境流动，为内外资金融机构在沪开展集团化协同经营提供便利。北京自由贸易试验区在数据出境安全管理方面取得了率先突破，安全评估和标准合同备案均在北京率先落地，已获批的数据出境场景数量领跑全国，在医疗、汽车、民航等多个领域形成了数据出境的行业示范的案例。重庆自由贸易试验区探索出的"快速通关""即报即放""货到海关 24 小时内办结"等便利化服务，为数字贸易扩大开放创造良好条件。这些数字贸易便利化措施实施以来，成功引进星光国际精准医疗创新中心等百亿级项目，以及德国埃马克、万国数据、中欧数字生态城等一大批标志性企业。

在新一轮开放中，各个自由贸易试验区纷纷扩大对外开放。如 2024 年《中国（广东）自由贸易试验区提升战略行动方案》提出，支持南沙（粤港澳）数据服务试验区、国际海缆登陆站、区域性国际互联网出入口局建设。推进前海全业务关口局、互联网骨干直联点、中新国际互联网数据专用通道、海缆登陆站服务区建设。支持横琴打造国际数据合作产业发展集聚区，启动澳门科技大学-大湾区科研数据跨境专网试点。

服务业扩大开放综合试点是我国服务业领域利用外资的重要途径。自2015 年北京被批准成为国内首个服务业扩大开放综合试点城市以来，服务业扩大开放综合试点历经一次升级、两次扩围，目前形成"1+10"格局，即一个示范区（北京）+10 个试点城市（省），基本形成了覆盖东南西北中、引领产业发展的开放布局。服务业扩大开放综合试点示范是党中央、国务院的重大开放举措，以"开放"为主题、以"产业"为主线，先后推出 7 轮 15 份试点方案，在科技、电信、文旅、金融等 13 个行业领域，累计推出试点举措 1300 余项，向全国复制推广了 9 批 180 多项创新成果。① 2023 年获批的北京建设方案提出，在北京全市范围内取消了信息服务业务（仅限应用商店，不含网络出版服务）、互联网接入服务业务（仅限为用户提供互联网接入服务）等增值电信业务外资股比限制，突破了全国版负面清单有关增值电信业务的外资股比不超过 50% 的限制；支持北京建设国际信息产业和数字贸易港，加强数字领域国际合作，推动相关国际规则制定，争取在数据跨境传输、数字产品安全检测与认证、数据服务市场安全有序开放等方面实现互惠互利、合作共赢。

服务贸易创新发展试点是我国推进服务贸易改革、开放、创新的重要部署。2020 年《全面深化服务贸易创新发展试点总体方案》发布以来，我国先后设立了 28 个服务贸易创新发展试点地区，这些试点地区在运输、教育、医疗、金融、专业服务等领域推出了一系列开放举措，允许境外服务提供者通过跨境交付、自然人移动等方式进入中国市场。除了放宽市场准入线之外，目前试点地区在数字版权服务、知识产权服务、"保税+服务"等领域进行了业态模式创新，大大激活了数字服务贸易发展动能。为把握数字经济发展重大机遇，加快发展数字服务出口，构建国际竞争新优势，商务部、工信部等部门认定中关村软件园等 12 个园区为国家数字服务出口基地，并强调要依托国家数字服务出口基地，打造数字贸易示范区。要求这些国家数字服务出口基地在数字服务市场准入、国际规制对接、数据跨境流动、数据规范化采集和分级分类监管等方面"先行先试"，开展压力测试，努力培育科技、制度双创新的数字贸易集聚区。目前，服务贸易创新发展试点地区分 4

① 《国务院新闻办就深化国家服务业扩大开放综合示范区建设有关情况举行发布会》，中国政府网，2023 年 11 月 25 日，https://www.gov.cn/lianbo/fabu/202311/content_6917485.htm。

批形成了 83 个制度创新性强、市场主体反映好、具备借鉴推广价值的最佳实践案例。①

新版跨境服务贸易负面清单提高了中国服务贸易领域的开放程度。2024 年 3 月，商务部发布《跨境服务贸易特别管理措施（负面清单）》（2024 年版）和《自由贸易试验区跨境服务贸易特别管理措施（负面清单）》（2024 年版），全国版和自由贸易试验区版跨境服务贸易负面清单，均涉及农林牧渔业、建筑业、批发和零售业等 11 个门类。其中，全国版跨境服务贸易负面清单共 71 条，自由贸易试验区版跨境服务贸易负面清单共 68 条。全国版和自由贸易试验区版跨境服务贸易负面清单的实施，示志着首次在全国对跨境服务贸易建立负面清单管理模式，形成了跨境服务贸易梯度开放体系。这既是我国服务贸易管理体制的重大改革，也是我国扩大高水平对外开放的重大举措，充分显示了中国坚持深化改革、扩大开放的决心和方向，也将为全球服务贸易开放创新合作提供新机遇。

（三）主动对接国际高水平经贸规则

习近平主席在 2023 年中国国际服务贸易交易会全球服务贸易峰会视频致辞中指出，在国家服务业扩大开放综合示范区以及有条件的自由贸易试验区和自由贸易港，率先对接国际高标准经贸规则，稳步扩大制度型开放。②

2023 年 6 月，国务院印发《关于在有条件的自由贸易试验区和自由贸易港试点对接国际高标准推进制度型开放的若干措施》，要求上海、北京等有条件的自由贸易试验区和海南自贸港，在货物贸易创新发展、服务贸易便利化、数字贸易健康发展、人员便利化流动、优化营商环境等方面，进行对接高水平经贸规则试点。

2023 年 11 月，国务院印发的《支持北京深化国家服务业扩大开放综合

---

① 《深化创新发展试点 打造服务创新高地》，国际商报，2023 年 11 月 22 日，https：//epa. comnews. cn/pc/content/202311/22/content_ 12036. html。

② 《习近平向 2023 年中国国际服务贸易交易会全球服务贸易峰会发表视频致辞》，中国政府网，2023 年 9 月 2 日，https：//www. gov. cn/yaowen/liebiao/202309/content_ 6901654. htm。

示范区建设工作方案》提出推动构建数字经济国际规则，试点推动电子签名证书跨境互认和电子合同跨境认可机制，推广电子签名互认证书在公共服务、金融、商贸等领域应用。支持北京参与制定数字经济领域标准规范，探索人工智能治理标准研究与规则建设，参与相关国际、国家、行业标准制定。深入推广数据安全管理认证等安全保护认证制度。利用中国国际服务贸易交易会、中关村论坛、金融街论坛、全球数字经济大会等平台，支持北京加强与《数字经济伙伴关系协定》（DEPA）成员方在数字身份、数字包容性、网络安全、金融科技、物流等方面的合作和交流。

2023年12月，国务院印发的《全面对接国际高标准经贸规则推进中国（上海）自由贸易试验区高水平制度型开放总体方案》提出，上海率先实施高标准数字贸易规则，在数据跨境流动、数字技术应用、数据开放共享和治理等方面对标DEPA相关规则开展"先行先试"。支持上海自由贸易试验区率先制定重要数据目录，探索建立合法安全便利的数据跨境流动机制，加快数字技术赋能，推动电子票据应用，推进数据开放共享，构筑数字贸易发展新优势。为大力促进我国数字贸易发展注入新动能，为数字产业、数字企业发展带来新机遇。

三　中国数字服务贸易领域的国际经贸合作

（一）积极参与国际数字贸易规则谈判

为了进一步推动高水平对外开放，2021年中国先后申请加入CPTPP和DEPA。2023年6月17日，中国政府递交了加入CPTPP的交流文件，并对CPTPP的2300多个条款进行了全面而深入的研究与评估，梳理出中国加入CPTPP仍需推进的改革措施以及需要调整和完善的法律法规。并重申中国"有意愿、有能力加入CPTPP"。自2022年8月加入DEPA以来，中国已经与成员国举行各层级磋商10余轮，完成所有条款的初步讨论，在知识产权、数据流动、商用密码等领域进行了相应改革和"先行先试"。

积极参与 WTO 国际数字贸易规则的制定。2023 年 12 月 20 日，世贸组织实质性结束部分全球数字贸易规则谈判，涉及数字贸易的便利化、开放数字环境等多个关键领域。中国呼吁各方尽快达成一份高标准、公平且包容的数字贸易规则，帮助发展中成员把握相关发展机遇并从中受益。在 2024 年 2 月 26 日召开的世贸组织第 13 届部长级会议上，中方积极支持世贸组织关于电子传输暂免关税的决定，体现了中国加快发展数字贸易，以高水平对外开放推进高质量发展的坚定决心。中国致力于通过国际合作和协商，为全球数字贸易的增长贡献智慧和力量。

（二）深化与 RCEP 国家的数字服务贸易合作

进一步深化与 RCEP 国家的数字服务贸易合作。在 RCEP 框架下，中国与 RCEP 国家进一步达成开放协议，深化了数字服务贸易合作。中国还与 RCEP 国家拓展在数字产品市场准入、电信、医疗、旅游、法律等领域的合作，共同推动数字经济的发展。2023 年 12 月 4 日，中韩自贸协定第五次联委会会议在京举行，双方共同评估了协定在货物贸易、原产地规则、技术性贸易壁垒和经济合作等领域的具体实施情况，并高度赞扬了该协定在促进两国产业链和供应链融合以及推动经济增长方面的重要作用。双方还就韩国跨境电商商品的通关效率、电子通信设备的认证等议题进行了深入讨论，在继续深化产业链和供应链的合作方面双方达成共识。2023 年 12 月 8 日中国与新加坡签署进一步升级《自由贸易协定》的议定书，该议定书对标国际高标准经贸规则，基于负面清单方式，纳入跨境服务贸易和投资自由化高水平规则，在跨境服务贸易、投资、电信服务、数字经济合作等领域作出进一步开放承诺。2023 年 12 月 19 日，举行中国-新西兰自贸区联委会第七次会议，会议中双方回顾并评估了自中国与新西兰自由贸易协定实施以来的情况，包括货物贸易、技术性贸易、服务贸易、自然人移动、投资以及电子商务等多个领域的进展，对自贸协定在提升双边贸易和投资规模、加强经贸关系方面所发挥的关键作用给予了积极评价，同时双方就以负面清单形式开展服务贸易谈判进行讨论。

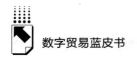

（三）扩大与共建"一带一路"国家和地区的数字服务贸易合作

加强服务业领域数字化的交流合作。为了引导全球服务贸易优势资源在共建"一带一路"国家和地区落地，中国加强了与沿线国家和地区在服务业数字化领域的国际交流合作与创新。在 2023 年 10 月 18 日的第三届"一带一路"国际合作高峰论坛开幕式上，习近平主席宣布了中国支持高质量共建"一带一路"的八项行动。[①] 其中，加快建设"数字丝绸之路"被摆到了八项行动的中心位置，旨在营造开放、公平、非歧视的数字发展环境，推进数字技术同实体经济的深度融合，以及促进人工智能的健康、有序和安全发展。在此次高峰论坛上，中方提出将创建"丝路电商"合作先行区，同更多国家商签自由贸易协定、投资保护协定。"丝路电商"是在"一带一路"倡议框架下，充分发挥中国电子商务技术应用、模式创新和市场规模等优势，积极推进电子商务国际合作的重要举措。

2023 年 7 月 25 日，中国与尼加拉瓜的自由贸易协定谈判顺利完成。该协定涵盖了金融服务负面清单、金融服务跨境贸易、跨境服务贸易等多个方面，在数字服务领域，双方就电子交易框架、电子签名、个人数据保护、数字经济合作等达成了共识，并同意在知识产权的保护和实施方面深化合作。

2023 年 10 月 17 日，中国政府和塞尔维亚共和国政府签署了自由贸易协定。根据世界贸易组织《服务贸易总协定》的规定，双方承诺逐步实现服务贸易的自由化和市场开放。在知识产权保护方面，双方将遵循世界贸易组织《与贸易有关的知识产权协定》的原则和规定，并通过协调与磋商加强在知识产权保护领域的合作。

中国-东盟自贸区 3.0 版第五轮谈判于 2024 年 1 月 29 日至 2 月 2 日举行。谈判致力于深入推进数字经济、绿色经济、供应链互联互通等领域磋商，以进一步扩大经贸领域相互开放，拓展新兴领域互利务实的合作。该举

---

① 《习近平在第三届"一带一路"国际合作高峰论坛开幕式上的主旨演讲》，光明网，2023 年 10 月 18 日，https：//politics. gmw.cn/2023-10/18/content_ 36901482. htm。

措不仅为探索构建数字经济国际规则体系、推动构建新发展格局提供了动力，也促进了共建"一带一路"国家数字经济的共同发展，打造更加包容、现代、全面和互利的中国-东盟自贸区。

加强与金砖国家在数字经济领域的合作。2022 年 6 月，在金砖国家领导人第十四次会晤达成的《金砖国家数字经济伙伴关系框架》中，中国积极倡导成立金砖国家数字经济工作组，旨在推动金砖国家间更紧密的合作。该工作组将重点关注供应链和支付系统的互联互通，以促进贸易和投资的流动。这一举措将进一步促进金砖国家间的经济合作与发展。在 2023 年 6 月 1 日发布的《金砖国家外长正式会晤联合声明》中，各国重申了对建设一个开放、安全、稳定、普遍可及、和平的信息通信技术环境的共同承诺。并强调，加强信息通信技术和互联网使用的全球共识与合作至关重要，支持在人工智能技术领域进行信息交流和技术合作。这一立场体现了金砖国家在全球信息时代中对技术创新和治理的积极态度和共同愿景。

四 中国数字服务贸易存在的问题与建议

（一）中国数字服务贸易发展中存在的问题

1. 数字服务贸易的国际竞争力仍较低

尽管近年来中国数字服务贸易增长速度较快，在全球贸易中所占份额扩大，但是从总体上看，数字服务贸易规模及在服务贸易中的占比与发达经济体相比仍存在差距。根据联合国贸发会议统计数据，2022 年我国的数字服务贸易规模在全球数字服务贸易中的比重为 5.21%，排名第四，而排名第一的美国占比为 16.39%。2023 年中国数字服务贸易在本国服务贸易的占比为 39.6%，而全球平均水平为 55.31%。从自身发展来看，2020 年中国数字服务贸易在服务贸易中的占比超过了 44%，此后几年尽管国内数字经济快速发展，但是这一比重却逐年下降。这与我国数字经济发展水平和服务贸易总额在全球双双位列全球第二的领先地位不匹配，同时也说明我国在数字服

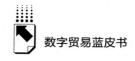

务贸易领域仍有发展空间。

2.国内数字服务市场建设尚需完善

目前，我国数字服务市场建设存在一些问题，主要表现为以下几个方面。一是缺乏全国统一的数字服务市场。在国内数字服务市场中存在区域分割和地方保护的现象，如一些部门规章中存在对数字服务跨区域提供的限制内容，造成数字服务存在跨区域流动障碍。另外，一些地方政府存在采购过程中优先考虑本地企业的现象，导致地方数字服务市场竞争程度较低，部分数字服务企业过度依赖地方保护从而竞争力不强，很难进一步走向全国乃至世界市场。二是数据要素流通不畅。由于目前我国的数据确权、定价、保护等相关机制和规则仍处于起步阶段，市场主体、政府部门之间的数据流通比较困难，"信息孤岛"现象还比较严重，阻碍了企业服务创新和政务服务优化。三是数字服务的监管体系也需完善。尽管目前我国跨境流动的监管制度框架已经形成，但是对于跨境流动所必需的重要数据范围界定、各行业数据分级分类等方面的规定仍需要进一步细化。另外对于人工智能、区块链等新兴数字技术和服务以及数字平台的监管，也需要进一步健全监管体系。

3.数字服务贸易发展的外部环境日益复杂

一方面，国际数字贸易规则加速形成，而我国的参与度和话语权还比较低。随着CPTPP和DEPA等新的多边协定，以及UJDTA、《新加坡-澳大利亚数字经济协定》（SADEA）、《英国-新加坡数字经济协定》（UKSDEA）、《韩国-新加坡数字伙伴关系协定》（KSDPA）、《欧盟-新加坡数字伙伴关系协定》等双边协定的签署，国际数字贸易规则正在加速形成。由于国内外政策法规差异较大，我国在数字贸易的许多议题上与发达国家存在分歧，对于最新数字贸易规则国际谈判的参与度较低。虽然我国已经正式申请加入CPTPP、DEPA，但是从主要成员国的反应来看，我国加入上述协议仍需要付出巨大的改革努力。在我国已经参与的多边协议、双边协议中涉及的数字贸易规则开放度较低，约束性不强，造成我国在国际数字贸易规则体系中的话语权较低。

另一方面，我国数字服务贸易拓展海外市场难度增加。由于贸易保护主义抬头，特别是欧美主要国家对我国实施歧视性政策和针对性打压，造成我国企业在拓展全球市场方面的难度加大。近年来，一些国家以人权、网络安全、国家安全为由，不断限制对我国数字服务的进口和我国企业的跨国并购活动，使国内企业面临日趋严峻的市场环境。另外，由于与我国有密切经贸往来的发展中国家普遍在数字经济、数字服务贸易领域发展水平较低，再加上缺乏包容性的规则框架以及可以落地执行的具体规则方案，我国与发展中国家之间的数字贸易领域合作目前尚处于起步阶段。

（二）促进中国数字服务贸易发展的建议

1. 积极打造数字服务贸易发展的产业基础

数字服务贸易的发展有赖于强大的数字产业基础。为此建议，首先，要提前布局关键基础数字技术和数字平台。关键基础数字技术、数字平台可以为数字服务贸易的开展提供支撑，是提高我国数字服务贸易竞争力的关键。应加快推动人工智能、区块链、6G、卫星互联网、量子信息等新一代信息通信技术前瞻性布局和市场化发展，同时加强消费互联网平台、产业互联网平台等具有基础设施属性的业态发展。其次，提升服务企业数字技术的应用能力，加速服务贸易数字化转型。鼓励和支持服务企业的数字技术应用，提升服务业整体的数字化水平，同时加大对服务领域共性开发平台、解决方案、基础软硬件支持力度，促进传统服务贸易数字化转型。最后，支持数字贸易中的新业态、新模式发展。发展众包、云外包、平台分包等服务业的新业态新模式，以及线上支付、线上展会、远程医疗、数字金融等数字服务贸易。

2. 加快形成全国统一高效的数字服务市场

创造开放、公平、公正的数字服务环境，破除数字服务的区域分割和地方保护，引导地方政府同等对待区域内和区域外企业，推动在全国范围内实现统一政策、统一监管、统一标准，加快形成全国统一的数字服务市场。加快建立数据确权、交易、应用、保护等基础制度和标准规范，推动国内市场率先实现高水平的数据自由流动和流通交易。加快制定国家层面数据分级分

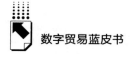

类指南，界定重要数据范围，推动数据跨境安全有效流动。建立和完善人工智能、区块链、车联网等新技术的监管规则和安全评估制度。推动数字平台治理，加强对平台不正当竞争和资本无序扩张的监管。

3. 强化与国际数字服务领域的经贸联系

扩大数字服务贸易对外开放。进一步缩减外资准入负面清单，有序推进电信、互联网等数字服务领域开放，落实准入后国民待遇，在政府采购等领域为内外资企业提供公平竞争环境。加快落实全国版和自由贸易试验区版的跨境服务贸易负面清单，全面提升跨境数字服务贸易开放水平。

加强与共建"一带一路"国家和地区在数字服务领域的经贸合作。推动"数字丝绸之路"建设，拓展"丝路电商"全球布局；鼓励数字经济企业"走出去"，提升国际化运营能力，高质量开展智慧城市、电子商务、移动支付等领域合作。加强国家间多种形式的数字技术交流，提升数字技术创新水平和数字技术合作水平，充分把握后发优势和市场优势，积极同美国和欧盟开展数字服务贸易经验交流，学习、借鉴对方在数字服务贸易领域的先进经验。

积极参与数字服务贸易国际谈判与规则制定，准确把握各国利益诉求，推动构建平等互惠的国际数字服务贸易新规则。尤其是，在系统甄别全球数字服务贸易发展态势与各国规则主张的基础上，精准定位各方利益关切点，探寻利益分歧中的制衡维度和平衡点，加快制定数字服务贸易规则的"中国方案"。

参考文献

《国务院关于〈支持北京深化国家服务业扩大开放综合示范区建设工作方案〉的批复》，《中华人民共和国国务院公报》2023 年第 34 期。

李俊：《自贸试验区数字贸易发展十年探索与未来展望》，《人民论坛》2023 年第 20 期。

晏澜菲：《为全球服务贸易开放合作提供新机遇》，《国际商报》2024 年 3 月 25 日。

张春飞、岳云嵩：《我国数字贸易创新发展的现状、问题与对策研究》，《电子政务》2023 年第 2 期。

张衡：《推进上海自贸试验区高水平制度型开放》，《中国财经报》2023 年 12 月 9 日。

张鸣起：《坚持在法治基础上推进高水平对外开放》，《红旗文稿》2024 年第 4 期，第 4~8 页。

张翼：《我国扩大高水平对外开放的重大举措》，《光明日报》2024 年 3 月 23 日。

朱福林：《对外开放与中国式现代化——内在逻辑、重点议题及战略抉择》，《财经问题研究》2023 年第 12 期。

《全国版跨境服务贸易负面清单首次发布》，中国政府网，2024 年 3 月 22 日，https：//www.gov.cn/lianbo/bumen/202403/wntent_6940989.htm。

B.5
中国跨境数据交易分析报告（2024）

文　磊　邹麟钰*

摘　要：　近年来，随着《数据安全法》《个人信息法》的先后出台，我国跨境数据交易逐步完善和发展。2022 年以来，我国跨境数据交易稳步增长，预计到 2030 年，数据交易市场规模将增长至 5155.9 亿元。我国的跨境数据交易主要受经济增长、技术进步和政府政策等因素推动，同时受到数据安全、隐私保护和法律法规等方面的制约。相应地，跨境数据交易在就业、隐私保护等方面对中国社会和经济等产生深刻影响。在此基础上，本报告建议深化国内数据治理体系建设，夯实数据流动的制度基础；加强数据交易安全监管，筑牢数据流动的安全屏障；促进数据共享开放政策实施，激发数据流动的创新活力；提升数据安全防护能力，构建稳固的数据安全体系；积极寻找合作伙伴，拓展数据应用领域；加强国际交流与合作，推动跨境数据交易的规范化与标准化。

关键词：　跨境数据交易　隐私保护　数据安全

当今中国正在迈入一个数字经济与实体经济深度结合的新时代。数据作为一种新的生产要素可以全方位地推动传统生产要素的升级，得到了各国的重视。2022 年我国的数字经济规模达 50.2 万亿元，总量稳居世界第二，①

---

* 文磊，博士，首都经济贸易大学经济学院副教授，主要研究领域为国际贸易理论与政策；邹麟钰，首都经济贸易大学硕士研究生，主要研究领域为国际投资。
① 国家互联网信息办公室：《数字中国发展报告（2022 年）》，2023。

数字流量和用户数量则居全球之首。[①] 同时，信息基础设施持续完善，产业的数字化转型稳步推进，数字经济领域的国际合作也日益加深，数字中国建设成效显著。自党的十八大以来，以习近平同志为核心的党中央作出建设数字中国的重大决策部署，把发展数字经济上升为国家战略。《国家信息化发展战略纲要》《"十四五"数字经济发展规划》等一系列政策文件，都对数字经济的发展提出了重要指导，充分地显示出党和政府对于数字经济的高度重视。其中，中国信息通信研究院在 2020 年发布的《中国数字经济发展白皮书（2020 年）》，提出了数字经济的"四化"框架，包括数据价值化、数字产业化、产业数字化和数字化治理。数据价值化需要通过交易实现。要充分发挥数据的全部价值，就需要让数据流动起来。数据实现最大化价值的前提是数据大规模聚合，如果数据可以在世界范围内自由流动，就可以充分挖掘其多维度的价值，因此促进跨境数据交易的发展势在必行。

随着"一带一路"倡议的不断深化，我国与众多国家和地区签署了双边或多边贸易协定，面向国际数据交流渠道逐渐拓宽，拥有的数据资源也在持续增长。据统计，2015 年以来，中国数据增量年均增速超过 30%，数据中心规模 5 年间从 124 万家增长到 500 万家，我国已成为全球数据资源大国。[②] 同时，国内多地正在积极探索建立数据特区。例如，2023 年 11 月，广东省发布的《"数字湾区"建设三年行动方案》提出在 2023 年开启"数字湾区"建设；北京市人民政府在《2023 年市政府工作报告重点任务清单》中强调，致力于打造全球数字经济标杆城市，推动北京的数据特区建设[③]；同年，《中共上海市委 上海市人民政府关于支持中国（上海）自由贸易试验区临港新片区深化拓展特殊经济功能走在高质量发展前列的若干意见》表示将加速上海国际数据港的建设，利用国际数据港进一步带动

---

① 《网民数量、市场规模均居世界第一 互联网与产业深度融合渐入佳境》，《经济日报》2018 年 1 月 10 日。
② 叶明、马羽男：《探索推动数字时代的东西部协同》，《光明日报》2022 年 5 月 17 日。
③ 王丛虎、门理想、赵芷墨、钟书丽：《构建招标采购数据要素流通和交易制度经验与对策》，《中国招标》2023 年第 5 期，第 18~20 页。

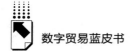

国际数据产业的合作。这些数据特区推动了跨境数据交易，极大地促进了我国经济的发展。跨境数据交易极大地促进了全球数字贸易发展，数据要素可以通过数字贸易不断创造价值。

本报告全面分析了中国跨境数据交易的发展现状、驱动因素以及挑战，并就跨境数据交易对经济社会的影响进行了分析，进而预测未来的发展趋势，为政策的制定和企业的规划提供有益的建议。报告旨在加强相关部门和企业对跨境数据交易的认识，以便加强监管，注重保障数据安全与隐私保护，推动跨境数据交易的健康发展，给我国经济增长、就业和技术创新等方面带来积极影响。同时，报告也为我国跨境数据交易市场的参与者提供了一个了解市场动态、把握发展机遇的参考依据。

一　中国跨境数据交易市场概述

（一）市场发展历程

我国跨境数据交易市场的发展历程是一个逐步发展和完善的过程。主要分为 3 个时期。

2010~2014 年为无序扩张期。随着电子商务和互联网经济的快速发展，中国跨境数据交易市场逐渐形成。虽然一些互联网企业开始参与跨境数据交易，但是由于市场环境不稳定，并且缺乏健全的法规和政策，存在违规获取与使用数据产品、以非正式途径进行交易等现象，跨境数据交易常常处于法律监管的灰色区域。

2015~2018 年为整顿成长期。"大数据"被纳入政府工作，开始加大对跨境数据交易市场的扶持力度，并且制定了一系列政策促进大数据和数字经济的发展。各地开始建设数据交易机构，在"十三五"规划期间，由数据收集、数据净化、数据标注、数据交易等关键数据要素环节组成的中国数据要素市场得到了显著的增长。2015 年，全国第一家大数据交易所——贵阳大数据交易所揭牌运营，之后，北京、上海、浙江等地也纷纷开始建立大数据交易所，通过正规的确权注册、质量评估、估值定价以及安全的交易流程，来达到一定程度的规范化及可控性。虽然国家也开始出台相关政策措施促进和规范跨境数据交易，但是仍然不全面。

2019 年以来为新政发展期。2020 年在《中共中央 国务院关于构建更加完善的要素市场化配置体制机制的意见》中，首次提出将数据纳入五大生产要素。政府鼓励交易双方通过数据交易平台进行数据交易，企业的市场活力被充分激发。并且，有关数据跨境交易的立法不限于《数据安全法》《个人信息保护法》等。国内大数据产业体系逐步成熟，且开始积极参与国际数据交易的合作，参与制定跨境数据交易的国际规则和标准，使跨境数据交易更加便利。但是仍然存在产品种类少、附加价值低、数据资源深加工和场景应用能力不足等问题。

（二）市场规模和增长趋势

近几年，我国的数据交易市场保持着稳定增长。2022 年，数据交易市场规模达到了约 876.8 亿元，占全球数据交易市场的 13.4%，占亚洲市场的 66.5%，且年增长率达到了 42.0%，这得益于政府的支持和良好的经济环境。预计到 2025 年，数据交易市场的规模将达到 2046 亿元，且有潜力在未来 3~5 年内继续保持高速增长。到 2030 年，预计增长至 5155.9 亿元。数据要素的重要性日益凸显，政府对于数字经济的支持使得其不断增长。[1]

在我国的市场规模中，占比较大的是华东、华南、西南三个地区，其余地区占比较小。华东、华南地区由于其金融业和互联网业发达，对于数据的需求和供给都大，所以其数据交易市场发展好。2022 年华东地区的数据交易规模达 371 亿元，预计在 2025 年和 2030 年分别增长至 885 亿元和 2325.8 亿元，华东地区政府对数据市场十分重视，该地区生态建设也较为完善，吸引了较多企业，加快了该地数据交易市场发展，预计其增速将超越中国整体的增速。2022 年华南地区数据交易规模是 147.1 亿元，预计 2025 年和 2030

---

[1] 上海数据交易所：《2023 年中国数据交易市场研究分析报告》，2023。

年分别增长为345.8亿元和886.3亿元，该地区充裕的互联网企业资源为数据交易市场提供了良好的基础设施和坚实的技术支持，从而加速数据交易市场的发展。未来，该地区计划大力发展数据交易凭证和统计计算能力。西南地区在数据交易方面发展较早，拥有全国第一家数据流通交易所——贵阳数据交易所，数据交易市场目前也发展得较好。2022年市场规模为133亿元，预计2025年上升至299亿元，2030年上升至704.1亿元，而该地区的快速发展得益于川渝两地促进数据与其他产业协同发展，同时其他省份积极推动完善数据基础设施。未来，该地区的发展重点还是数据基础设施的建设。[1]

在数字贸易规模快速增长的同时，全球数据跨境流动也获得突飞猛进的发展，2011~2021年，其规模从53.57TB/s扩张至767.23TB/s，增长超过13倍。2011~2019年，数据跨境流动规模年平均增速超过25%，2020年之后，增速持续稳定在高位，连续两年超过29%。[2]中国在全球数据跨境流动中占有重要地位，据统计，2019年我国数据跨境流动量约为1.11亿Mbps，占全球数据跨境流动总量的23%，预计到2025年将增长到27.8%，跃居世界首位。[3]其中，深圳作为我国探索建立跨境数据流通交易机制的线性试点，在跨境数据交易方面取得了突出成绩。2022年5月，深圳数据交易所率先落地国内首单场内跨境数据交易，并陆续吸纳新加坡、马来西亚、越南等境外数据商入驻。截至2023年底，深圳交易所累计跨境数据交易额突破1亿元，交易规模保持全国领先。[4]

（三）主要参与者和市场结构

《数据产品交易标准化白皮书（2022）》将数据交易的主要参与者分为

---

[1] 上海数据交易所：《2023年中国数据交易市场研究分析报告》，2023。
[2] 马涛、刘秉源：《跨境数据流动、数据要素价值化与全球数字贸易治理》，《国际经济评论》2024年1月9日。
[3] 《王晓红：中国数据跨境流动量2025年或将位居全球之首》，腾讯网，2022年8月29日，https://new.qq.com/rain/a/20220829A05E2W00。
[4] 《深数所跨境交易额突破1亿元 2023年实现交易规模超50亿元》，《深圳商报》2024年1月4日。

数据产品的供应方、数据产品的需求方和第三方数据交易服务机构。数据产品的供应方决定了数据产品的质量；数据产品的需求方最终决定了数据产品的价值，主要是指数据交易中购买和使用数据的组织和机构，一般来自金融、交通和互联网等领域的企业；第三方数据交易服务机构主要起到供需撮合、价值挖掘、促进数据增值的作用，目前我国的数据交易平台主要是各大数据交易所、交易联盟、数据服务商等。

二　中国跨境数据交易的驱动因素和挑战

（一）驱动因素

1. 经济增长

经济增长对跨境数据交易的推动作用显著。随着全球经济一体化的深入，企业为了拓展市场和优化资源配置，对跨境数据交易的需求不断增加。全球范围内的经济活动增长带来了对市场信息、消费者行为和竞争对手分析的迫切需求，这些需求通过跨境数据交易得以满足，从而促进了数据交易市场的繁荣。

此外，经济增长还带来了消费者需求的多样化，企业需要通过跨境数据交易获取不同国家和地区的消费者数据，以实现市场精准定位和产品个性化定制。同时，随着供应链的全球化，企业依赖于跨境数据交易来监控和优化供应链管理，提高效率，降低成本，保持竞争力。

投资决策也是经济增长推动跨境数据交易的一个重要方面。随着经济的发展，企业对外投资活动增多，跨境数据交易提供了关键的投资信息，帮助企业做出更明智的投资选择。经济增长激发了企业创新的需求，跨境数据交易推动了技术和知识产权信息的交流，促进了技术创新和产业升级，进一步推动了经济的增长。

2. 技术进步

数据交易起初是数据产品的供应方通过中介或数据交易平台直接将数据

提供给买家，但是这种方式容易使数据被再次传播和不当利用，从而增加了数据泄露的风险。随着隐私计算、数据脱敏、区块链等技术的发展，数据安全和隐私保护问题得到了保障，隐私计算技术实现了数据虽被用户使用分析但仍然是被加密的；数据脱敏技术可以在数据交易的前置环节减少参与者的安全与合规风险；区块链技术可以对数据交易的全程进行记录和存证且不可篡改。①

3. 政策支持

我国应在内完善数据跨境流通的相关法律法规，在外积极提升跨境流通规则制定话语权，为我国发展跨境数据交易提供一个良好的环境。②

积极完善数据安全保护及数据跨境流通法律法规。相关立法的覆盖面越来越广，初步形成了比较完善的数据安全保护、个人信息保护和跨境数据依法有序流通的法律体系。《网络安全法》《数据安全法》《个人信息保护法》等法律法规对数据跨境传输提出了具体要求，确立了在确保安全的前提下，推动数据自由、有序、高效流动的基本管理制度。

积极提升跨境流通规则制定的话语权。2021 年 11 月，我国申请加入DEPA，2022 年 8 月正式加入，且已举行多次首席谈判代表会议和技术磋商。在正式提交加入 CPTPP 的申请之后，我国对其中的多项条款进行了深入、全面的研讨与评估，整理加入 CPTPP 需要执行的改革措施以及需要修改的法律法规，力求全面符合 CPTPP 的规则标准，积极加强同各成员方的沟通和磋商。并且积极推动 RCEP 全面落地生效，为区域和全球贸易发展和经济繁荣作出重要贡献。

（二）面临的挑战

近年来，跨境数据交易活动日益频繁，为经济发展带来了新动能，但也

---

① 欧阳日辉、李文杰：《数字技术与数据交易安全治理》，《银行家》2023 年第 8 期，第 113~119 页。

② 眭占菱、刘敏：《跨境数据贸易规制的国际规约与中国因应》，《图书与情报》2022 年第 6期，第 34~42 页。

在数据安全、隐私保护、法律法规方面面临着一些挑战。

1. 数据安全挑战

数据流动和交易在日常生活中愈加普遍，但是有时候可能会带来巨大的安全风险。如今数据的流通更加自由使其价值得以发挥，有利于推动社会的发展，但同时也存在安全问题，尤其是涉及国家基础设施和敏感领域的信息，对于这些数据的错误使用可能会导致国家安全受到危害。[①] 数据的跨境交易更是如此，数据所有权和控制权分离，如果被第三方获取进而违规使用就可能会带来严重后果。目前，我国的数据跨境交易安全义务评价标准尚未完善。企业在将数据传输至境外时，只说明了自身和境外接收方的数据处理安全保障能力，未明确数据跨境传输过程中为保障数据安全所做的具体措施。而缺乏明确的数据跨境安全义务标准，企业难以识别并修补其安全缺陷，就有可能在传输过程中因网络漏洞或是恶意攻击而被第三方获取造成数据泄露。

2. 隐私保护挑战

在数字化时代，确保隐私不被侵犯成为一项关键挑战。我国规定数据处理者必须有数据安全管理能力和数据安全技术能力，并在处理数据的整个过程中，依托相应的技术，遵守相关规定，以确保数据跨境传输的安全。[②] 目前，隐私计算技术广泛应用于对数据融合需求较高的行业，但是在大规模的应用上的支持能力还需要提高。虽然隐私计算采用的加密技术可以对隐私信息进行加密，但是却需要大量的时间以及海量计算，这在大规模的商业应用中是不可行的。对于隐私计算技术的规模化应用来说，隐私计算性能的提升是十分重要的，性能好其隐私计算的数据处理能力才会好，这决定了其在实际应用场景中的适用性，进而影响数据跨境交易的发展。

3. 法律法规挑战

数据产权的法律规定尚不清晰。数据交易不同于传统交易，这与其本身

---

① 郑伟、钊阳、郑亚松：《数据贸易：发展动因、主要障碍及我国路径选择研究》，《国际贸易》2022年第11期，第64~70页。

② 苗泽一：《数据交易市场构建背景下的个人信息保护研究》，《政法论坛》2022年第6期，第55~65页。

的可复制性和非独占性有关，所以对数据交易本身的法律性质的界定就变得更加复杂。目前我国法律上还没有明确规定数据产权的归属问题，这使进行数据交易的只是一部分产权明确的数据，限制了数据交易的规模和范围，而数据交易转移的是数据的所有权或是使用权，也需要进一步的规范和明确。①

对于国家核心数据、重要数据的判定不明确，就会导致交易双方或一方对因跨境数据是否属于国家核心数据、重要数据而作出错误判断、造成违规。其一，容易造成数据处理者没有识别到这些数据进而没有执行出境前置程序。其二，如果数据识别错误将造成数据处理者把不属于数据错误的识别为核心数据和重要数据进行出境申报，加大行政监管部门的压力。

数据跨境交易不仅要考虑数据提供方所在国或地区的法律法规，还要考虑接受方所在国家或地区的法律法规，需要深入了解并遵守各国的法律和法规。② 但是目前我国主要是基于"属地原则"的数据跨境流动，"数据本地化"政策与 WTO 中的"禁止数据本地化"相悖，这导致我国难以参与以发达国家主导的多边合作，数据跨境交易得不到更广阔的发展空间。

三　跨境数据交易对中国经济和社会的影响

（一）对经济增长的贡献

跨境数据交易对中国经济增长的贡献日益显著，已经成为推动中国经济高质量发展的重要引擎。③ 在当前信息社会全球浪潮的大背景下，云计算、大数据、移动互联网以及物联网等新兴数据产业为中国在数字经济领域的崛

---

① 姚若楠：《数据流通交易法律治理的现实困局、涉外体系与破解进路》，《海峡法学》2023年第 3 期，第 10~17 页。

② 张茉楠：《加快统筹制定数据跨境流动的中国方案》，《开放导报》2023 年第 1 期，第 69~75 页。

③ 梁国勇：《全球数字贸易规则制定的新趋势与中国的战略选择》，《国际经济评论》2023年第 4 期，第 139~155、7 页。

起奠定了坚实的基础。我国通过实施一系列切实有效的政策，充分肯定了其经济价值，数据跨境流动也将继续成为推动经济发展的重要驱动力。

全球性的数据跨境流动已经产生了极大的经济增长效应。一是数据跨境流动使得数字服务贸易能够跨越地域限制，实现远程线上交付。这为中国企业提供了更广阔的市场空间，推动了数字医疗、在线办公、在线教育等数字服务贸易的快速发展。二是数据跨境流动通过数字平台连接生产者和消费者，有效支撑了跨境电子商务的蓬勃发展和在线市场的高效运营，同时，数据跨境流动也促进了国际贸易合作，推动了中国与全球经济的深度融合。此外，数据跨境流动对数字贸易及经济增长具有明显的拉动效应。据麦肯锡估测，数据流动量每增加 10%，将带动 GDP 增长 0.2%。[①]这一数据充分说明了跨境数据交易对经济增长的积极贡献。随着全球数据流动规模的不断扩大，预计到 2025 年，全球数据流动对经济增长的贡献将达到惊人的 11 万亿美元。[②] 对于中国而言，这意味着跨境数据交易将继续成为推动经济增长的重要力量，为中国经济的持续健康发展注入新的动力。

（二）对就业和技术创新的影响

跨境数据交易对就业和技术创新的影响深远且多面。在就业方面，随着跨境数据交易的兴起，数字服务贸易领域得到了快速发展。数字医疗、在线办公、在线教育等新型服务模式和跨境电子商务不断发展，为就业市场提供了大量新的岗位。这些岗位涵盖了从技术支持、客户服务到内容创作等多个领域，为求职者提供了更广泛的就业选择，同时也推动了劳动力市场的国际化。然而，随着数字化和自动化的进程加快，部分传统行业就业可能面临挑战，因此政府和企业需要加强培训和转岗安置工作。

---

① 《加强数据跨境流动探索 推动数字贸易高质量发展》，人民网，2023 年 2 月 23 日，http：//finance. people. com. cn/n1/2023/0223/c1004-32630079. html。

② 《新质观察丨数字要素如何赋能新质生产力的发展》，澎湃新闻百家号，2024 年 6 月 18 日，https：//baijiahao. baidu. com/s? id＝1802153142698032673&wfr＝spider&for＝pc。

　　跨境数据交易不仅催生了新的就业形态和机会，也极大地推动了技术创新的发展。随着数字服务贸易和跨境电子商务的繁荣，就业市场得以扩展，为劳动者提供了更多的选择。同时，数据的跨境流动促进了国际的技术合作与知识共享，为技术创新提供了有力支撑。新技术、新应用的不断涌现，不仅提升了社会生产效率，也改善了人们的生活品质。然而，这一切进步的背后也伴随着挑战，如数据安全、隐私保护以及技术普惠等问题。因此，在享受跨境数据交易带来的红利时，也需要保持警惕，加强监管和保障措施，确保技术创新和就业发展的可持续性与普惠性。

（三）对社会和公民隐私的影响

　　跨境数据交易对社会和公民隐私的影响具有双重性，既带来了积极的社会福利效应，也引发了严重的数据安全和隐私保护问题。[①] 首先，跨境数据的自由安全流动促进了社会福利的提升。通过数据的跨境流动和共享，能够推动国际社会开展多方合作，共同应对全球环境挑战，促进全球性问题的解决。尤其在新冠疫情期间，数据跨境流动在采集出行大数据、评估疫情风险等级、研发和应用疫苗等方面发挥了重要作用，为全球防疫政策的制定和防控措施的实施提供了有力支持。这种数据的共享和利用，有助于提升社会整体的福利水平，促进全球公共卫生和经济发展。然而，跨境数据交易也带来了严重的安全问题和隐私挑战。随着数据价值的不断提升，个人信息、行业数据等成为逐利的资本，数据泄露、黑客攻击等安全问题频发。跨境数据的自由流动使得个人隐私安全和国家安全面临前所未有的冲击。非营利组织发布的报告显示，数据泄露事件依然突出，对公民的隐私权和企业的商业机密构成了严重威胁。同时，数据安全已上升到维护国家安全利益的高度，成为国家关注和治理的重点。[②]

---

①　张洪荣：《粤港澳大湾区跨境数据流通交易：法律冲突与制度进路》，《广东开放大学学报》2023 年第 6 期，第 30~37 页。
②　易子榆、魏龙、蔡培民：《数据要素如何重构全球价值链分工格局：区域化还是碎片化》，《国际贸易问题》2023 年第 8 期，第 20~37 页。

因此，跨境数据交易在推动社会福利的同时，也必须重视数据安全和隐私保护。政府、企业和个人都应当加强数据安全意识，采取有效的技术手段和管理措施，确保跨境数据交易的安全和合规。同时，国际社会也应当加强合作，共同制定和完善跨境数据交易的规则和标准，促进数据的合法、安全、有效流动，实现数据价值的最大化和社会福利的提升。

四　对策建议

（一）对政策制定者的建议：加强监管、促进数据流动等

1. 深化国内数据治理体系建设，夯实数据流动的制度基础

政府需对现行的数据治理体系进行深入的剖析与审视，以优化其结构与功能为核心目标，制定一套更为全面、细致的数据治理法规和政策体系，这一体系应贯穿数据的全生命周期，从数据的采集、存储、处理到利用，每个环节都应设置明确的操作规范与标准。[1] 此外，对于数据的合规性、安全性以及隐私保护等关键问题，应予以特别关注，确保数据在流动过程中既能够高效利用，又能够得到有效保障。同时，政府应积极推动跨部门、跨领域的数据治理合作，形成协同高效的数据治理合力。通过打破数据壁垒，促进数据资源的共享与互通，实现数据价值的最大化，不仅有助于提升政府治理效能，还能够为数据的自由流动和高效利用提供有力的制度保障，为构建开放、共享、安全的数据环境奠定坚实基础。

2. 加强数据交易安全监管，筑牢数据流动的安全屏障

在推动数据交易的过程中，政府必须高度重视数据交易的安全监管问题。为此，政府应建立健全数据交易安全监管机制，明确监管职责和权限，

---

[1] 李川川、刘刚：《发达经济体数字经济发展战略及对中国的启示》，《当代经济管理》2022 第 4 期，第 9~15 页。

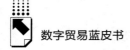
加强对数据交易平台的日常监管和风险评估，确保监管工作的有效性和权威性。① 具体而言，政府应加强对数据交易平台的日常监管和风险评估，确保其运营合规、风险可控。同时，建立实时监测和预警系统，对数据交易活动进行全天候、全方位监控，及时发现并处理潜在的安全风险。对于数据交易中的违法违规行为，应依法严惩，坚决维护数据交易市场的秩序和公平竞争。此外，政府还应积极推动数据安全技术的研发和应用，提升数据交易的安全防护能力，通过采用先进的数据加密、访问控制、安全审计等技术手段，确保数据在交易过程中的安全可控。通过这些措施的实施，政府能够筑牢数据流动的安全屏障，为数据的自由流动和高效利用提供坚实的安全保障。②

3. 促进数据共享开放政策实施，激发数据流动的创新活力

政府应积极推动数据共享开放政策的实施，以打破数据壁垒、释放数据价值为核心目标。③ 通过制定更为开放、包容的数据共享开放政策，鼓励政府部门、公共机构、企业等多元主体积极参与数据共享开放活动。同时，建立统一的数据共享开放标准和规范，确保数据的质量、安全和可控性，通过加强与 ISO、ITU、IEEE 等国际标准化组织的交流与合作，积极参与国际标准化工作，推动国内数据共享开放标准与国际接轨。此外，政府还应加大对数据共享开放平台的支持力度，推动其技术创新和服务升级。通过优化平台功能、提升服务质量，为数据需求方提供更加便捷、高效的数据获取途径，激发数据流动的创新活力，为经济社会发展注入新的动力。④

① 马述忠、沈雨婷：《数字贸易与全球经贸规则重构》，《国际经济评论》2023 年第 4 期，第 118~138 页、7 页。

② 刘金钊、汪寿阳：《数据要素市场化配置的困境与对策探究》，《中国科学院院刊》2022 年第 10 期，第 1435~1444 页。

③ 李慧杰、刘彦林、杨坤等：《全国统一大市场背景下数据交易标准体系框架研究》，《中国标准化》2023 年第 S1 期，第 59~64 页。

④ 张蕴洁、冯莉媛、李铮等：《中美欧国际数字治理格局比较研究及建议》，《中国科学院院刊》2022 年第 10 期，第 1386~1399 页。

（二）对企业的建议：提高数据安全、寻找合作伙伴等

1. 提升数据安全防护能力，构建稳固的数据安全体系

在数字化浪潮的推动下，企业应当深刻认识到数据安全对于跨境数据交易的重要性，并付诸切实的行动以提升数据安全防护能力。具体而言，企业应建立完善的数据安全管理机制，明确数据安全政策和操作规范，确保数据在采集、存储、处理、传输等环节均受到严格保护。同时，应采用先进的数据加密技术、访问控制机制和采取安全审计措施，防止数据泄露、篡改和滥用。此外，建立应急响应机制，对数据安全事件进行及时响应和处置，最小化潜在损失。为提高员工的数据安全意识，企业应定期开展数据安全培训，提升员工对数据安全的认识和重视程度，形成全员参与数据安全防护的良好氛围。通过这些措施，企业将能够构建起稳固的数据安全体系，为跨境数据交易提供坚实的安全保障。

2. 积极寻找合作伙伴，拓展数据应用领域

在跨境数据交易中，企业应积极寻求与产业链上下游企业的合作，找具有互补优势的合作伙伴，共同探索数据应用的新模式和新场景。通过与数据提供商、技术服务商等机构的合作，企业可以获取更多优质的数据资源和技术支持，提升数据处理和分析能力。同时，企业还可以与同行业企业开展合作，共享数据资源，共同开发数据应用产品，实现互利共赢。此外，企业还可以与高校、研究机构等开展产学研合作。通过合作研发、人才培养和技术交流等方式，企业可以获取最新的科研成果和技术支持，推动数据应用的创新和发展。这种合作方式有助于企业拓宽数据应用领域，提升技术水平，培养专业人才，为企业的长远发展奠定坚实基础。

3. 加强国际交流与合作，推动跨境数据交易的规范化与标准化

在全球化背景下，加强国际交流与合作对于推动跨境数据交易的规范化与标准化具有重要意义。企业应积极参与国际数据交易组织、协会或论坛，与国际同行共同制定数据交易的标准和规则，推动形成开放、合作、共赢的国际数据交易环境。同时，企业可以与国际数据保护机构加强沟通与协作，

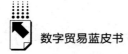

共同应对跨境数据交易中的挑战和问题，分享彼此的经验和做法，实现互利共赢。此外，开展跨境数据交易的试点项目或合作研究也是有效的方式，通过与国际企业合作，共同探索跨境数据交易的新模式和新路径。通过深化国际交流与合作，企业能够推动跨境数据交易规则的完善，有助于提升企业在国际数据交易市场的竞争力，为企业的国际化发展提供有力支持。

参考文献

张馨：《数字经济视角下"一带一路"高质量发展研究》，《科技经济市场》2022 年第 4 期。

朱海洋：《基于数据要素流通视角的数据交易平台发展现状与对策》，《中国流通经济》2024 年第 2 期。

B.6
中国数字文化贸易发展报告（2024）

近年来，随着数字技术的飞速发展，数字文化贸易正成为贸易规模增长、贸易结构优化的重要新引擎。目前，在国家政策指导下，我国数字文化贸易逐步呈现新业态蓬勃发展、数字技术助推传统文化贸易数字化转型升级、文化数据要素的市场化趋势日渐明显等特征。同时，在我国数字文化贸易发展过程中也面临数字技术在文化领域的应用与发达国家之间仍存在差距、数字文化贸易统计口径缺乏统一标准、相关监管法律法规与标准体系不健全、数字文化贸易基础设施建设和人才培养方面有待加强等问题。为此，本报告提出要加强数字技术在文化领域的应用，推动数字文化贸易普惠性发展；厘清数字文化贸易内涵，构建统一的统计口径和评估体系；实现国际数字文化资源和要素确权，完善配套的法律法规标准；加强数字经济基础设施建设，推动数字贸易人才培养模式改革；高度重视数字化平台建设，释放数字文化生产潜力，不断推动中国数字文化贸易高质量发展。

关键词： 数字文化贸易 文化数据要素 数字化转型 人才培养

作为文化强国和贸易强国的重要内容，文化贸易能够赋予文化内容以具体价值。通过文化产品、服务与知识产权交易的方式具象化地展示自身文化的特色，是最符合市场规律和国际贸易的文化交流方式。近年来，随着数字

---

* 李嘉珊，北京第二外国语学院教授，首都国际服务贸易与文化贸易研究基地首席专家，主要研究领域为文化贸易、服务贸易；刘霞，博士，北京第二外国语学院经济学院副教授，首都国际服务贸易与文化贸易研究基地研究员，主要研究领域为国际文化贸易、创新与贸易。

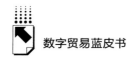

技术的飞速发展，数字技术与文化贸易的融合度日益增强，文化数字化和数字文化化的趋势越来越明显。联合国贸发会议（UNCTAD）发布的《2022年创意经济展望报告》显示，数字技术的发展正在从根本上改变文化贸易的发展模式与业态，对未来文化贸易的高质量发展具有重要意义。

一　中国数字文化贸易的发展现状

（一）国家政策指导数字文化贸易发展方向

2022年7月20日，商务部等27部门联合印发了《商务部等27部门关于推进对外文化贸易高质量发展的意见》，提出要大力发展数字文化贸易。《"十四五"文化发展规划》《"十四五"服务贸易发展规划》也明确提出大力发展数字文化贸易。2023年5月商务部、中央宣传部会同文化和旅游部、国家广电总局、外文局、中国贸促会联合印发的《关于印发对外文化贸易"千帆出海"行动计划2023年工作方案的通知》中也明确提出要推动数字文化贸易快速发展，加快培育网络文学、网络视听、网络游戏、数字出版、电子竞技等领域出口竞争优势，提升文化价值，打造具有国际影响力的中华文化符号。

（二）数字文化贸易概念和范畴日益清晰

近年来，随着数字文化贸易的飞速发展，数字文化贸易的内涵和外延也成了研究和实践的焦点。数字文化贸易是在广义数字贸易和文化贸易概念基础上，结合对数字经济时代贸易特征的认识，以及对丰富的国际文化贸易实践的提炼而形成的。基于此，本报告认为，数字文化贸易的内涵是以数字技术赋能文化贸易，以数字文化版权为贸易核心，以数字文化服务、数字文化相关产品以及数字平台文化产品为贸易标的，以数字设备及网络通信技术为依托，进行文化产品与服务跨境交易活动的总和。同时，数字文化贸易外延是指具有以上内涵反映的特殊属性的每一个对象，即数字文化贸易涉及的具体对象范围包含核心层数字文化服务贸易。数字文化相关产品贸易是数字文化服务贸易开展的重要载体，更加强调其对特定数字文化服务承载的需要；数字平台文化产品贸易指通过跨境电子商务平台和跨境电子支付平台实现的文化产品交易。在数字平台文化产品贸易方面，数字平台是数字文化贸易发展的重要保障，基于数字平台实现的数字文化产品贸易由两个方面组成：一是电子商务平台实现的文化产品贸易；二是数字时代涌现的专业化平台（如专门服务于数字文化贸易的交易平台）实现的版权、数据贸易。

（三）数字文化贸易新业态蓬勃发展

数字技术使一部分文化产品的货物形态转变为数字形态，文化贸易标的呈现数字化趋势，数字技术在文化产业价值链各环节的普遍应用，使数据信息成为生产要素新供给；通过网络通信技术手段使文化服务可存储性成为可能；数字平台服务的新场景、新业态、新模式蓬勃发展，数字平台服务赋能传统文化贸易，以上构成了数字文化贸易的本质特征。根据国家统计局数据，2022 年，数字文化新业态特征较为明显的 16 个行业小类实现营业收入50106 亿元，比 2021 年的 46960 亿元增长 6.7%，增速快于全部文化产业5.7 个百分点。2022 年文化新业态行业营业收入占全部文化产业营业收入的30.3%，比 2021 年的 28.7%提高 1.6 个百分点，占比首次突破30%。[1] 特别是在网络文学领域，数字技术的发展促进网络文学规模的迅速扩大。根据《2023 中国网络文学蓝皮书》统计数据，截至 2023 年底，网络文学用户规模达 5.2 亿人，作品总量超 3000 万部，年新增作品约 200 万部。2023 年，网络文学海外市场规模超 40 亿元，海外活跃用户总数近 2 亿人。全国 50 家重点网络文学平台的数据显示，2023 年营收规模约为 340 亿元。全年新增注册作者近 250 万人，同比增长 10%。[2]

---

[1] 《国家统计局报告显示：2022 年文化新业态营收占比首破30%》，中国政府网，2023 年 6 月 30 日，https：//www.gov.cn/lianbo/bumen/202306/content_ 6889129.htm。

[2] 《网络文学加快主流化精品化，带动中国影视剧更好"走出去"!》，腾讯网，2024 年 5 月 31 日，https：//new.qq.com/rain/a/20240531A043FI00。

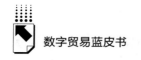

（四）数字技术助推传统文化贸易数字化转型升级

数字技术的飞速发展促进传统文化贸易领域在各方面进行转型升级。第一，传统文化贸易涉及的各个领域的数字化转型，互联网时代数据流动带来的跨国贸易便利，使得数字文化贸易实现国际贸易的增量发展。第二，数字技术在文化贸易中普及促进了文化产品与服务的生产、营销、交易等环节的转型升级，持续催生了文化创意产业的新业态和新模式。第三，促进新就业形态增加，自媒体的兴起，数字经济催生更多新职业；至 2022 年中国共标注了 97 种数字职业。① 同时，根据中国信息通信研究院的数据，到 2025 年，数字经济带动就业人数将达到 3.79 亿。② 第四，文化产业融合平台经济为发展模式注入新动力，"全方位、多形态、立体化"作为数字文化平台的突出特征，为"全人群、全天候、全品种、全自助"数字文化服务的开展提供了基础条件。

（五）文化数据要素的市场化趋势日渐明显

从需求的角度看，一方面，文化数据要素的存在与动漫、网络游戏、虚拟偶像音乐会等作为贸易标的有关，这些文化贸易标的天然带有数字基因，这也使文化资源数据以及文化数字内容的各类数据具有交易价值，成为经济活动中可以确认、评估和交易的资产。另一方面，数字文化服务贸易是将交易内容数字化并通过网络通信技术手段实现流通和贸易，如数字影音作品、数字出版、数字游戏等。通过数字化方式对文化服务内容进行储存、传输和交易。从供给的角度看，文化数据信息已经成为文化生产要素的新供给。数字技术在文化产业价值链各环节的普遍应用，促进了文化产品与服务的生产、营销、交易等环节的转型升级，持续催生文化产业新业态和新模式。数

---

① 《数字经济催生新职业》，光明网，2023 年 3 月 30 日，https：//m. gmw. cn/2023 - 03 - 30/content_ 36465367. htm。
② 《数字经济催生更多新职业 到 2025 年带动就业人数将达 3.79 亿》，光明网，2022 年 3 月 31日，https：//m. gmw. cn/baijia/2022-03-31/35627147. html。

字技术的进步使文化贸易的供给方式发生变化，"数据信息"作为供给者成为可能，取代了传统的人对人的供给模式，实现生产资料倍增效能，完成了数据对人力资本的部分替代，加速了数据要素跨境流动，提升了贸易效率。

（六）全球数字文化贸易发展为中国提供良好契机与环境

在全球数字文化贸易发展特征方面，联合国贸发会议数据显示，截至2021年，全球范围内的文化贸易额达2.08万亿美元，其中以书籍、报纸、期刊、音乐和视听媒体为主的核心文化产品贸易额为0.53万亿美元，增长率为13.4%，而以数字视听服务和版权许可费用为核心的文化服务贸易额为1.55万亿美元，增长率达19.4%。① 根据《中国数字贸易发展报告（2022）》，2022年，我国数字文化产品海外市场优势进一步巩固，2022年中国自主研发游戏的海外市场销售收入达173.5亿美元，且华语影视作品在东南亚市场的份额由2019年的不足4%升至2022年的10%，超过日本，与美国、韩国的差距显著缩小。② 目前全球数字文化贸易的快速发展主要体现在：第一，跨国公司持续主导全球数字文化贸易市场；第二，数字文化贸易成为国际贸易协定关注的重要内容；第三，数字贸易成为世界经济发展的重要推动力，美、日、韩、英及欧盟等主要国家和地区的发展战略不约而同聚焦数字文化贸易发展；第四，Newzoo的《2021年全球游戏市场报告》显示，2021年中国游戏以456亿美元的收入占到了全球近26%的市场，其次是美国，占到了全球约24%的游戏市场，而另一半市场则主要被分散在日韩、欧洲、东南亚、拉美、中东等区域。③

全球数字文化贸易的快速发展已经成为亚洲国家和地区发展的新引擎，也为中国未来数字文化贸易的高质量发展提供了良好的契机。

---

① 联合国贸发会（UNCTAD）数据库，https：//unctadstat.unctad.org/datacentre/dataviewer/US.CreativeGoodsValue。

② 《中国数字贸易发展报告（2022）》，http：//images.mofcom.gov.cn/fms/202312/20231205112658867.pdf。

③ 《游戏出海不一定是救命稻草？出海厂商前途光明道路曲折》，中国服务贸易指南网，2022年6月2日，http：//tradeinservices.mofcom.gov.cn/article/lingyu/whmaoyi/202206/134047.html。

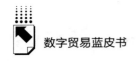

二　中国数字文化贸易发展的问题与挑战

尽管中国数字文化贸易在国家政策大力推动之下呈现良好的发展态势和前景，以数字游戏、网络文学为代表的数字文化新业态也不断涌现，我国数字文化贸易的海外竞争力也在不断提升。但是，面对数字技术的日新月异和国际竞争的日益激烈，中国数字文化贸易发展在数字技术应用、统计口径的标准化、健全法律法规体系、基础设施建设与人才培养等方面仍面临一些问题与挑战。

（一）中国数字技术在文化领域的应用与发达国家之间仍存在差距

聚焦不同类型经济体在数字文化贸易领域的发展，可以看到发达经济体占据主导地位且发展强劲，顺差不断扩大的同时，拥有绝对主导的话语权；对发展中经济体来说，互联网机遇带来了迅猛发展势头；对欠发达经济体来说，独特性成为其发展的重要契机。虽然全球数字文化贸易发展势头强劲，但仍然存在数字文化贸易在全球发展不均衡的问题。这主要是由于数字技术在全球文化领域的应用与融合度不均衡，文化多样性面临更大挑战。数字技术是文化产业数字化的技术诱因和支撑要素，其中关键数字技术更是文化产业数字化的核心驱动力。与世界先进水平相比，发展中经济体在人机交互、混合现实等文化产业领域的数字核心技术开发方面，以及类人视觉、听觉、语言、思维等人工智能技术方面，仍然存在明显差距。核心数字技术在文化产业领域应用不充分是数字文化贸易发展的主要制约因素。

（二）数字文化贸易统计口径缺乏统一标准

由于数字文化贸易的复杂性和多样性，目前国际上还没有对数字文化贸易形成统一的标准定义，进一步制约了相关统计测度。虽然有一些衡量文化贸易的基本框架，但数字化渗透度不高，且各国分类统计标准和测度方法差异明显，使各类统计数据间难以衔接，统计数据的权威性也无法确定。不同国际组织的协定、手册、统计制度和研究报告中对数字文化贸易的统计标准、统计分类和信息披露的口径也不同。统计标准的不一致不仅使不同渠道的数字文化贸易数据无法进行有效的对比分析，而且也不利于数字文化贸易国际规则制定和数字文化贸易活动的开展。

（三）数字文化贸易相关监管法律法规与标准体系不健全

数字文化贸易过程中有关数据要素等资源的确权需要国际合作，相关配套法律法规标准亟须完善。数字文化贸易具有虚拟化和平台化的特征，给传统的监管模式与治理体系带来挑战。目前，数字文化贸易相关监管法律法规与标准体系不健全，是全球数字文化贸易发展面临的一个共同难题，如云计算、大数据、信息安全等相关的标准体系建设不足，数据跨境流动分级分类制度不完善，软件和信息技术服务领域的标准化平台尚未建立。法律法规的不健全会导致发展中经济体和欠发达经济体在国际规则的制定上难以充分表达诉求。

（四）数字文化贸易的基础设施建设和人才培养有待加强

在基础设施建设方面，中国支撑数字文化贸易发展的硬件条件和生产要素规模方面仍有待进一步加强。以数字版权贸易为例，数字版权贸易作为中国数字文化贸易的重要组成部分，是数字文化贸易中不可或缺的一环。但是，选取世界上数字版权贸易较发达的 10 个国家进行综合排名，中国只排到第 7 位。[①] 目前中国在支撑数字文化贸易发展的生产要素规模，数字基础设施建设，文化数据要素的收集、存储、处理和分析能力等方面仍与数字经济发展较快的发达国家之间存在一定的差距。在人才培养方面，随着数字文化贸易的快速发展，世界各国对熟练掌握数字经济和文化贸易综合理论知识、熟悉数字文化贸易国际规则和精通数字文化贸易技巧的复合型人才需求日益增加。对中国而言，目前不仅缺乏高素质专业人才来支持数字文化贸易的发展，而且国内教育体系对人才的培养未能充分满足数字文化贸易发展的

---

① 刘旭颖：《数字文化贸易动能强劲》，《国际商报》2023 年 11 月 27 日。

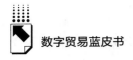

需求，导致人才供给与需求之间存在差距，人才的培养模式和培养目标有待进一步调整。

三　中国数字文化贸易发展重点关注和协调的几组关系

为了克服中国数字文化贸易发展过程所面临的一系列挑战，推动和促进中国数字文化贸易高质量、高效率发展，需要厘清和协调好以下几组关系。

（一）数字文化贸易与文化贸易中不可数字化内容的关系

随着数字技术在文化贸易领域的广泛应用，数字音乐、数字演艺、数字游戏、数字出版等各种通过数字技术进行高效流通和交付的文化贸易迅速发展，极大地丰富了各国消费者的多样性文化需求，也推动了文化产业的创新发展，且未来数字文化贸易规模将持续扩大。然而，在文化服务贸易中也存在一些不可数字化的内容，这些内容主要通过实体化的呈现与消费者进行线下交付，如现场的表演艺术、传统的文化服务体验等。这些不可数字化的内容以其独特的物质形态和文化特性，不仅满足了消费者对于实体文化服务和现场文化体验的需求，而且更重要的是这些不可数字化的内容也正是文化贸易进行传承和发展的根本所在，为未来数字文化产品贸易和文化服务贸易高质量发展提供了重要的文化资源。因此，这两者之间相互联系、相互促进、相互发展，缺一不可。

（二）文化产业数字化与文化数据产业化的关系

为了适应数字经济发展的需求，数字技术与文化产业高度融合，大大推动了文化产业数字化的进程。文化产业数字化对传统文化产业的内容、形态、运作方式等分别进行数字化的改造与升级，使更多的传统文化元素和文化内容以数字化的形式加以呈现，其涵盖数字文化生产、数字文化营销等各环节，而文化数据产业化将文化数据进行挖掘、整理、分析，形成有价值的文化数据资源库或平台，并进一步挖掘和利用这些文化数据资源，推动文化数据的创新应用和产业化、市场化发展，同时促进新文化业态的培育。这两者侧重点各有不同，但同时也相互促进，共同服务于文化产业的高质量发展。

（三）国际文化贸易人才与数字文化贸易人才的关系

近年来，随着我国文化产业和对外文化贸易的快速发展，我国对文化贸易人才的培养也越来越关注。目前我们国际文化贸易人才培养的宗旨和目标是培养具有跨文化交流能力、贸易业务知识和技巧、市场开拓能力、团队合作能力和语言能力等综合素质的复合型人才。但此类人才的培养主要以高等院校的理论教育为主，对实际的市场情况熟悉度不够，与文化企业真实的业务需求存在较大差距。面对数字文化贸易的发展需求，高校的人才培养同样也不能满足实际市场发展的需要。根据《2023年中国游戏出海研究报告》，2023年中国自主研发游戏在海外市场的实际销售收入为163.66亿美元。[1] 同时，《2023年中国网络文学发展研究报告》显示，2023年网络文学"出海"市场规模突破40亿元。[2] 因此，数字文化贸易的迅速发展为我国数字文化贸易人才的培养提供了需求和契机。未来数字文化贸易人才培养将更加侧重于培养学生掌握数字营销、电子商务、数据分析等技能，以及能够利用网络平台和数字技术管理和统筹各种数据资源的能力。

（四）国际数字文化贸易的规则与国内数字文化贸易规则的关系

为了更好地发展数字文化贸易，促进数字文化产品、服务和资源的有效跨国流动，相关领域经贸规则的国际协调至关重要。同时，在推动数字文化贸易发展的过程中，需要充分考虑国际规则与国内规则的互动关系。因此，

---

[1] 《中国游戏走向下一个二十年：市场规模首破3000亿，短视频或成最大竞争对手》，时代周报网易号，2023年12月17日，https：//www.163.com/dy/article/IM6D368H0519APGA.html。

[2] 《网络文学出海市场规模超40亿元》，《人民日报》海外版百家号，2024年3月13日，https：//baijiahao.baidu.com/s? id=1793363097041406607&wfr=spider&for=pc。

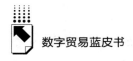
我国需要与联合国、世界贸易组织、世界知识产权组织等进行多边或双边谈判，对市场准入规则、知识产权规则、数据流动和隐私保护规则、争端解决机制、数字技术标准等进行协商，促进国内数字文化贸易规则与国际规则的协调一致。

四　中国数字文化贸易发展的对策建议

为了抓住机遇、应对挑战，在协调好以上各组关系的同时，中国需要不断提升数字文化贸易的硬实力，进一步增强数字文化产品和服务"走出去"的国际竞争优势。为此，本报告从以下方面提出对策建议。

（一）加强数字技术在文化领域的应用，推动数字文化贸易普惠性发展

促进数字技术在文化产业生产、传播、交易、消费全链条的渗透，不断提高数字技术与文化产业融合发展的适配度。可以通过多样的创作工具、丰富的表现形式、畅通的传播渠道，使全球文化的多样性得到普惠性加强，进而克服各区域间数字文化贸易发展的不均衡性，缩小中国在文化领域的数字技术应用与发达国家之间的差距。同时，数字文化贸易发展需要处理好数字技术应用与人类文化遗产保护传承之间的关系，不可因过度强调技术而忽视文化，做好两者之间的链接和转化。由于国别、区域、城乡等的数字基础设施建设程度不同，以及性别、职业、代际等因素导致的数字化差异，推动数字文化贸易发展务必要协调好数字技术与文化传承发展的关系，协调好数字基础设施与数字文化贸易高水平发展的关系。此外，全球数字贸易博览会是推动数字文化贸易发展的重要平台，对于促进全球数字经济、创意经济合作、促进文化产业国际化市场化具有深刻意义。可借助数贸会的平台与各国政产学研各界专家共同开展深入和广泛的研讨交流，更好回答、解决数字经济时代数字文化贸易发展的真问题，推进数字文化贸易高质量发展，为建成文化强国和贸易强国贡献智慧和力量。

（二）厘清数字文化贸易内涵，构建统一的统计口径和评估体系

基于数字文化贸易的概念内涵，构建统一的统计口径和评估体系对于准确衡量数字文化贸易发展规模、结构和趋势具有重要的意义。一方面，要进一步厘清数字文化贸易的内涵体系，明确哪些文化产品和文化服务属于数字文化贸易，如数字音乐、电子书、网络游戏、在线影视、数字艺术等，清晰数字文化版权在数字文化贸易的核心地位，确定数字文化服务、数字文化相关产品以及数字平台文化产品等主要贸易标的，涵盖以数字设备及网络通信技术为依托的跨境文化交易活动。另一方面，根据数字文化贸易的特点，设计合理的统计分类体系，以便对不同类型的数字文化产品和服务进行分类统计。同时，加强各国对于数字文化贸易统计标准和测度方面的统一，促进国家间统计标准的有效衔接。如通过积极参与国际组织和建立多边合作机制，共同推动数字文化贸易统计口径和评估体系的制定、完善和统一。此外，加强各国和各地区之间的数据共享，通过建立统一的数字文化贸易统计数据库，提高统计口径、框架和数据的可比性。

（三）实现国际数字文化资源和要素确权，完善配套的法律法规标准

首先，各国应就数字文化资源与数据要素的保护、管理、利用以及确权问题达成广泛共识，明确共同的目标和原则，通过建立完善的国际合作机制，如国际论坛、双边或多边协议等，促进各国在数字文化资源确权方面的合作与交流。其次，通过交流协作制定和形成各国之间统一的数字文化资源海外数据要素的确权标准。由于各国在制度文化、法律体系、经济科技等方面存在差异，应制定和形成一套灵活、可操作性较强、可衔接的国际统一确权标准，具体包括数字文化资源和数据要素的定义、分类、权属证明、权利内容、权利行使方式等。最后，不断完善文化数据要素跨境流动、交易和保护的法律法规。应制定明确、完善的文化数据要素跨境流动的法规体系，一方面，确保数据要素在合法、安全、有序的前提下进行跨境流动和交易；另一方面，推动形成知识产权

保护的国际规则体系，确保数字文化资源的创作者和文化数据要素权利人的合法权益得到保护。

（四）加强数字经济基础设施建设，推动数字贸易人才培养模式改革

习近平总书记指出，要加快新型基础设施建设，加强战略布局，加快建设高速泛在、天地一体、云网融合、智能敏捷、绿色低碳、安全可控的智能化综合性数字信息基础设施，打通经济社会发展的信息"大动脉"。[①] 对于高质量发展数字文化贸易而言，中国要继续加强5G、千兆光网等高速宽带网络建设，提升网络覆盖率和传输速度，优化网络布局，不断缩小与发达国家的数字鸿沟。我国作为数据要素资源大国，更要加强对数据要素资源存储和利用的基础设施建设。根据全球数字贸易博览会综合馆的统计数据，2022年，中国数据产量达8.1ZB，同比增长22.7%，占全球数据总产量的10.5%，位居全球第二。[②] 因此，我国要不断探索建立数字文化资源共享平台，整理和梳理如图书、文献、音频、视频、图片、数据库等现有的数字文化资料和文化数据要素资源，并对这些资料和要素资源进行有效的管理和存储。同时，通过数字文化资源共享平台，对尚未进行数字化的文化资源和内容进行数字化转化，包括对古籍、文物、艺术品等的数字化扫描、拍摄和录制，为后续的市场化、产业化和国际化奠定基础。通过加强基础设施建设，提高数据资源共享平台的运行效率，推动实现全球范围内的数字文化资源共享和互利共赢，进而带动数字文化贸易的高质量创新发展。

此外，目前数字文化产业相关领域的就业市场结构亟待完善，人才供不应求，我国未来要高度重视对数字文化贸易高素质人才的培养。[③] 特别是高等院校文化贸易人才培养模式和体系的改革，也要与时俱进，适应时代发展

---

① 《【理响中国】大力推动数字基础设施建设》，求是网，2024年4月19日，http：//www. qstheory. cn/2024-04/19/c_ 1130114824. htm。

② 《拓展全球贸易新空间——第二届全球数字贸易博览会观察》，新华社百家号，2023年11月24日，https：//baijiahao. baidu. com/s? id=1783457778423893857&wfr=spider&for=pc。

③ 李嘉珊、张筱聆：《"数字劳动"——数字创意产业下的非标准就业》，载李小牧、李嘉珊主编《中国国际文化贸易发展报告（2023）》，社会科学文献出版社，2023。

和数字文化贸易发展的需要。2024 年 4 月，人力资源和社会保障部、中共中央组织部、中央网信办、国家发展改革委、教育部、科技部、工业和信息化部、财政部、国家数据局 9 部门印发《加快数字人才培育支撑数字经济发展行动方案（2024—2026 年）》，该行动方案分别从优化培养政策、健全评价体系、完善分配制度、提高投入水平、畅通流动渠道、强化激励引导 6 个方面提出要加大政策支持力度。在此背景下，高等院校也要不断优化数字文化贸易人才培养的课程体系，增设与数字贸易、数字经济相关的课程，如电子商务、数据分析、数据要素管理、跨境电商、数字文化贸易等。并在人才培养体系改革过程中引入前沿的数字化技术、方法和工具，使学生充分了解并掌握最新的数字文化贸易技巧。同时，高度重视实践教学环节，加强行校合作，通过建立实习基地和实训基地等，为学生提供开展模拟贸易、案例分析、企业实践实习等活动的机会和平台，提高学生的实践能力和问题解决能力。

（五）高度重视数字化平台建设，释放数字文化生产潜力

2024 年 1 月 31 日，习近平总书记在中央政治局第十一次集体学习时的讲话中明确指出"科技创新能够催生新产业、新模式、新动能，是发展新质生产力的核心要素"，[①] 对于发展数字文化贸易而言，数字化平台已成为文化创新、传播和交流的重要载体，对释放数字文化生产潜力具有重要意义。数字化平台可以突破地域影响，打破传统交易的时空限制，将文化产品和文化服务迅速传输到全球各国，吸引更多的消费者，实现全球范围内的交易。同时，数字化平台还可以利用大数据、人工智能等技术手段，对消费者群体的需求进行精准分析和预测。未来要高度重视数字化交易平台的建设，加大对数字化交易平台技术创新方面的投入，进一步丰富数字化交易平台的多种交易方式，助推形成高效、便捷的全球数字文化贸易网络。

---

① 《习近平在中共中央政治局第十一次集体学习时强调 加快发展新质生产力 扎实推进高质量发展》，新华社百家号，2024 年 2 月 1 日，https：//baijiahao. baidu. com/s？id＝1789665198 906980661&wfr＝spider&for＝pc。

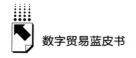

参考文献

李小牧、李嘉珊主编《中国国际文化贸易发展报告（2023）》，社会科学文献出版社，2023。

李小牧、李嘉珊、刘霞：《我国对外文化贸易的发展变革与成就分析：2012~2021年》，《国际贸易问题》2023 年第 6 期，第 52~67 页。

李嘉珊、刘霞：《助力文化强国建设，推进文化贸易高质量发展》，《光明日报》2022 年 7 月 7 日。

B.7
中国数字平台发展报告（2024）

文　磊　折乐垚*

摘　要： 　数字平台发展对于提升企业效率、降低成本以及促进企业业务转型和创新有重要意义。本报告从广告收入、增值服务、数据驱动等角度概括了中国数字平台的商业模式，并利用字节跳动和人人网两个案例分析了中国数字平台发展过程中的成败得失。在此基础上，建议政府要构建完善的法规体系，明确数字平台的法律地位、权责边界和运营规范；优化数字平台的营商环境，简化审批流程，降低市场准入门槛，为数字平台提供更多发展空间；推进数据开放共享、数据资产化与价值化以及数据资源管理的科学化，强化数字治理。企业要通过引进先进技术和自主创新，提升产品和服务的智能化、个性化水平，满足消费者日益增长的需求；重视数据安全保护，建立健全数据安全管理和评估制度。

关键词： 　数字平台　数字安全　数字贸易

数字平台是指将以数据为中心的业务管理和运营策略引入传统企业，为企业提供高效率、降低成本的核心业务流程应用。数字平台应用最广泛的领域是企业财务和生产制造系统，在这些应用中，数字平台与基于数据仓库的商业智能、数据挖掘和人工智能有机地结合起来，帮助企业实现对客户、市场和内部资源的快速反应。

随着互联网的不断发展，数字平台逐渐发展起来，数字平台是基于现实

---

* 文磊，博士，首都经济贸易大学经济学院副教授，主要研究领域为国际贸易理论与政策；折乐垚，首都经济贸易大学硕士研究生，主要研究领域为国际投资。

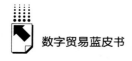

世界的虚拟空间，它是以现实社会为核心，结合虚拟世界，通过在数字世界中搭建社交、生活、经济等系统，来构建新的经济社会与产业形态，实现现实世界和虚拟世界的融合。数字平台的发展紧跟数实融合浪潮，数实融合是一个不断探索、试错、迭代创新的过程，在这个过程中风险与机遇并存。

一　中国数字平台发展概述

（一）数字平台发展历程

从 20 世纪 90 年代开始，互联网真正进入大众视野，数字平台的雏形开始显现。以搜狐、网易、腾讯和新浪为代表的门户网站平台是我国互联网兴起的第一波见证者，此时平台主要将丰富的信息资源进行分类整理，通过搜索引擎为用户提供快速查询服务，并通过广告的形式进行商业变现。平台更多是通过网络实现一对多的传播，以单边市场为主。

随着互联网的发展，传统商业活动逐渐向电子化、网络化方向演进，电商平台通过提供安全、便捷的环境促进双方交易，以淘宝、京东等为代表的企业通过构建物流体系、支付工具、差异化竞争等方式形成竞争壁垒。

互联网时代，社交娱乐平台逐渐成为人们工作和生活中用来扩充人际关系、提高情绪价值的重要方式之一，社交娱乐平台与人们的日常生活紧密融合，从即时通信到兴趣社交再到视频社交，后又逐渐延伸到游戏、购物等领域，用户黏性和使用时长显著增长。

随着搜索引擎、社交网络、电商平台的普及和发展，以移动支付、P2P融资等为代表的金融支付平台已经融入人们的日常生活，使金融模式发生了巨大变化。

随着移动互联网逐渐渗透到生活各个领域，为了进一步填补特定区域的市场空缺，将线下的业务机会与互联网相结合，以美团、饿了么等为代表的生活服务类平台逐渐出现。

操作系统平台借助先发优势迅速占领市场，并与软硬件制造商建立长期合作关系，形成相对稳定的伙伴关系。通过这种方式，它们积累了庞大的用户基础，并控制了下游应用制造商的产业链。在"马太效应"的推动下，这些平台吸引了更多用户，形成了正向循环。

随着消费互联网增长速度的放缓和红利的逐渐消失，这些平台公司调整了其投资和运营策略，将重点转向"数字与实体融合"，并加大了对产业数字化平台的探索和开发力度。

综观不同时期各类平台企业的发展历程，数字平台在不同的发展阶段会基于不同的策略，发挥平台在市场中的优势获取用户，从萌芽期的"新颖体验、免费烧钱"抢占市场，到成长期的"精准定位、病毒营销"巩固市场地位，再到成熟期的"极致体验、业务拓展"扩张市场范围，用户规模持续增长，并逐步进入盈利阶段。在这样的发展环境下，本报告进一步分析数字平台各阶段用户规模增长的策略，尝试提出"数字平台规模增长倒金字塔模型"，分析不同阶段平台采取的相应举措，促使平台用户规模持续增长。

（二）数字平台的规模和增长趋势[①]

2022 年，我国数字平台市场价值为 51194 亿美元，预计 2023 年数字平台总价值将达到 59919 亿美元。数字平台通过移动应用和网络接口与用户建立紧密的联系，运用杠杆原理将其在单一市场的影响力扩展到多个市场。这些平台在横向和纵向市场中采取排他性策略，表现出混合经营的特征，以此加强其平台生态系统的市场主导地位。2022 年，我国数字平台数量为 254家，预计 2023 年数字平台企业将达到 279 家。从市值占比来看，电子商务和社交网络平台市场占比分别为 33%、21%；其次是金融科技、本地生活和数字媒体平台，占比均在 10% 左右；医疗健康平台市场占比为 4%。

（三）主要数字平台类型和应用领域

基于功能分类可以分为交易型平台，社交型平台和创新型平台。交易型

---

① 共研产业研究院：《2023—2029 年中国数字平台市场调查与投资潜力分析报告》。

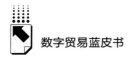

平台主要为需求交易的双方提供数字平台，目的是帮助不同类型的个人和组织完成交易。社交型平台主要是对用户提供的内容进行创造与交换，增进彼此社会交流，以加强相似观点的数字平台，通常称之为社交媒体。创新型平台①则被称为技术型平台，主要是为应用程序开发者创新开发互补软件产品提供的数字基础平台。

根据企业和个人的不同组合连接状况可以分为 B2B、B2C、C2C、C2B。B2B 试图将企业相互连接在一起；B2C 试图使企业与个人建立关系；C2C 试图在人与人之间搭建平台，以帮助个人交流信息、买卖产品、搭乘出行；C2B 试图建立从个人到企业的数字平台。

当前较为普及的网络数字平台可分为四类：第一，电商平台，如亚马逊、淘宝、eBay 等；第二，社交媒体平台，如 Facebook、Twitter、微博、QQ 等；第三，即时通信平台，如微信、WhatsApp 等；第四，共享经济平台②，如滴滴出行和共享单车等。网络数字平台还处理平台上产生的巨量信息，以此打造一个高度互联的社会分工和协同作业的网络。在这个网络中，平台通过对信息、内容和资源的持续聚合和分配，调整和影响各种经济和社会关系，产生了极其广泛的影响。

二 中国数字平台发展的驱动因素和挑战

（一）驱动因素

1. 技术创新

近几年，5G、云计算、大数据、物联网、边缘计算、人工智能和区块链等技术以及相应的商业模式正融合为一个有机整体，催生了各种云智能化

---

① 王节祥、蔡宁：《平台研究的流派、趋势与理论框架——基于文献计量和内容分析方法的诠释》，《商业经济与管理》2018 年第 3 期，第 20~35 页。
② 陈宏民、杨云鹏、王春英：《共享平台的生存空间和社会价值》，《管理科学学报》2024 年第 1 期，第 3 页。

的计算场景服务。这种融合激发了对大规模数据存储和分析、计算能力指数级增长的需求。如物联网的普及带来了大量设备接入和数据存储的需求；同时，人们对于智慧生活和自动驾驶、智能安防、智能家居等领域的需求也在推动人工智能技术的快速发展。这些庞大的连接、数据存储、计算和智能需求孕育了新的数字平台。从行业趋势和应用需求来看，多样化的数据类型和场景交互促使应用架构不断优化。因此，整合不同应用和技术、聚合数据以赋能应用、实现开放互联是发挥数字平台最大价值的关键。展望未来，数字平台有望成为企业数字服务的核心，全面推动企业的数字化转型。[①]

2.政策支持

我国对于数字化和数字平台发展的相关政策主要包括基础设施建设、人才培养、电子商务发展、数据保护、数字治理、创新创业支持、产业发展、政务数字化[②]和社会服务等方面的政策措施。

3.市场需求

中国拥有庞大基数的人口和市场规模，推动着中国互联网形成庞大的用户群，快速生成可靠的大数据，这些互联网用户皆为潜在的消费者。基于庞大的数据，数字企业可以不断吸取经验，不断更新迭代进而快速实现规模经济。

（二）面临的挑战

1.数据安全

数据作为新型生产要素，已快速融入生产制造、资源调配、运输物流、生活学习、消费服务、产业升级、科技创新等环节，深刻改变着生产方式、生活方式和社会治理方式，其发展速度之快、辐射范围之广、影响程度之深前所未有，已是推动我国国民经济发展的核心动力。数据安全已经成为国家

---

① 孙杰、高志国、张骁：《对企业数字平台建设和发展的思考》，《信息通信技术与政策》2020 年第 5 期，第 61 页。

② 高乐、李晓方：《发展高效协同的数字政务：数字中国整体布局视域下的政府数字化转型》，《电子政务》2023 年第 9 期，第 56 页。

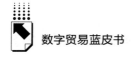

和各企业关注的重点。

在我国数字经济和信息产业蓬勃发展的同时，伴随越来越多的数据产生和流动，数据应用范围更加广阔，应用场景更加丰富，数据安全面临的风险越来越高，数据泄露、数据滥用、数据损毁、数据篡改等威胁日益凸显。[①]个人隐私泄露会影响生活甚至生命财产安危；商业秘密比如技术资料、经营数据、用户数据等，泄露可能让企业研发投资付诸东流；国家机密泄露甚至会危及国家安全。数据安全现已成为关系个人权益、公共利益和国家安全的重要因素。与此同时，随着国际形势越发严峻，数据要素价值日益凸显，[②]国外保护主义盛行，数据安全已经成为部分西方国家打击和遏制我国以数据为核心的数字经济新业态、新模式、新技术创新发展的借口和工具。

2. 隐私保护

随着互联网的普及和数字化的加速，数据量不断增长，个人信息也在平台上逐渐完善，但很多数字平台对用户个人隐私保护并不到位，一旦用户的个人隐私泄露将会给用户带来很多风险。

一是财务风险。如果银行账户信息或信用卡信息被泄露，黑客可能会利用这些信息进行欺诈和盗窃；还有身份盗窃风险，如果身份信息被盗窃，黑客可能用这些信息开设新的账户或申请信用卡。

二是健康风险。如果医疗记录被泄露，黑客可能利用这些信息进行医疗欺诈或者将信息售卖给医药公司等。

三是社交风险。如果社交媒体账户或电子邮件地址被黑客盗取，黑客可能发送"钓鱼"邮件或者恶意软件给被盗者的亲朋好友，对其名誉造成损害。

四是法律风险。如果个人信息资产被泄露，可能会违反相关的法律法规，如《个人信息保护法》。

---

① 欧阳日辉、李文杰：《数字技术与数据交易安全治理》，《银行家》2023 年第 8 期，第 113~119 页。

② 谢康、张祎、吴瑶：《数据要素如何产生即时价值：企业与用户互动视角》，《中国工业经济》2023 年第 11 期，第 137 页。

3. 竞争压力

进入数字经济时代，数字平台已经成为市场竞争的关键参与者。在这些平台上，争夺用户数量、扩大市场规模、争夺消费者的有限注意力，以及向商家和开发者提供足够的关注度，成为平台间竞争的焦点。与传统的实体平台相比，数字平台之间的竞争更为激烈，更呈现动态化和跨界化特性。市场竞争的格局和决定因素发生了显著的变化。

（1）数字市场大多呈现集中化、寡头化格局

平台经济具有较强的网络外部性，这意味着随着用户数量的增加，平台对每个用户的价值也会增加。这种现象导致平台间的竞争往往会出现"马太效应"，即赢家通吃的现象。

（2）数字平台间的竞争高度动态化

与互联网早期阶段相比，数字平台企业的竞争更为激烈，并且呈现明显的动态化特征。[1] 新一代数字技术和商业模式的快速迭代和广泛传播，加上平台经济的网络效应[2]和用户的多平台参与，导致平台企业的崛起和衰落都异常迅速。

（3）依靠"跨界"扩大竞争优势越发频繁

数字技术的广泛应用已经模糊了不同行业之间的界限，不断出现的新业态和新模式推动了平台发展向生态化和跨界化方向转变。为了增强用户黏性和提升自身的竞争优势，平台一旦在某个市场获得一定的成功，就会将其成功经验复制到其他市场，以吸引更多的用户关注。

（4）数字全球化趋势让平台竞争的国际化凸显

由于互联网的开放性及数字经济的全球化特点，很多数字平台也自然而然地进行全球化发展。[3] 一方面，数字经济不受地域限制使得平台竞争的范

---

[1] 熊鸿儒：《对数字经济时代平台竞争的几点认识》，《中国经济时报》2019 年 8 月 16 日，第 005 版。

[2] 王节祥、蔡宁：《平台研究的流派、趋势与理论框架——基于文献计量和内容分析方法的诠释》，《商业经济与管理》2018 年第 3 期，第 20~35 页。

[3] 熊鸿儒：《对数字经济时代平台竞争的几点认识》，《中国经济时报》2019 年 8 月 16 日，第 005 版。

围可以涉及全球市场。另一方面，平台发展本身也关系各国数字经济的全球竞争力。近年来，中国数字经济发展迅猛，成为数字全球化中的重要力量，但与美国等发达国家的数字巨头企业相比，我国的数字平台企业的竞争力还相对有限。随着中国国内用户和流量增长趋缓，许多本土数字平台企业开始将战略重点转向开拓国际市场，以获取新的流量增长机会。在加速国际化的过程中，这些企业将不可避免地遭遇不同细分市场的竞争对手，特别是那些在发达国家市场已经占据主导地位的大型企业。这些"行业寡头"将构成对中国数字平台企业的严峻挑战。

三　中国数字平台的商业模式和价值创造

（一）商业模式

1. 广告收入

广告收入是数字平台的重要收入来源。广告收入是数字平台通过提供免费且有价值的服务来吸引大量用户，形成高流量市场环境，再以丰富的广告位资源为广告主提供展示服务来赚取费用。[1] 广告形式包括搜索广告、社交媒体广告、视频广告、信息流广告等，如微信、微博等，在用户信息流中展示广告；视频平台爱奇艺、腾讯视频等，在视频播放前、播放中、播放后展示广告。广告主根据广告的曝光度、用户点击率或实现的转化次数等向平台支付费用。随着大数据和人工智能技术的应用，广告投放变得更加精准和高效，广告转化率不断提高，数字平台的广告收入占比稳步增长。

2. 增值服务

增值服务也是数字平台的重要收入来源。增值服务是指数字平台通过提供额外的、非基础性的服务来满足用户的特定需求，从而为平台带来额外的收益。增值服务通常包括会员服务、虚拟商品销售、游戏内购买、在线教

---

[1]　杨天宇：《数字垄断资本的政治经济学分析》，《当代经济研究》2024 年第 1 期。

育、金融服务等，如京东 Plus 会员服务，为用户提供免费配送、优先购买、会员专享优惠等；腾讯游戏、网易游戏等平台，通过销售虚拟道具、皮肤、角色等虚拟商品为玩家提供特定服务。增值服务的推出，不仅丰富了数字平台的收入来源，也提升了用户体验，提高了用户黏性，有助于构建更加完善的数字平台生态系统，最终实现整体生态系统的价值共创。[①]

3. 数据驱动

数据驱动是数字平台的关键增长引擎。数据驱动模式是指数字平台利用大数据分析、人工智能、机器学习等技术，对用户行为、市场趋势、产品性能等进行深入分析，从而优化决策、提升用户体验、创新服务和产品，创造商业价值。[②] 平台通过数据分析可以更好地理解用户需求和行为模式，提供个性化推荐、精准营销等服务。淘宝、天猫等电商平台通过分析用户购物历史、搜索行为、浏览习惯等数据为用户推荐相关偏好商品；社交媒体平台通过分析用户兴趣和社交关系，构建用户画像，实现内容的个性化推送和广告的精准投放。此外，数字平台还可通过数据挖掘发现新的商业机会，或将数据作为资产进行交易，为其他企业提供数据服务，如市场研究、用户洞察等。

（二）价值创造

1. 对消费者的影响和价值

首先，数字平台改变了消费者的信息获取方式和消费决策机制。在数字平台的影响下，消费者能够通过网络平台轻松获取商品信息、用户评价和价格比对等多元数据，提供更加全面、透明的市场视图，减少消费者购买决策中的信息不对称问题，提高消费者福利。其次，数字平台通过优化

[①] M. Jovanovic, D. Sjödin, V. Parida, "Co-evolution of Platform Architecture, Platform Services, and Platform Governance: Expanding the Platform Value of Industrial Digital Platforms," *Technovation* 118（2022）, pp. 102−218.

[②] 唐要家、李毓新：《数据驱动的平台市场势力及其福利效应》，《产经评论》2023 年第 5 期，第 5 页。

供应链、降低交易成本、提供个性化推荐和定制化服务提升了消费者的消费体验。平台利用算法和大数据分析，精确了解消费者的需求和偏好，提高信息搜索效率，满足消费者对个性化、差异化以及便利化的需求，数字平台通过创新商业模式和拓宽服务领域，为消费者创造了更多的价值增长点。[①] 如平台通过搭建生态系统，整合线上线下资源，为消费者提供"一站式"购物体验；发展跨境电商，引入国际优质商品，为消费者提供了更多选择范围等；共享经济的发展实现了资源的优化配置和高效利用，为消费者提供了更经济便捷的服务。此外，数字平台也赋予了消费者更大的话语权，平台社交功能使消费者在市场中的角色从被动接收者转为积极参与者，通过在线评价或反馈来影响其他消费者的购买决策，增强社会互动。

2. 对企业的影响和价值

首先，数字平台通过提供高效的信息交流和交易机制，极大地降低了企业的运营成本和市场准入门槛。数字平台凭借其强大的网络效应迅速聚集用户和资源形成规模经济，降低了传统实体交易成本，使企业能够以更低的成本快速进入市场，触达更广泛的潜在消费用户。[②] 同时，数字平台促进了产业链的垂直整合和水平扩展，优化供应链管理、产品开发、市场营销等多个环节，推动企业跨界合作和协同创新。[③] 其次，数字平台推动了企业决策的信息化和智能化，促进企业转型创新。借助大数据分析、人工智能等先进技术，数字平台为企业提供了精准的用户画像和市场分析，使企业能够灵活地调整业务模式和产品策略，数字平台的广泛覆盖和即时性特征，也使企业能够快速响应市场变化，缩短产品从设计到市场的周期，加快创新步伐。同时，数字平台还提升了企业的竞争力，并扩大了市场份额。通过数字平台，企业可以更加快捷地获取市场和竞争对手的信息，制定更加

---

① 肖静华、吴瑶、刘意、谢康：《消费者数据化参与的研发创新——企业与消费者协同演化视角的双案例研究》，《管理世界》2018 年第 8 期，第 154 页。

② C. Panico, C. Cennamo, "User Preferences and Strategic Interactions in Platform Ecosystems," *Strategic Management Journal* 43（2022），pp. 507-529.

③ 焦豪、杨季枫、王培暖、李倩：《数据驱动的企业动态能力作用机制研究——基于数据全生命周期管理的数字化转型过程分析》，《中国工业经济》2021 年第 11 期，第 174 页。

有效的竞争策略。同时，数字平台上的营销推广和品牌建设手段也为企业创造了更多提升影响力和塑造品牌形象的机会，从而提升企业的市场竞争力。

3. 对社会的影响和价值

首先，数字平台显著提升了社会的信息化水平，加速了信息传播和知识共享。数字平台极大地促进了信息的流通和共享，使社会各领域可以随时随地获取、使用以及传播信息，拓宽了知识视野，加速了社会的现代化进程。[1] 其次，数字平台推动了经济的数字化转型，加速了传统产业的升级和新兴产业的发展。数字平台通过优化资源配置、提高生产效率、降低成本等方式，助力传统产业的转型升级，催生了诸多新兴产业和业态，如电子商务、共享经济、在线教育等，为社会经济发展注入了新的活力。再次，数字平台促进了社会公平与公正。数字平台打破地域和时间限制，使更多人能够享受优质的教育、医疗、文化等服务资源，缩小了城乡差距。同时，还为中小企业提供了广阔的市场空间和平等的竞争机会，激发创业创新活力，帮助弱势群体实现自我价值和社会融入，推动了就业增长，促进了社会的和谐稳定。此外，数字平台对社会治理和公共服务也有积极影响。数字平台能够为政府提供决策支持，优化公共服务的供给和治理效率，同时，平台还为社会监督提供了便捷的渠道，提高了社会的透明度和政府公信力。[2]

四 案例分析

（一）成功案例：字节跳动

数字平台，作为信息时代的重要产物，通过运用大数据、云计算、人工

---

[1] 冯军政、王海军、周丹、金姝彤：《数字平台架构与整合能力的价值创造机制研究》，《科学学研究》2022 年第 7 期，第 1244 页。

[2] 刘学：《数字平台参与社会治理的三重角色——基于组织的视角》，《浙江社会科学》2023 年第 11 期，第 93 页。

智能等先进技术，实现了用户、内容、广告商之间的有效连接与互动。近年来，中国数字平台行业呈现蓬勃发展的态势，众多企业凭借创新业务模式和技术优势，在全球市场中崭露头角。字节跳动作为其中的佼佼者，以其独特的算法推荐技术和全球化的战略布局，在数字平台领域取得了显著成就。

字节跳动成立于 2012 年，是一家全球性的科技公司，其业务覆盖了 150 多个国家和地区、75 个语种，[①] 且在多个国家和地区的应用商店总榜中名列前茅，成为中国最具实力的互联网巨头之一。图 1 为字节跳动的主要产品的拓展历程，其底层商业逻辑是围绕用户流量，形成数据生产和数据消费互动，驱动企业不断进入新的领域。本报告将详细剖析其成功因素。

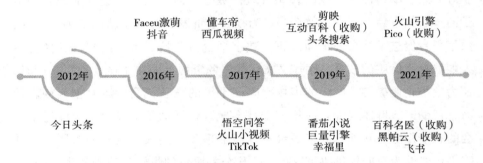

图 1   字节跳动主要产品的拓展历程

资料来源：作者根据相关数据自行绘制。

1. 数据驱动的个性化推荐算法

字节跳动的核心优势之一是其基于数据驱动的个性化推荐算法，通过深入分析用户行为数据，全面了解用户的兴趣和关注点，以今日头条和抖音等产品为数据生产的核心平台，收集和生成各种数据（如文章、视频、信息等），然后准确地将这些数据推送给相应的用户，形成信息流。同时，通过对大量用户流量的调控和分配，字节跳动创造出热门内容，打造现象级产品，从而推动数据的生产和消费。这一技术极大地提升了用户体验和用户黏

---

① 《字节跳动是怎么做商业化的?》，2021 年 4 月 1 日，https：//www.xmtyy.net/dingtou/ 30507. html。

性，助力字节跳动的产品迅速形成庞大的用户基础和广泛的市场覆盖。据 data. ai 11 月公开数据，TikTok 在美国拥有超 1.2 亿活跃用户，巴西以 9292 万活跃用户位列第二，紧随其后的是孟加拉国和墨西哥，分别拥有 7509 万和 6860 万活跃用户，TikTok 月活跃用户达到 10 亿，[①] 这一庞大的用户群体为平台带来了巨大的流量和广告收入潜力。

2. 商业模式创新

2022~2023 年，字节跳动一直以 30%~40% 的增速稳健前行，2022 年字节跳动的营收约为 852 亿美元，同比增长 38%；2023 年字节跳动在全球范围内实现了惊人的 1200 亿美元收入，同比增长约 41%，[②] 增长韧性超乎预期。字节跳动的收入主要依赖于广告收入，2020 年、2021 年广告收入分别占字节跳动总营收的 74%、69%。2022 年我国网络广告行业 CR4 为 77.54%，字节跳动占比为 23%，[③] 这得益于其完备的产品矩阵、稳固的用户流量和效率优先的广告投放策略。

字节跳动主要以"信息流广告+搜索广告"双引擎的形式进行互联网广告业务。字节跳动基于庞大流量基数以信息流广告起家迅速完成商业化，而后坚决发力搜索，发挥信息流曝光与主动搜索间的联动链条作用，显著优化了用户体验。同时，字节跳动也以电子商务、内容付费、直播打赏等多种方式实现了盈利。

3. 多元化产品矩阵

字节跳动构建了一个多元化的产品矩阵，覆盖新闻资讯、短视频、社交、教育等领域，打造了庞大的数字内容生态系统。[④] 其中，今日头条以个性化新闻推荐为核心，在新闻资讯市场取得了显著成就，抖音则是短视频领

---

① 《TikTok 2024 展望：收入增半+电商翻倍，好实现吗?》，腾讯网，2024 年 1 月 8 日，https://new.qq.com/rain。

② 资料来源于字节跳动 2023 年财务报表。

③ 《超越腾讯！字节跳动 2023 年营业收入被曝达 1100 亿美元》，搜狐网，2023 年 12 月 21 日，https://www.sohu.com/a/745893737_ 114835。

④ 坚瑞、廖林娟、谢晓佳：《数智时代平台型企业服务生态系统价值共创演化机理研究——以字节跳动为例》，《福建论坛》（人文社会科学版）2023 年第 8 期，第 97 页。

域的领导者，通过独特的算法推荐和内容形式，吸引了大量年轻用户，并通过开放平台策略，与众多创作者、品牌合作，共同打造充满活力的内容生态。西瓜视频、飞书、懂车帝等产品的推出进一步丰富了字节跳动的产品线，满足了用户的不同需求。此外，字节跳动还通过外延式收购，进一步壮大了其产品矩阵，如收购锤子手机等拓展硬件生态。字节跳动的不断创新，保持了其竞争力，多元化的产品矩阵为其快速发展奠定了坚实的基础。

4. 国际化战略

字节跳动的国际化战略是一个系统性的、多层次的进程。自 2015 年开始，字节跳动就着手海外市场的布局，推出了多款具有国际影响力的产品，如 TikTok、Lark、Helo 等，旨在构建一个全球化的生态系统。[①] 在新闻资讯领域，今日头条的海外版 TopBuzz 应运而生，随后又投资了印度最大的新闻聚合平台 Dailyhunt，进一步扩大其在海外市场的影响力。此外，字节跳动还通过收购 Musical. ly 并将其与 TikTok 合并，成功打入北美市场，这一战略举措为其带来了庞大的用户群体。面对不同国家和地区的多样化市场需求，字节跳动采取了本地化策略，推出了适合当地用户习惯的产品，如在印度推出的 Helo 和音乐平台 Resso，这些产品不仅满足了当地用户的需求，也帮助字节跳动在海外市场获得了更多的用户和市场份额。

5. 社会责任和合规经营

字节跳动在履行社会责任和合规经营方面也表现出积极的态度和实际行动。[②] 公司通过公益平台如"字节跳动公益"支持教育、扶贫等社会事业，同时利用其技术优势，如"头条寻人"项目，帮助社会弱势群体。在用户隐私保护上，字节跳动遵循国际数据保护标准，如 GDPR，确保用户信息安全，并提供隐私政策和数据管理工具。内容安全方面，公司结合人工智能和人工审核，有效管理平台内容，防止不良信息传播，并与全球监管机构合

---

① 张闯、孙冬白、单宇、王成岐：《数字平台国际化与生态优势构建的协同演化——基于 TikTok 的案例研究》，《经济管理》2023 年第 11 期，第 27 页。

② 邢小强、汤新慧、王珏、张竹：《数字平台履责与共享价值创造——基于字节跳动扶贫的案例研究》，《管理世界》2021 年第 12 期，第 152 页。

作，确保内容合规。面对国际市场的法律法规差异，字节跳动建立了本地化团队，确保业务操作符合当地法律要求，如在美国，面对 TikTok 可能面临的禁令，字节跳动积极配合美国政府的调查，并提出了一系列改进措施，以保障运营透明度和用户数据安全等。

（二）教训和反思：人人网

人人网曾是中国早期最大的社交网络平台之一，前身是校内网，成立于2005年，主要面向大学生群体。凭借 Facebook 的商业模式复制和本土化创新，人人网迅速在校园内获得了巨大的成功。然而，随着时间的推移，人人网逐渐失去了市场主导地位，最终在 2018 年以低价出售给了多牛传媒。其失败的原因可以从以下三个方面进行分析。

1. 产品创新滞后

人人网未能准确把握移动互联网的发展趋势，错失转型的关键时期，管理层的决策问题导致产品发展方向偏离了市场需求，无法有效吸引和留住用户。在移动互联网兴起的时代，人人网仍然固守 PC 端的产品形态，没有及时推出适应移动端的优秀产品，导致用户流失。

2. 市场竞争优势弱

人人网面临着来自微博和微信等平台的激烈竞争。微博在信息传播和社交互动方面满足了用户的需要，而微信则凭借其强大的社交关系链和便捷的通信功能，吸引了大量用户。人人网在应对这些竞争时，在功能更新和用户体验上滞后于竞争对手，没有展现出足够的竞争力和差异化优势。

3. 发展战略不匹配

人人网在上市后的几年里，过于关注资本运作和盈利，而忽视了产品研发和用户体验。为了追求利润，人人网曾尝试多种商业模式，包括在线广告、游戏推广等，这些做法未能清晰界定目标用户群体，导致了用户黏性不足，社交氛围受到广告和小游戏泛滥的破坏，用户体验下降，用户大量流失。

从人人网的失败中，可以总结出以下经验教训。首先，产品创新是数字平台发展的核心，在竞争激烈的互联网市场中，创新和技术迭代是企业保持竞争力的关键，数字平台应时刻关注用户需求的变化，加大研发投入力度，推动技术创新和产品升级，以满足市场的不断变化和用户需求的升级。其次，在竞争激烈的市场环境中，数字平台要深入研究市场环境和竞争对手，制定精准的竞争策略，找到自己的差异化优势，通过差异化服务来获得市场份额，以应对来自竞争对手的压力。同时，企业应平衡好短期利益和长期发展之间的关系，应注重内容质量和用户体验，避免过度关注利润而忽视核心业务的发展。最后，用户体验是数字平台发展的基石，企业应注重提升用户体验，以赢得用户的忠诚度和市场份额。

五　对策建议

（一）对政策制定者的建议

首先，政策制定者要构建完善的法规体系，以明确数字平台的法律地位、权责边界和运营规范，建立快速反应机制，及时修订和完善法律法规。同时，关注数字平台在数据安全和隐私保护方面的问题，建立完善的监管机制，对数字平台的运营情况进行定期检查和评估，推动数字平台加强自律，提高行业整体的诚信度和责任感。其次，政策制定者要优化数字平台的营商环境，简化审批流程，降低市场准入门槛，为数字平台提供更多发展空间，加大监管力度，确保数字平台在合法合规的框架内运营，防止市场垄断和不正当竞争行为的发生。同时，推进数据开放共享、数据资产化与价值化以及数据资源管理的科学化，强化数字治理，优化数字环境，增强公众对数字技术的信任和接受度。再次，政策制定者应加大对数字平台的技术支持和资金投入力度，促进数字平台的可持续发展。通过设立专项资金、实施税收优惠等措施，鼓励数字平台在技术研发、模式创新等方面的创新应用。最后，政策制定者应关注数字平台在推动社会经济发展中的积极作用，充分利用数字平台的信息优势和技术优势，推动传统产业转型升级、提升公共服务水平、促进就业创业等。同时，加强数字平台在乡村振兴、扶贫攻坚等方面的应用，让数字平台的发展成果惠及更多人民群众。

（二）对企业的建议

首先，企业要不断加强技术创新，加大研发投入，紧跟大数据、云计算、人工智能等前沿技术的步伐。通过引进先进技术和自主创新，提升产品和服务的智能化、个性化水平，满足消费者日益增长的需求。同时，企业应建立健全技术创新体系，完善研发机制，为技术创新提供有力保障。其次，企业应高度重视数据安全保护，建立健全数据安全管理和评估制度，确保在数据的收集、存储、处理和使用过程中严格遵守相关法律法规，加强数据加密、备份和恢复等技术手段的应用，防范数据泄露、网络攻击等潜在风险，维护企业的名誉和客户信任。同时，企业要制定全面的人才战略。通过内部培训、外部引进等方式，培养具备数字化思维与技能的专业人才，建立激励和保障机制，激发员工的创新活力，同时，加强与科研机构、高校以及国际组织的合作交流，推动产学研深度融合与数字平台在全球范围内的协同发展，加速科技成果的转化。此外，企业要充分利用数字平台的优势，加强品牌建设与市场推广。通过精准营销、内容创新等手段，提升品牌知名度和市场份额。同时，企业应关注数字平台在供应链管理、物流配送等方面的创新实践，优化运营流程，降低成本，提高效率。

参考文献

王娟：《数字金融在商业银行支付领域的研究应用》，《全国流通经济》2023 年第 21 期。

张天顶、龚同：《"数字鸿沟"对 RTA 数字贸易规则网络发展的影响：从"信息鸿沟"到治理壁垒》，《中国工业经济》2023 年第 10 期。

《工业和信息化领域数据安全管理办法落地》，中国工业新闻网，2022 年 12 月 20 日，www.cinn.cn/p/263962.html。

专题报告

B.8
RCEP 与我国数字服务贸易的发展[*]

王海文　刘佳怡[**]

摘　要：　随着数字技术的迅猛发展，全球数字服务贸易取得了显著进步，有望成为全球经济增长的"新引擎"。数字服务贸易不仅在全球服务贸易中占据了日益重要的地位，成为主导力量，而且也为全球经济的繁荣注入了新的活力。除此之外，RCEP 的签署为我国及其伙伴国在数字服务贸易领域的合作与发展带来了前所未有的新契机，进一步催生了该领域的创新活力。面对当前的形势，本报告认为要持续优化产业结构，促进服务业数字化转型；积极对接数字贸易国际规则，融入全球贸易体系；加强技术交流协作，畅通数据共享和系统互认渠道；加强数字基础设施建设，强化数字服务贸易发展动力，通过采取这些措施，我国将不断提升 RCEP 框架下的贸易效益，为数字服务贸易的高质量发展注入新的动力。

---

* 本报告为 2023 年北京市高等教育学会面上项目"服务贸易数字化转型与人才培养的产教融合路径及典型案例研究"的阶段性成果。

** 王海文，博士，北京第二外国语学院经济学院院长、教授，首都国际服务贸易与文化贸易研究基地研究员，主要研究领域为国际文化贸易、国际服务贸易；刘佳怡，北京第二外国语学院经济学院硕士研究生，主要研究领域为国际文化贸易、国际服务贸易等。

关键词：　　RCEP　　数字化转型　　服务贸易　　数字经济

一　问题的提出

伴随数字经济推动服务全球化的深入发展，服务贸易愈加成为重构国际经贸格局、推动经济高质量发展的重要力量。"十三五"时期，我国服务贸易进出口总额累计达到 3.6 万亿美元，比"十二五"时期增长 29.7%，实现总量规模的稳定增长，在稳外资、稳外贸、稳投资、稳就业中发挥了至关重要的作用，同时为"十四五"时期服务贸易高质量发展奠定了坚实基础。[①]

2020 年 11 月 15 日，由东盟十国发起，包括东盟、中国、日本、韩国、澳大利亚与新西兰在内的 15 个成员国正式签订《区域全面经济伙伴关系协定》（RCEP）。从条款内容来看，服务贸易是 RCEP 重要的组成部分，RCEP 成员国承诺开放超过 100 个服务贸易部门，涵盖金融、电信、专业服务等领域，与之前的国际协定和规则相比，RCEP 的服务贸易条款实现了一定突破。另外，在 7 个成员国决定采用负面清单开放方式的同时，其余成员国也承诺在 RCEP 生效后 6 年内会转为负面清单开放，中国的服务贸易开放承诺已达到现有自由贸易协定的最高水平。[②]

从成员构成的角度看，RCEP 无疑是当今世界上参与人口最多、成员结构最多元的贸易协定之一。它囊括了全球约三成的人口、经济体量和贸易总额，这象征着全球约三成的经济力量汇聚成一个庞大的统一市场，从而使 RCEP 成为目前规模最大的自由贸易协定之一。与此同时，鉴于数字经济的高效性及其对服务贸易的深远影响，我国作为这一框架中最大的发展中国家，在全球竞争中需紧抓数字服务贸易快速发展的机遇。

---

① 资料来源于商务部。
② 《中国加强与东盟等 RCEP 成员合作，将推动区域产业链重构与升级》，《21 世纪经济报道》2024 年 3 月 26 日。

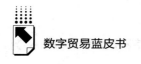

二 RCEP 关于数字服务贸易的规定解析

（一）重要协定条款内容及指向

RCEP 内容翔实，包括序言部分、20 章和 4 个有关市场准入义务的附加条款，体现了协定内容的现代性、全面性、高层次和互惠性。这项协定一经执行，15 个国家将致力于降低关税，开放市场，减少贸易壁垒，使 90% 的商品达到零关税。在知识产权、数字贸易、竞争中性和政府采购等方面，对发展中国家实行了特别优待。

具体到数字服务贸易领域，RCEP 的相关规定翔实而全面，包括第 8 章的附件 1 金融服务和附件 2 电信服务，第 11 章关于知识产权的条款，以及第 12 章电子商务的相关内容（见表 1）。这些章节和附件共同构成了 RCEP 在数字服务贸易领域的完整规则体系，为成员国之间的合作与发展提供了坚实的法律基础。

表 1　RCEP 数字服务贸易主要条款分布

章节	条款
第 8 章附件 1 金融服务	信息转移与信息处理（附件 1.9）
第 8 章附件 2 电信服务	接入和使用（附件 2.4）、技术选择的灵活性（附件 2.21）
第 11 章知识产权	域名限制（第 55 条）、保护电子信息权利（第 15 条）、数字框架下的反侵权（第 75 条）
第 12 章电子商务	一般条款（第 1~4 条）、贸易便利化（第 5~6 条）、为电子商务创造有利环境（第 7~13 条）、促进跨境电子商务（第 14~15 条）、其他条款（第 16~17 条）

资料来源：中国自由贸易区服务网，http://fta.mofcom.gov.cn/。

从内容来看，RCEP 协定在电子商务章节中，对数字服务贸易的多个方面进行了规定。这些条款包括鼓励无纸贸易、有限免税、保证电子认证与电子签字的合法性等，为电子商务的发展和贸易促进提供了良好的环境。另外，协议还对消费者权益保护、个人信息保护和网络安全保护等重点内容进行阐述，以保证在不损害用户权益、行业竞争秩序和公众利益的前提下，促进电商行业的健康发展。在通信领域，RCEP 也有相应的条款。该条款的目的是保证一国电信公司在进入其他国家之后，可以以不受歧视的方式和代价获取有关的基本资源。此外，该协议还通过规制方式、竞争保护条款和技术选择条款来保证竞争的充足性和技术选择的弹性。

此外，RCEP 协定还涵盖了数字服务贸易的其他重要方面，如知识产权保护、金融数据传输监管等。这些规定旨在构建一个公平、透明、可预测的数字贸易环境，促进各成员国间的数字服务贸易合作。

（二）与其他协定相关条款的比较

随着数字经济的不断发展，数字服务贸易条款在贸易协定中的重要性日益凸显。自 21 世纪以来，数字服务贸易条款在贸易协定中的出现频率不断攀升，同时，参与其中的发展中国家数量也在稳步增长。RCEP 的数字服务贸易规则凸显出强大的包容性特质，其核心目标在于缩小亚太地区数字鸿沟，推动各国数字经济的均衡发展。目前全球比较有代表性的协定有CPTPP、USMCA、RCEP 等。

RCEP 的数字服务贸易规则展现出显著的灵活性。一方面，相较于CPTPP，RCEP 更加聚焦各国监管环境的差异性，允许成员国基于合法的公共政策目标，对数据跨境流动和计算设施本地化实施监管。这一做法旨在确保在推动贸易自由化的同时，兼顾各国不同的监管需求。另一方面，RCEP 在电子商务章节中设置了多项保护基本安全利益的例外条款，这些条款在确保数据跨境流动的同时，也充分考虑了成员国在维护国家安全和公共利益方面的需要。与之相反，CPTPP 和 USMCA 则更侧重于数据的完全自由流动，较少考虑不同国家发展进程的差异，也未设计相应的例外条款。

与其他协议相比，RCEP 的数字服务贸易规则显著强化了对安全性的考量，尤其体现在对各国数据主权的尊重上。与传统贸易相比，由于数字服务贸易包含海量数据信息，往往与国家信息安全紧密相连。因此，妥善解决数字服务贸易引发的国际争端成为各国必须正视的重要议题。与 USMCA 中相对模糊的数字服务贸易争端解决机制不同，RCEP 明确规定了双层结构的争端解决框架，这一机制更加公正和高效，能够更有效地应对和解决数字服务贸易中的争端问题。①

尽管作为当前涵盖区域最广、人口最多的自由贸易协定，RCEP 具有显著的影响力，但其在数字服务贸易方面也存在一定的局限。一方面，与 CPTPP 相比，RCEP 在数字服务贸易的某些条款上尚未全面覆盖，如数字产品的非歧视待遇、互联网互通费用的分摊机制以及源代码问题等。这些未涉及的领域可能限制了 RCEP 在数字服务贸易领域的全面性和深度。另一方面，在探讨 RCEP 实施的过程中，不同成员国在监管框架和理念认知上的差异是一个显著的障碍。特别是东亚地区监管结构的多样性和"非整合性"特点尤为突出，这些差异可能会催生区域内的数字服务贸易壁垒，进而对市场的顺畅运作构成阻碍，对落实 RCEP 的统一性和效果产生挑战。

三 我国与 RCEP 主要成员国间的数字服务贸易发展现状

（一）贸易规模和结构状况

由图 1 可看出，2010~2022 年，数字服务贸易进出口规模变化较为同步。其中，2015 年受全国贸易额大幅度下降等因素影响，我国数字服务贸易进出口额也受到很大的影响。同时可以发现，在 2014 年之前，我国的数字服务贸易呈现逆差状态，且贸易逆差逐渐增大。2014 年，进出口贸易额基本持平。2017 年以后，我国数字服务贸易顺差持续扩大。

---

① 黄瀚乐、康学芹：《RCEP 数字贸易规则的研究分析及未来发展建议》，《现代商业》2024
年第 6 期，第 97 页。

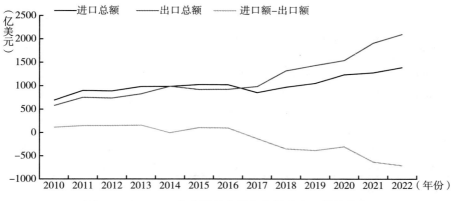

图 1　2010~2022 年中国数字服务贸易进出口额及差额

资料来源：作者根据 UNCTAD 数据库数据整理所得。

从世界及中国的数字服务贸易出口规模来看，我国在全球范围内的竞争力还有待提高。如表 2 所示，从全球范围来看，2011 年以来，全球数字服务贸易的出口额已经超过了全球的一半，并且所占的份额也在不断增加，到了 2020 年，这个比例已经上升到了 65%，约占全球服务贸易的 2/3。以中国为例，数字服务贸易的出口额占比从 2010 年的 32.50% 上升到了 2020 年的 55.51%，数字服务贸易出口额及占服务贸易的比重大幅上升。2021~2022 年，我国数字服务贸易占比有所下降。

表 2　2010~2022 年世界与中国数字服务贸易出口规模及其占服务贸易的比重

单位：亿美元，%

年份	数字服务贸易出口规模		服务贸易出口规模		占比	
	世界	中国	世界	中国	世界	中国
2010	18928.40	576.53	38322.30	1773.84	49.39	32.50
2011	21666.23	750.07	43230.18	2002.94	50.12	37.45
2012	22410.26	736.54	44436.84	2005.86	50.43	36.72
2013	23961.31	825.49	47278.55	2057.78	50.58	40.12
2014	26198.71	990.24	50385.53	2180.86	52.00	45.41
2015	25383.89	919.44	47990.10	2289.19	52.39	40.16
2016	26262.78	924.37	48569.46	2067.91	54.07	44.70

续表

年份	数字服务贸易出口规模		服务贸易出口规模		占比	
	世界	中国	世界	中国	世界	中国
2017	28404.20	983.76	52976.55	2263.93	53.62	43.45
2018	31517.92	1321.37	58337.01	2650.88	54.03	49.85
2019	32624.10	1437.75	59845.77	2820.69	54.51	50.97
2020	31994.38	1543.75	49206.52	2780.84	65.02	55.51
2021	38170.50	1914.90	62099.34	3926.88	61.47	48.76
2022	39419.25	2105.4	71270.56	4223.33	55.31	49.85

资料来源：WTO 数据库。

从表 3 关于 2013~2022 年中国数字服务贸易分行业出口额来看，ICT 服务及其他商务服务的出口额占据了很大比例，但是文化娱乐服务的贸易总量很小，2015~2020 年文化娱乐服务贸易在我国数字服务贸易中占比约为 0.8%，这说明我国在文化娱乐服务贸易领域的竞争力并不强。此外，2013~2022 年，中国企业的知识产权使用费出口增长迅速，从 2013 年的 8.87 亿美元增长到 2022 年的 135.39 亿美元，增长了 14 倍，这是中国企业自主创新能力不断增强的重要标志。

表 3　2013~2022 年中国数字服务贸易分行业出口额

单位：亿美元

年份	ICT 服务	金融服务	保险和养老金服务	文化娱乐服务	知识产权使用费	其他商务服务
2013	170.98	31.85	39.96	1.47	8.87	572.35
2014	201.73	45.31	45.74	1.75	6.76	688.95
2015	245.06	22.14	49.74	7.29	10.71	584.52
2016	256.11	32.14	41.54	7.44	11.54	575.60
2017	268.60	36.94	40.46	7.59	47.62	582.55
2018	470.58	34.82	49.23	12.14	55.62	699.00
2019	538.66	39.14	47.83	12.02	66.55	733.55
2020	590.34	42.68	54.50	12.97	88.79	754.46
2021	769.92	51.07	53.07	—	119.48	—
2022	829.23	51.72	45.44	—	135.39	—

数据来源：根据 UNCTAD 数据库筛选可数字化交付服务贸易分类获得。

从表 4 可知，在我国数字服务贸易分行业进口额中，除保险和养老金服务，其余 5 种的进口额整体呈现增长态势，这反映了数字服务贸易在全球范围内的普及和需求的增加。其中，ITC 服务从 2013 年的 76. 24 亿美元增长至 2022 年的 380. 33 亿美元，增长了近 4 倍。随着技术的不断发展和数字化转型的加速，全球对 ITC 服务的需求持续增长。文化娱乐服务从 2013 年的 7. 83 亿美元增长至 2019 年的 40. 8 亿美元，增长了 4 倍。2020 年，各类经济活动受新冠疫情影响较大，但只有文化娱乐服务出现负增长，进口额增长率为 -26. 27%，也说明新冠疫情不仅没有对数字服务贸易的发展产生阻隔，甚至为数字服务贸易发展提供了发展的机会。知识产权使用费在数字服务贸易进口总额中所占比例较大。这既体现了知识产权在数字服务贸易中的重要性，也反映了全球对创新和创意产业的重视。随着数字化和知识产权保护的加强，预计未来知识产权使用费在数字服务贸易中的占比还将继续增加。

表 4　2013~2022 年中国数字服务贸易分行业进口额

单位：亿美元

年份	ICT 服务	金融服务	保险和养老金服务	文化娱乐服务	知识产权使用费	其他商务服务
2013	76. 24	36. 91	220. 93	7. 83	210. 33	473. 25
2014	107. 48	49. 40	224. 54	8. 73	226. 14	407. 39
2015	113. 90	25. 71	79. 62	18. 99	219. 55	396. 52
2016	126. 42	19. 69	129. 82	22. 53	238. 50	434. 58
2017	192. 45	16. 17	104. 09	27. 53	285. 75	428. 54
2018	237. 70	21. 21	118. 79	33. 93	355. 91	472. 82
2019	268. 98	24. 72	107. 76	40. 80	343. 31	498. 50
2020	329. 68	31. 74	123. 44	30. 08	376. 29	504. 87
2021	401. 13	53. 46	160. 37	——	468. 39	——
2022	380. 33	37. 44	208. 88	——	444. 26	——

资料来源：根据 UNCTAD 数据库筛选可数字化交付服务贸易分类获得。

如表 5 所示，在我国向 RCEP 国家出口的数字服务贸易中，日本显著占据领先地位，随后则是新加坡、澳大利亚和韩国。2013~2021 年日本、新加坡、澳大利亚和韩国这4个国家合计占据了我国对RCEP国家数字服务贸易出口额的八成以上，集中度较高。相较之下，其他10个国家的占比相对较小。这一数据分布不仅体现了我国数字服务贸易出口的主要市场方向，也揭示了与特定RCEP国家间紧密的经贸联系。

日本作为我国对RCEP国家数字服务出口的主要对象，2014~2015年占比超过35%。2013~2019年老挝、柬埔寨和缅甸这3个国家在我国对RCEP国家的数字服务贸易出口中占比均不足0.4%。

我国对RCEP国家的数字服务贸易出口呈现多元化的趋势，尽管日本、新加坡、澳大利亚、韩国等主要国家的地位仍然稳固，但对其他国家的数字服务贸易出口潜力也在逐步释放。

表5　2013~2021年中国对RCEP国家数字贸易服务的出口额占比

单位：%

成员国	2013	2014	2015	2016	2017	2018	2019	2020	2021
柬埔寨	0.07	0.09	0.09	0.08	0.10	0.11	0.12	0.06	0.08
日本	33.62	35.49	35.12	33.60	32.10	31.51	32.53	29.12	29.18
新加坡	30.64	29.67	29.37	27.74	29.92	30.79	28.43	25.67	23.75
印度尼西亚	5.11	4.20	4.30	4.33	3.98	3.70	3.92	3.55	4.04
老挝	0.02	0.02	0.01	0.01	0.02	0.02	0.02	0.03	0.05
文莱	0.40	0.43	0.41	0.41	0.32	0.40	0.43	0.37	0.45
马来西亚	4.56	3.83	3.85	5.57	3.93	4.68	4.37	3.90	4.47
缅甸	0.28	0.21	0.20	0.17	0.26	0.30	0.24	0.10	0.05
菲律宾	1.64	1.76	2.16	2.36	2.27	2.11	2.29	2.56	2.76
澳大利亚	14.96	14.95	14.74	14.61	14.70	14.95	15.57	14.15	14.36
新西兰	1.23	1.15	1.12	1.12	1.14	0.98	1.15	1.74	1.78
泰国	5.52	4.70	4.91	5.25	4.65	4.82	4.86	4.02	4.27
越南	1.21	1.21	1.14	1.15	1.11	1.10	1.18	1.13	1.46
韩国	10.74	12.29	12.60	13.61	15.52	14.55	14.91	13.58	13.09

资料来源：根据OECD数据库国际服务贸易数据整理得出。

从表 6 中可以看出，日本持续占据我国对 RCEP 国家的数字服务贸易进口的主导地位，韩国与新加坡次之。据统计，2013~2021 年，我国对日本、韩国、新加坡 3 国的数字服务进口额，占我国对 RCEP 国家数字服务贸易进口额的比重超过 80%，而其余 11 个国家的占比相对较小。其中，日本在 2013~2014 年占比超过 42%，近年来呈现逐渐下降的趋势。韩国与新加坡的占比紧随其后，分别超过 20% 和 16%，韩国的占比呈现波动中下降趋势，新加坡的占比则呈现逐渐上升趋势。

表 6　2013~2021 年中国对 RCEP 国家数字贸易服务的进口额占比

单位：%

成员国	2013	2014	2015	2016	2017	2018	2019	2020	2021
柬埔寨	0.00	0.00	0.09	0.00	0.01	0.00	0.00	0.01	0.01
日本	42.86	43.85	40.52	40.84	38.80	38.53	36.48	34.82	33.77
新加坡	16.94	17.23	22.67	21.30	25.40	23.22	26.83	27.81	27.81
印度尼西亚	1.81	1.24	0.95	1.06	1.04	1.06	1.00	0.72	1.02
老挝	0.01	0.01	0.01	0.01	0.01	0.01	0.01	0.01	0.02
文莱	0.03	0.01	0.01	0.01	0.01	0.01	0.01	0.01	0.01
马来西亚	2.75	1.98	1.75	1.94	1.95	1.98	2.04	2.82	3.25
缅甸	0.05	0.08	0.04	0.03	0.05	0.07	0.07	0.04	0.06
菲律宾	3.96	3.93	4.21	4.17	3.70	3.59	3.37	2.86	3.31
澳大利亚	5.86	5.38	5.00	4.90	6.00	5.73	6.25	8.55	10.48
新西兰	0.80	0.57	0.61	0.76	0.78	0.71	0.70	0.64	0.82
泰国	1.45	1.19	1.05	1.24	1.05	1.06	1.07	0.86	1.09
越南	0.33	0.23	0.25	0.33	0.35	0.33	0.37	0.62	0.82
韩国	23.15	24.31	22.93	23.42	20.87	23.71	21.79	20.19	20.61

资料来源：根据 OECD 数据库国际服务贸易数据整理得出。

对外贸易额作为衡量一国对外开放水平的重要指标，当一国数字服务贸易发展势头强劲时，这往往意味着该国经济充满活力，具备巨大的增长潜力。从图 2 可以看出，2013~2020 年 RCEP 成员国的数字服务贸易总额呈现稳步上升的趋势。具体而言，这一总额从 2013 年的 3088.50 亿美元增长至 2020 年的 5136.21 亿美元，增长了 66.3%。RCEP 成员国在全球数字服务贸易总额中的占比也相应提升，从 2013 年的 13.01% 增长至 2020 年的 16.22%，实现了 3.21 个百分点的增长。

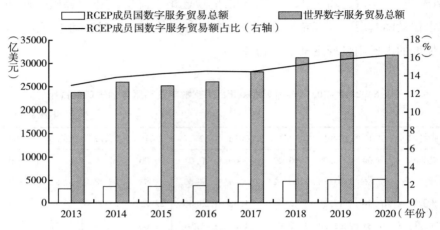

图 2　2013～2020 年 RCEP 成员国数字服务贸易总额及占比

资料来源：联合国贸发会议（UNCTAD）官网。

如图 3 所示，根据 2013～2021 年我国对 RCEP 成员国服务出口的各行业平均占比数据，代表服务竞争力的知识密集型服务，如 ICT 服务、金融服务以及知识产权使用费等，在我国数字服务贸易出口中平均占比较低。相比之下，发达国家的知识密集型服务的占比高达 60% 以上，我国在知识密集型服务出口方面与发达国家仍存在差距，服务行业结构仍需进一步优化升级。比较 2013～2021 年我国对 RCEP 成员国数字服务贸易出口的行业结构变化（见图 4），尽管 ICT 服务、知识产权使用费、金融服务等高附加值的新兴服务出口呈现增长态势，然而这些服务占比仍然偏低。这一现状表明，我国数字服务贸易出口结构尚存在显著的优化空间，未来需要针对这些高附加值服务领域进行更加深入的拓展和提升。

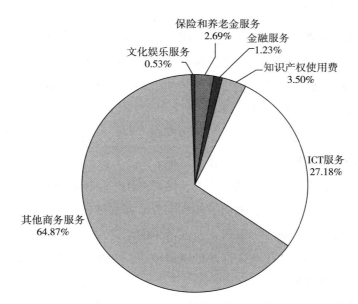

图3 2013~2021 年中国对 RCEP 成员国数字服务贸易出口分行业平均占比

资料来源：根据 OECD 数据库整理得出。

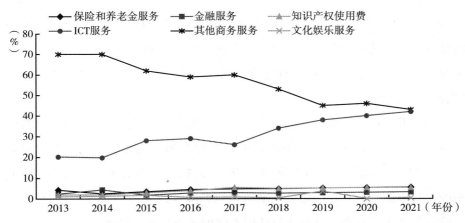

图4 2013~2021 年中国对 RCEP 成员国数字服务贸易出口行业结构

资料来源：根据 OECD 数据库整理得出。

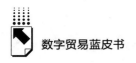

（二）相关贸易合作状况

在 RCEP 签署后，我国与 RCEP 成员国的贸易关系日益紧密，这为我国在 RCEP 框架下的对外贸易发展奠定了坚实的基础。据海关统计数据，2022 年我国与 RCEP 成员国的进出口总值达到了 12.95 万亿元，同比增长 7.5%，占我国外贸进出口总值的 30.8%。[①] 同时，我国与 RCEP 成员国之间的贸易合作空间巨大，双方在服务贸易、知识产权、数字经济等领域的合作潜力巨大，有望在未来实现更深入的合作与发展。

在 RCEP 的服务贸易承诺框架中，同时采用了正面清单与负面清单并行的模式。具体而言，日本、韩国、澳大利亚、新加坡、文莱、马来西亚、印度尼西亚在内的 7 个成员国采取了负面清单的承诺方式，包括我国在内的其他 8 个成员国，则选择了正面清单的承诺模式，并计划在协定生效后 6 年内逐步过渡到负面清单。

值得注意的是，我国当前的正面清单开放承诺达到了已有自贸协定的最高标准。在入世承诺的约 100 个服务部门基础上，我国新增了研发、管理咨询、制造业相关服务、空运等 22 个部门，并对金融、法律、建筑、海运等 37 个部门的承诺水平进行了显著提升。与此同时，其他 RCEP 成员国在我国重点关注的建筑、医疗、房地产、金融、运输等服务领域也展现出了高水平的开放承诺，这标志着 RCEP 在服务贸易领域的开放与合作正向着更深层次和更广领域拓展。

随着 RCEP 的实施，区域内各国间的资源调配、商品流通、技术协同、服务及资本融合、人才交流等将迎来更大的机遇。在金融领域的开放承诺上，RCEP 成员国的开放承诺超越了 WTO 的标准，涵盖了外资持股比例限制的逐步取消与放宽，金融机构准入门槛的降低以及业务范围的广泛拓展，同时还包括了高管和董事会人员任职条件的适当放宽。这些开放举措不仅推动着区域内数字服务贸易合作的深化，更有效推动我国服务贸易在海外市场

---

① 中国政府网，https：//www.gov.cn。

的拓展，为外资的引进注入新的活力，开辟出更广阔的发展空间。

在 RCEP 降低关税和非关税壁垒的基础上，我国服务贸易企业能够更好地进入其他成员国市场，拓展业务范围。特别是对于教育、旅游、通信、金融等服务业，RCEP 成员国将大幅度降低市场准入门槛，加强服务贸易的自由化和便利化，为我国服务贸易企业提供更多的发展机会。同时，随着区域内贸易壁垒的逐渐削弱，成员国间的生产要素流动日益自由，市场开放度显著提高，这一趋势为我国深化区域内产业链、供应链和价值链的整合与发展创造了有利条件。在此背景下，数字服务保险业将迎来前所未有的发展机遇，特别是在数字经济、知识产权、标准对接以及基础设施互联互通等创新项目中，其潜力将得到进一步释放和发挥。[①]

（三）数字化转型对国际竞争力的影响

数字化转型对服务贸易企业的深远影响体现在多个层面。在服务贸易领域，数字技术的广泛应用已成为企业提升效率的关键。借助云计算和大数据分析，企业能够实现对信息、资源和运营流程的精细化管理，显著提高了管理效率。这种变革不仅降低了企业的运营成本，提升了运营效率，还赋予了企业更大的灵活性，使其能够更好地满足客户的个性化需求，从而在包括 RCEP 国家在内的国际市场上建立竞争优势。

联合国国际贸易中心（ITC）与阿里巴巴国际数字商业集团携手启动的战略合作机制，为面向 RCEP 国家的中小微企业开辟了一条直接且高效的全球贸易通道，特别是通过阿里巴巴国际站这一享誉全球的电子商务平台，企业能够无缝对接国际买家与卖家，极大地拓宽了市场触达范围与影响力。此外，该战略合作机制内包含的一系列由联合国国际贸易中心与阿里巴巴国际数字商业集团联合策划的培训项目、专题研讨会等，不仅为企业提供了紧跟时代脉搏的电商知识宝库，还助力其掌握前沿的营销策略与技巧，从而在竞

---

① 韦倩青、刘玲玲：《RCEP 贸易伙伴国数字经济发展对中国出口的影响》，《商业经济研究》2024 年第 5 期，第 5 页。

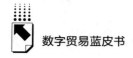

争激烈的全球电商市场中脱颖而出，显著提升了其综合竞争力。

数字技术的采纳对 RCEP 国家相关服务贸易企业的创新能力产生了显著的推动作用。通过大数据分析和人工智能技术，企业可以深度挖掘和了解客户需求和偏好，进而为客户提供更加满足个性化需求的服务。这种精准化的服务不仅能够提高客户满意度，还能够为企业带来更高的收益。科大讯飞在多个领域成功应用认知大模型以及其在人工智能领域的杰出贡献，便是数字技术驱动服务贸易创新发展的生动例证，充分彰显了数字技术在推动服务贸易创新方面的巨大潜力和不可估量的价值。

在优化客户体验方面，数字技术的应用为 RCEP 国家相关服务贸易企业带来了颠覆性的变革。企业借助移动应用和在线平台等多元化渠道，实现了服务的全球化覆盖，从而能够实时、快速地响应客户的各种需求。这种灵活且高效的服务模式不仅显著提升了客户满意度，还进一步巩固了企业在国际市场的长期竞争优势。以腾讯在第二届全球数字贸易博览会上展示的人工智能绘画在线创作平台为例，该平台以其高效能、智能化的特点，为用户提供了丰富多样的创作能力，展现出在多个领域中的广泛应用潜力，进一步印证了数字技术在提升客户体验方面的巨大价值。

四　RCEP 协定对我国数字服务贸易的影响效应分析

（一）贸易转移和创造效应

就贸易创造效应而言，对数字服务贸易供应商来说，可能面临来自成员国更低成本数字服务的竞争，消费者倾向于选择更加高效的数字服务。这一趋势推动了成员国间数字服务贸易量的增加，进而提升了资源利用率和社会福利水平。就贸易转移效应而言，在 RCEP 签订后，由于在数字服务领域实施了贸易壁垒削减的协作，RCEP 国家可能会停止进口那些非 RCEP 国家提供的效率更高、成本更低的数字服务，转而从成员国采购效率较低、成本较高的数字服务，这导致数字服务贸易的成本上升。

　　RCEP 的签署标志着区域内成员国数字服务业市场的进一步开放与扩大，这不仅为企业带来了更为多样化的市场需求，同时也塑造了一个更为复杂且多变的生产与营销环境，使企业之间的竞争日趋激烈。这就要求企业必须具备更高的灵活性和适应性，以应对市场的新挑战和机遇。尽管我国作为该区域最大的经济体，但数字服务贸易在国际市场上尚显薄弱。随着 RCEP 的正式生效，多部门的逐步开放为我国数字服务贸易的发展带来了挑战，同时也为其健康发展提供了契机。RCEP 的签署对我国数字服务贸易产生了显著的贸易创造效应，特别是在 ICT 服务和知识产权使用费等方面。

　　同时，随着 RCEP 的生效，我国在保险服务以及知识产权使用和许可方面的进口需求呈现明显的增长态势。这种增长的需求可能会更多地转向 RCEP 区域内的发达经济体。举例来说，从澳大利亚进口的保险服务可能会超越美国和欧盟的进口量，金融服务可能会更多地依赖韩国和新加坡，而知识产权服务则更有可能源自日本。这种流向的转变，反映了 RCEP 协议对我国服务贸易进口格局的深远影响。这些变化不仅展示了 RCEP 对我国数字服务贸易结构的影响，也为我国与相关国家的合作提供了新的方向。

（二）贸易平台和网络效应

　　从贸易平台和网络效应的视角来看，RCEP 的生效与实施无疑为我国数字服务贸易开辟了更宽广的市场疆域。通过优化贸易环境、削减交易成本以及强化网络效应等举措，RCEP 为我国数字服务贸易的迅猛增长提供了坚实的支撑。其中，关于降低关税、消除非关税壁垒及市场准入等条款的设定，为我国数字服务贸易的进出口铺设了更为畅通的道路，助力我国数字服务企业进一步拓展国际市场，增强国际竞争力。

　　鉴于数字服务贸易具有无形性和高复制性等特点，其生产与消费之间的同步性尤为显著。RCEP 通过推动成员国间数字基础设施的建设，优化数字服务流程，有效降低了数字服务贸易的通信与交易成本，从而提升了我国数字服务贸易的效能与品质。

　　网络效应作为数字服务贸易的显著特征，表现为用户数量的增加将推动

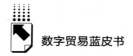

数字服务价值的不断攀升。随着越来越多的用户和企业投身数字服务领域，我国的数字服务平台将汇聚更多价值与吸引力，进而吸引更多用户和服务提供商的参与，形成正向循环。因此，RCEP 的生效与实施有助于增进成员国间的数字服务合作与交流，推动我国数字服务企业在技术、市场、人才等领域的深度融合，进而提升我国数字服务贸易的国际化水平，促进数字服务贸易的创新与进步。

（三）技术进步和学习效应

RCEP 的生效为我国数字服务贸易带来了前所未有的机遇。协定中的条款鼓励成员国间的技术交流与合作，推动了数字技术的研发与应用。随着成员国间技术壁垒的降低，我国数字服务企业能够更容易地获取和采用先进的数字技术，从而提升服务的质量和效率。此外，RCEP 还促进了数据跨境流动和数字贸易的发展，为我国数字服务贸易提供了更广阔的市场空间。

在学习效应方面，随着与其他 RCEP 成员国在数字服务贸易方面的合作日益增多，我国企业和机构能够通过实践积累宝贵的跨国运营经验。在 RCEP 促进下，我国数字服务行业增加了对专业人才的需求，有助于推动高等教育机构和职业培训部门加强与国际市场接轨的专业人才培养。同时，RCEP 还为我国数字服务企业提供了更广阔的市场空间和发展机遇，有助于企业拓展国际市场，实现更高水平的国际化发展。

（四）结构升级和范围效应

RCEP 协定的生效，为我国数字服务企业带来了全新的发展契机，促使数字服务企业不断创新服务模式以满足各国市场的多元化需求。如借助云计算、大数据等前沿技术，企业能够推出更具个性化的服务；同时，利用跨境电商平台，积极开拓海外市场。在此背景下，为抓住市场机遇并适应变化的需求，我国数字服务企业将不断推进技术革新和服务创新，如引入前沿数字技术、提升服务质量以及优化服务流程等。通过这些举措，我国数字服务贸易的结构逐步从低附加值向高附加值转变，从传统的服务模式向数字化、智能化方向迈进。

此外，RCEP 还进一步拓宽了我国数字服务贸易的范围效应。协定涉及多个亚洲国家，这些国家各具特色的市场需求和资源禀赋为我国数字服务贸易提供了广阔的合作空间。通过成员国间的紧密合作与交流，我国数字服务企业能够更深入地了解各国市场需求和文化特色，从而开发出更加贴近当地市场的服务产品。

五　RCEP 协定下促进中国数字服务贸易发展的对策建议

（一）持续优化产业结构，促进服务业数字化转型

随着全球化和科技进步的加速，坚守传统的产业结构已难以应对当下数字经济的迅猛发展。优化产业结构，不仅有助于与数字经济、互联网等新兴产业形成更好的互补与协同，还能提升数字服务贸易的整体品质与效率，进而在全球市场竞争中占据更有利的位置。

近年来，我国专业知识密集型产业的出口主要集中在 ICT 服务等领域，金融服务与电影、音像等知识密集型服务贸易的发展相对滞后，凸显了我国在发展高附加值产业时面临的需求与竞争力挑战。因此，我国应以更高的质量和更快的速度推动产业结构从劳动密集型向知识密集型转变，积极引进国外先进技术，加大对高科技产业及服务业的研发投入力度，努力填补高新技术行业在数字贸易出口方面的空白。

以保险及金融监管机构为例，应全面采纳区块链技术，结合大数据分析来精准评估用户信用与需求。同时，在确保合法合规的前提下，可以研发线上数字保险和金融平台，适度开放网络环境，为更多企业和用户提供便捷的服务。在知识产权服务贸易行业，首要任务是完善知识产权和法律保护体系，并以此为基础，加强知识产权法律机构与政府之间的合作，共同搭建高效的线上服务平台，促进该行业的转型升级。

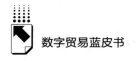
（二）积极对接数字贸易国际规则，融入全球贸易体系

尽管我国在数字经济领域取得了显著成就，但数字贸易的国际规则制定仍然在很大程度上受欧美主导。随着数字贸易的蓬勃发展，其规则制定必将是一个不断演进的过程，而非一成不变。我国要积极融入国际规则体系，同时与主导国家共同探索数字贸易国际规则的多元化发展路径。通过国际实践，找到符合自身发展需求的数字贸易道路，并在此过程中为完善这些规则贡献中国智慧与力量。

面对当前数字鸿沟不断加剧的现状，我国应充分利用对外开放的平台，以发展为导向，以实施 RCEP 为契机，发挥我国数字经济的强大优势。同时，结合国家政策和资金支持，积极协助相对落后的国家进行数字基础设施建设，推动全球数字经济的均衡发展。

（三）加强技术交流协作，畅通数据共享和系统互认渠道

技术交流沟通有助于推动区域内的技术合作与创新。RCEP 成员国涵盖了广泛的地域和经济体，每个国家都有其独特的技术优势和专长。通过加强技术交流和合作，共享知识、经验和资源，促进技术的相互借鉴和融合，从而推动区域内的技术创新和进步。我国要通过加强与其他 RCEP 成员国的技术交流与合作，研发新技术、新产品，提升产品的质量和性能，增强产业的国际竞争力。技术交流沟通还有助于促进我国的贸易和投资自由化。通过加强技术交流与合作，我国可以更好地了解其他成员国的市场需求和技术标准，为我国的跨国贸易和投资奠定更加坚实的基础。通过建立技术交流机制，定期组织技术交流活动，分享各自的技术成果和经验，促进技术合作和互利共赢；加强信息共享，建立信息交流平台，分享各自的技术动态、市场需求等信息，促进技术交流和合作。

数据共享和系统互认渠道的打通大大提高了区域内的贸易便利化水平。通过共享数据，各国可以更准确地了解彼此的市场需求、供应能力和贸易规则，从而降低交易成本，提高数字服务贸易效率。同时，系统

互认渠道的打通也可以减少重复认证和检验，进一步促进区域内的服务贸易往来。

（四）加强数字基础设施建设，强化数字服务贸易发展动力

为了保障数字服务贸易的发展动力，加强数字基础设施建设至关重要。加强数字基础设施建设可以推动我国经济高质量发展，促进传统产业向数字化、智能化方向转型，推动经济高质量发展。同时，加强数字基础设施建设也可以为其他领域的发展提供支持和保障，促进我国经济的全面转型升级。通过加强网络基础设施建设，可以提高网络覆盖率和稳定性，确保数字服务能够顺畅地传输和交付。此外，还需要加强数字安全保障措施，如加强网络安全防护、建立数据加密机制以及加强数字身份认证等措施，保护数字服务贸易过程中的数据安全和隐私，以确保数字服务贸易的顺利进行。

参考文献

俞子荣等：《RCEP：协议解读与政策对接》，中国商务出版社，2021。

邱瑜：《中国对 RCEP 国家数字服务出口贸易效率的影响因素研究》，上海外国语大学硕士学位论文，2023。

Xiaoxian Wang, "Impact of RCEP on China's Service Trade：Based on GTAP Model," *Journal of Global Economy* 11（2023）.

Zhu Wenbohao, Li Xiaofeng, Wang Hao, Sun Bo, "Digital Service Trade and Income Inequality：a Panel Data Analysis for 100 Countries," *Applied Economics Letters* 11（2023）.

B.9
DEPA 对数字贸易的规制方案
与中国应对

张　建*

摘　要：　《数字经济伙伴关系协定》（DEPA）是全球范围内第一个专门针对数字经济设置的国际规则，率先为数字贸易提供了规制方案，彰显了智利、新西兰、新加坡 3 个亚太国家在数字经济方面形成的价值观念、治理经验和发展诉求。2021 年 11 月 1 日，中国正式向 DEPA 的保存方新西兰提交加入申请，推动 DEPA 融入正在蓬勃发展的数字贸易全球治理规则中。本报告以 DEPA 采取的数字贸易规制方案为研究对象，试图梳理 DEPA 确立的数字贸易规则与其他国际经贸规则的共性与差异，并对比中国国内法中的数字贸易规则，尤其是关于数据跨境流动的规制，为中国更好地因应和对接 DEPA 中的数字贸易规则提供建议，如从战略高度重视数字贸易、主动对接国际高标准数字贸易规则、加大数字贸易的自主开放、完善国内数据跨境流动立法、积极参与数字贸易国际规则的制定、建立健全数字贸易争端预防与解决机制等。

关键词：　数字贸易　数据跨境流动　个人信息保护　国际经贸规则

据《数字贸易发展与合作报告 2023》统计数据，2022 年，全球数字服务贸易规模为 3.82 万亿美元，同比增长 3.9%，占全球服务贸易的

---

* 张建，博士，首都经济贸易大学法学院副教授，硕士生导师，主要研究领域为国际投资法、国际贸易法。

53.7%。2022 年中国数字服务进出口总值 3710.8 亿美元，同比增长 3.2%，占服务进出口比重 41.7%。① 数字化在诸多层面影响着国际贸易，不仅转变了传统意义上的货物及服务开展跨境贸易的方式，而且缔造了全新的、国际化的数字产品。数字化给许多现有的产业带来了突破性的变革，通过缩短消费者与生产商、不同零部件生产商之间的时空距离，数字化提供了一种此前无法想象的进入市场的机会，尤其是对于中小微企业而言，这意味着潜在的机遇增多。在国际货币基金组织、经济合作与发展组织、联合国及世界贸易组织共同发布的《数字贸易衡量手册》中，数字贸易被界定为"所有以数字方式订购和/或以数字方式交付的国际贸易"。② 简言之，以数字方式订购体现了贸易方式的数字化，以数字方式交付则体现了贸易对象的数字化。无论是哪种形态下的数字贸易，核心要素均为数字化，而数字化的关键是对数据的收集、处理和使用。③ 因此，对数据跨境流动的监管是数字贸易规则的关键内容。近年来，中国积极参与数字贸易国际规则制定，在数字贸易主要领域如数据跨境流动、本地存储、数字贸易市场准入等关键议题上形成符合中国发展要求的制度设计和规则诉求，在统筹开放与安全的前提下，促进数据跨境流动便利化，积极推动形成多边共治的数据贸易国际规则体系。本报告以 DEPA 为中心，在对全球数字贸易治理进行回顾的基础上，重点将 DEPA 与 RCEP、CPTPP、USMCA 中的核心数字贸易规则进行比较，进一步梳理中国对接 DEPA 数字贸易规则面临的挑战，并提出相应的对策建议。

---

① 《〈数字贸易发展与合作报告 2023〉发布》，《科技日报》2023 年 9 月 4 日。

② IMF, OECD, United Nations and WTO, *Handbook on Measuring Digital Trade*, Second Edition, https://www.wto.org/english/res_ e/booksp_ e/digital_ trade_ 2023_ e. pdf.

③ 丁伟、倪诗颖：《数字贸易视野下我国跨境数据监管的发展困境及合作治理》，《北京邮电大学学报》（社会科学版）2023 年第 1 期，第 67 页。

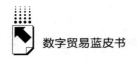

一 全球数字贸易治理与 DEPA 的规则创新

（一）数字贸易治理及相关法律概念的界定

美国商务部下属的经济分析局将数字贸易界定为"可数字化的服务贸易"，囊括了在跨境贸易中与信息通信技术紧密相关的服务部门，具体涵盖专利和版权服务、保险服务、金融服务、ICT 服务和其他商务服务等。该概念确立了数字贸易重要的三个要素：一是作为传输介质的互联网要素；二是供求双方需要的数字化产品和服务；三是在互联网实现了数字产品和服务的利益交换。

DEPA 在模块三部分对数字产品的界定给出了两项标准：首先，在技术层面，数字产品指的是通过数字编码并且可以被电子传输的产品，此类产品的表现形式涵盖了计算机程序、文本、视频、图片、录音等，而电子传输专指用任何电磁方式（包括光子手段）的传输；其次，就用途而言，数字产品应是基于商业销售或分销，聚焦以商业为目的的数字产品，这客观上排除了具有政治性或者其他非商业目的的货物。概言之，DEPA 旨在规制的数字贸易特指那些通过计算机程序、文本、视频、图片、录音或其他数字编码的，基于商业销售或分销，能被电子传输的产品。需要说明的是，数字贸易与数字金融是不同类型的数字经济活动，DEPA 在模块一适用范围部分明确排除了作为金融工具的数字化载体，其背后的考量是数字金融活动较为独特，应当严格受到金融服务监管规则的约束，故而不属于贸易法规制的对象。至于建立在区块链基础上的兼具商品与金融双重属性的产品，是否在DEPA 数字贸易规则的适用范围内，目前尚未明确。

依托于互联网和数字交换技术，数字贸易不仅在贸易效率上显著提升，而且贸易成本明显降低。相较于传统的国际贸易，数字贸易重点服务于技术、知识、创新、艺术文化等聚集知识性的行业。就发展现状而言，数字贸易升级速度快、形式多元，数字经济的快速发展使市场竞争激烈，以至于监管方面存在现实困境，常常面临网络安全、数据保护等问题。以往的以 WTO 为中心的国际经贸规则对货物贸易、服务贸易、知识产权贸易进行严格区分，并适用不同的协定来处理相关的权利义务关系。考虑到世界范围内对于数字贸易的分类和定性存在认识上的差异，为了避免冲突、确立共识，DEPA 缔约方采取了一种相对包容的方案，没有将数字贸易具体划归货物贸易或者服务贸易的某一类，而是将其视为自成一体的独立贸易形态。

对数字贸易活动进行必要的规范和治理是国际法和国内法的重要使命。与数字贸易相关的国际经贸规则既包括在世界贸易组织、联合国国际贸易法委员会、联合国贸发会议等多边平台展开的沟通和对话，也涵盖国家之间相互缔结的区域性贸易协定（RTA）、区域性经济伙伴关系协定、自由贸易协定（FTA）等成文的国际条约。与数字贸易相关的国内法（尤其是涉外数字立法）重点处理和规制数据跨境流动、数据安全审查、消费者个人信息的数据保护。为充分把握数字时代的经济脉络，参与数字经济格局新秩序的竞争与合作，我国先后制定了《数据出境安全评估办法》《个人信息出境标准合同办法》《网络安全审查办法》等高质量数据跨境传输规则，产生了良好的效果。为了合理规范数字贸易实践中不断涌现的新问题、新需求，在统筹高质量发展和高水平安全，立足产业实践需求的基础上，国家互联网信息办公室制定了《促进和规范数据跨境流动规定》。该规定在我国现行数据跨境传输立法框架内，进一步细化了企业数据出境的业务合规标准和操作规范，充分反映了我国在数据跨境传输监管领域的创新思路。

（二）规制数字贸易的多重方案及其分歧

鉴于数字贸易的显著增长，各国致力于在国内立法乃至国际经贸规则制定层面抢占规则制定的话语权。在全球范围内，最早开展数字贸易国际规则制定的是美国，其在缔造"美式模板"后，依托于 CPTPP 和 USMCA 等区域性贸易协定向全球推广其数字开放的理念和制度。由于在贸易理念和法律

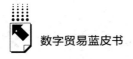

规则方面与美国存在分歧，欧盟和亚太国家分别塑造了各自的数字贸易规则，由此形成了"欧式模板"和"亚太模板"。

相比之下，"美式模板"（如 CPTPP 和 USMCA）理念上注重促进互联网开放和数据自由流动，强调开放、安全、可互操作和可靠的互联网，充分发挥美国在关键数字技术领域的竞争优势。此类数字贸易规则具有鲜明特色：一是消除数字贸易的壁垒，促进数据跨境流动；二是致力于统一数字基础设施与技术标准。"欧式模板"（如《欧盟－英国贸易与合作协定》）在理念上注重对网络消费者和个人隐私的法律保护，将数据安全作为数据贸易规则的首要考虑，在内容上通常将个人数据和隐私数据排除在国家间数字贸易监管合作的框架之外，要求缔约方相互交换信息以更好地规制数字贸易，但涉及消费者个人隐私的数据除外。"亚太模板"（如 OECD）明确提出在互联网经济发展中要兼顾三重政策目标：一是促进互联网开放；二是促进互联网领域的国际竞争；三是更普遍地保护隐私和消费者。DEPA 最初于 2020 年 6 月 12 日由新加坡、智利和新西兰签署，其被视为数字贸易规制中"亚太模板"的典型范本。DEPA 的独特性体现在：首先，DEPA 并不是一项涵盖多类议题的综合性经贸协定，而是专门针对数字经济和数字贸易的协定；其次，DEPA 的篇章结构与其他数字贸易协定不同，采取"模块化"的设计和安排为缔约国提供合作框架，从而允许缔约国纳入特定议题，在灵活性、包容性方面尤其突出。

（三）DEPA 数字贸易规则的创新之处

DEPA 对现有的数字贸易国际规制方案进行了突破，其中包括但不限于：点对点的数字贸易、数据的跨境流动与安全、数字贸易系统。在宏观层面，DEPA 结构完整且成员覆盖范围广泛，采用模块化的结构组织，为其他国家提供了通过加入或退出程序整合协议项下权利义务的机会，所涉及的数字贸易事项范围比其他区域贸易协定更为广泛。DEPA 具有以下创新：首先，与其他涵盖数字贸易问题的国际贸易协议将数字贸易作为子集不同，无论是跨境服务贸易章节中的特定章节还是电子商务单独章节，

DEPA 是第一个完全致力于数字贸易的独立协议，成员可以专注于数字贸易的谈判；其次，DEPA 前 11 个模块专门讨论实质性问题，后 5 个模块则涉及协议的实施和争端的解决，将程序法与实体法进行了有机融合；最后，DEPA 是世界上第一个建立数字贸易规则和数字经济合作的专门贸易协定。①

（四）DEPA 对数字贸易的规制路径

在微观层面，DEPA 的模块三分别从海关关税削减、非歧视待遇、密码产品贸易监管 3 个角度对缔约方设定了保障数字贸易自由化、促进数据自由流动的义务，以此对各国规制数字贸易的框架进行合理约束。

首先，DEPA 要求各缔约方取消对数字贸易施加关税。依据 DEPA 的相关规定，任何一方都不应对电子传输施加关税，包括发生在一方的人和另一方的人进行内容的电子化传输中。同时，DEPA 并不排除各缔约方在符合本协定其他规定的情况下，对内容的电子传输施加国内税收、费用或其他收费。

其次，DEPA 要求各缔约方保障给予其他国家的数字产品以非歧视待遇。依据 DEPA 的相关规定，缔约方承诺对数字贸易给予非歧视待遇，不得对在其他缔约方境内以商业条款创建、生产、出版、签约、委托或首次提供的数字产品，或对作者、表演者、制作者、开发者或所有者为另一方人员的数字产品，与其他类似数字产品相比给予较低的优惠待遇。非歧视待遇适用于以数字产品为载体的贸易活动，而不适用于知识产权的国际保护，也不适用于缔约方向本国出口商提供的补贴。

再次，DEPA 禁止各缔约方对使用密码学技术的数字产品施加不合理的监管要求。DEPA 对于数字产品相关密码学概念进行了规定。密码学，是指数据转换的手段或方法，目的是隐藏信息内容，阻止未经检测的修改

---

① Marta Soprana, "The Digital Economy Partnership Agreement（DEPA）：Assessing the Significance of the New Trade Agreement on the Block," *Trade, Law and Development* 13（2021）.

或未经授权的使用。加密，是将数据（明文）转换成一种形式，在没有通过使用一种加密算法后续再转换（密文）时不能被轻易地理解。加密算法或密码，是指一种用于将密钥和明文组合以创建密文的数学程序或公式。密钥，是指与密码算法结合使用的参数，这种参数决定了其操作的方式是知道密钥的实体可以复制或反转操作，不知道密钥的实体则不能复制或反转操作。DEPA 禁止各缔约方在密码技术相关数字产品的商业活动中设置不合理的义务，以充分保障商业活动中有关密码技术使用的可信环境。

二　DEPA 与其他区域贸易协定数字贸易规则的比较

（一）DEPA 与其他区域贸易协定数字贸易条款的规制对象

通过将 DEPA 与 CPTTP、USMCA、《欧盟-英国贸易与合作协定》等区域贸易协定中的核心数字条款进行梳理和对比，不难发现，这些协定在规制内容上存在共性，均通过专门的条款规制海关关税、在线消费者保护、个人信息保护、非应邀商业电子信息、国内电子交易框架或国内监管框架、电子认证和电子签名、通过电子方式跨境传输信息、计算设施的位置、网络安全等具体的数字贸易事项。各个贸易协定亦存在显著的差异。

CPTPP、USMCA、UJDTA 的数字贸易规则属于"美式模板"的代表，这类协定的核心目标是削减数字贸易关税、消除数字贸易壁垒、促进数字贸易、保护数据隐私。相比 CPTPP，USMCA 和 UJDTA 新增了政府数据公开、交互式计算机服务等条款，目标是能够使公众便捷获取政府信息以促进竞争和创新，以及明确交互计算机服务的责任范围，为中小型企业提供服务，促进数字贸易发展。《欧盟-英国贸易与合作协定》为"欧式模板"的代表，贯彻了数据隐私保护的政策。除设立海关关税、保护在线消费者的个人信息、非应邀商业电子信息等条款外，该协定以专条明确规制政府数据监管权、强化数字贸易的监管合作，重申各方有权力监管本国境内的数字贸易以保护个人隐私和数据。作为专门的数字经济协定，DEPA 囊括 16 个模块，规制对象涉及商业和贸易便利化、数字产品非歧视待遇、数据问题、更广泛的信任环境、商业和消费者信任等常见事项。在新兴趋势、技术创新、数字经济等领域，DEPA 规制了具有前瞻性的创新条款。

（二）DEPA 与其他区域贸易协定数字贸易条款的共性与差异

贸易便利化、市场准入、关税与数字税、数据跨境流动、知识产权保护、网络安全与消费者保护是数字贸易协定规制的主要议题。与其他区域贸易协定的具体条款相比，DEPA 在核心议题的规制上既有共性，也有差异（见表 1）。

表 1　DEPA 与其他区域性贸易协定的共性与差异

议题	DEPA 与其他区域贸易协定的共性	议题	DEPA 与其他区域贸易协定的差异	
电子认证与签名	DEPA 的规制思路与其他协定一致，缔约方应当促使电子认证符合国际规范且遵守法律法规，鼓励使用电子认证，不得否认电子签名的效力。允许缔约方要求特定种类的电子交易认证方法必须符合标准	电子传输免关税	UJDTA 在国内税之外额外增加数字税条款，界定数字税的约束范围及非歧视原则。RCEP 在关税方面难以统一，规定应当维持不对电子传输征收关税的做法	DEPA 禁止缔约方对电子传输及以电子方式传输的内容征收关税，但不阻止缔约方以符合协定的方式征收国内税
数字产品非歧视待遇	CPTPP、USMCA 等"美式模板"均纳入此类规定，DEPA 予以沿用，要求对任何缔约方数字产品的待遇不得低于其给予其他同类数字产品的待遇。此条款不适用于知识产权、补贴或赠款，DEPA 将广播纳入例外	电子交易监管	CPTTP 要求缔约方应维持与联合国国际贸易法委员会《电子商务示范法》或《联合国关于在国际合同中使用电子通信的公约》相符的管辖电子交易的法律框架，避免对电子交易进行不必要的监管	DEPA 在 CPTTP 的基础上新增 UNCITRAL《电子可转让记录示范法》作为参考原则

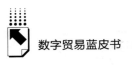

议题	DEPA 与其他区域贸易协定的共性	议题	DEPA 与其他区域贸易协定的差异	
电子跨境传输信息	USMCA、DEPA、RCEP、UJDTA 和《英国-新加坡数字经济协定》（UKSDEA）沿用了 CPTPP 的相关条款，各缔约方可设定各自的监管要求，允许通过电子方式跨境传输包括个人信息在内的信息；不得阻止缔约方采用不符措施以实现合法的政策目标	在线消费者保护	CPTPP、USMCA、UJDTA 均认识到：一是保护消费者免受商业欺诈；二是应当采用消费者保护法；三是推动国家相关机构开展合作	DEPA 新增两点：一是加深对与消费者保护相关的政策和程序的认识，关注消费者救济机制；二是努力探索机制的益处，包括替代性争端解决方案，以便利解决与电子商务交易相关的索赔要求。DEPA 对欺诈进行了规制，以立法明确货物和服务的质量
计算设施的位置	DEPA 和其他区域贸易协定均明确允许各缔约方设定监管要求，但不得要求在一国境内使用或设置计算设施作为在该国境内开展业务的条件。UJDTA 专门拟定了涵盖的金融服务供应商金融服务计算设施位置的条款	个人信息保护	《欧盟-英国贸易与合作协定》不阻止缔约方采取保护个人数据和隐私的措施。CPTPP 强调个人信息保护非歧视性，要求缔约方告知用户个人信息保护条款，就监管异质性提出兼容建议。USMCA 参考OECD《关于保护隐私和个人数据跨境流动准则的建议》	DEPA 的个人信息保护条款更加详细，具体表现在对保护个人信息法律框架所依据的原则（收集限制、数据质量等）进行声明，对 CPTPP 中提到的兼容机制进行详细界定，鼓励使用数据保护可信任标志，作为便利跨境信息传输的同时保护个人信息的有效机制
网络安全	CPTPP 要求各缔约方增强应对计算机安全事件的能力，利用现有合作机制识别和减少恶意网络侵入或代码传播。DEPA 强调网络安全领域的劳动力发展及国际合作	中小企业合作	其他区域贸易协定的数字贸易条款对中小企业的数字贸易能力缺乏专门规制	DEPA 旨在增强中小企业数字贸易和投资合作，推动中小企业解决好资金、技术不足，利用数字工具和技术帮助中小企业获得资金和信贷、参与政府采购

议题	DEPA 与其他区域贸易协定的共性	议题	DEPA 与其他区域贸易协定的差异	
非应邀电子信息	DEPA 呼吁缔约方展开监管协作，要求信息提供者提供必要的便利，阻止接收人接收非应邀商业信息，信息的接收应取得接收人的明示同意，将非应邀商业电子信息的接收减少至最低程度	源代码	区域贸易协定禁止缔约方以转移或获得软件源代码作为在其领土中使用软件进行数字贸易的前提。CPTPP 中对该项规定不适用于关键基础设施	DEPA 在源代码问题上欠缺具体明确的法律规制

资料来源：作者整理所得。

（三）DEPA 与代表性区域贸易协定数字贸易规则的比较

1. DEPA 与 RCEP 的比较

总体来看，DEPA 构建了较为完善的数据安全保护机制，对网络安全（包括个人信息与消费者保护）和数据跨境流动（包括计算机设施的位置）这两个关键问题作出了具体规范。在个人信息保护方面，DEPA 明确要求缔约方的个人信息保护法律框架应囊括的具体事项涵盖收集限制、数据质量、用途说明等。就消费者保护而言，DEPA 列出了欺诈误导消费者行为的正面清单，包括对货物或服务的材质、价格、用途、数量或来源作出不实陈述或虚假声明和宣传供应商品或服务而无意供应等。在跨境数据传输方面，对于通过电子方式跨境传递信息，DEPA 明确了支持数据跨境自由流动的态度，限制了各缔约方的监管强度。RCEP 与 DEPA 在数字贸易规制方面的差异体现在三个层面。第一，在数字贸易便利化方面，RCEP 电子商务章节的无纸化贸易仅停留在倡议阶段，采用"努力""考虑"等具有软约束力的措辞，欠缺法律强制力。第二，RCEP 确认了电子签名的法律效力，鼓励使用可交互操作的电子认证。而 DEPA 不存在类似条款，仅在第七章规定了数字身份，随着数字贸易的增多，未来还要去填补电子数据管制的空白。第三，

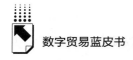

RCEP 注重突出数字贸易与电子商务的灵活性与多元性，对各缔约方自主权保持尊重，而 DEPA 则更具约束力，数据跨境流动的自由化水平也更高，给缔约方保留的管制权限相对较少。

2. DEPA 与 CPTPP 的比较

CPTPP 旨在全面规制数据跨境流动，电子商务、金融服务、技术性贸易壁垒、知识产权保护等多个章节涉及数字贸易内容。除了金融服务和政府采购外，禁止缔约方限制数据跨境，承诺解决数据本地化要求；禁止将强制公布和交付源代码作为市场准入前提；要求成员国制定网络隐私保护法，帮助中小企业；加强消费者隐私保护；加强网络安全国际合作。DEPA 与 CPTPP 均确立了数字贸易便利化条款，但相较于 CPTPP，DEPA 的创新型条款占 12 条，包括但不限于数字身份、金融科技合作、人工智能、数据创新和数字包容条款，表明了 DEPA 规制的数字贸易活动日益向数字经济新兴领域扩张。[①] 此外，CPTPP 在第 14.17 条规定了源代码制度，DEPA 则缺少源代码条款。源代码指的是用计算机编程语言编写的计算机命令，旨在供人们使用与阅读。通常，源代码是计算机命令的更高级别的表示形式，因此，在计算机将代码作为程序执行之前，必须进行汇编、解释或编译。而在数字贸易协定中的源代码规则旨在力图防止强制技术转让条件的出现，任何缔约方不得将要求转移或获得另一缔约方的主体所拥有的软件源代码作为在其领土内进口、分销、销售或使用该软件或含有该软件的产品的条件。

3. DEPA 与 USMCA 的比较

USMCA 是美国批准的第一个在数字贸易方面作出广泛承诺的区域贸易协定，自 2020 年 7 月 1 日生效。USMCA 将电子签名、身份验证、电子支付、知识产权保护纳入规制对象，要求成员国制定国内立法打击网络犯罪、保护个人隐私，就数据隐私和安全、互操作性、中小企业监管展开合作，体现出高水平、低约束的数字贸易规制方案。DEPA 虽然缺少交互式计算机服务的条款，但在数字贸易监管框架上更具创新性。所谓交互式计算机服

---

① 文洋、王霞：《DEPA 规则比较及中国加入路径分析》，《国际商务研究》2022 年第 6 期。

务，是指允许多个用户访问计算机服务器的任何信息服务、系统，包括提供网络访问的服务或系统。此类条款保证了数字贸易中消费者、中小企业可以访问数字贸易网站，使网络消费者与企业之间达成了更好的互动。交互式计算机服务可为中小企业提供服务、参与数字贸易创造便利，因此 USMCA 第 19.17 条详细地阐述了交互式计算机服务条款。① 相比之下，DEPA 创造了一个范围更为宽泛的监管框架，代表了像中国、新加坡等数字贸易新兴国家的需求，旨在为国内的中小型企业在海外市场竞争中提供便利的营商条件以及相对严格的监管机制，促进政府利用国内优势，建立在电子政务、智慧交通、智慧医疗等数字经济基础设施建设领域的数字经济模式，由此形成了覆盖面更广、条约更细致、更利于发展中企业的数字贸易监管框架。②

三 加入 DEPA 对中国数字贸易规则的挑战

（一）DEPA 对数据跨境自由流动规则提出高要求

DEPA 为我们带来了更高标准的数据跨境流动规则，其涵盖数据的跨境自由流动、政府数据的公开、数据资源的开发和利用以及个人数据的保护。③ DEPA 提供了一套高标准、严要求的数据跨境流动规则范本。④ 与 DEPA 相比，我国的跨境数据自由流动立法缺乏体系性和完整性、对外兼容性较低、监管灵活性不足，对数据跨境流动的规制基本是以风险为导向，数据保护方面相对保守。具体落实到法律规则层面，一方面、我国数据立法整体上倾向于数据的安全属性以及本地化保护，且呈现碎片化、割裂化的趋势。以《个人信息保护法》为例，该法确立了以国家机关处理的个人信息

---

① USMCA Article 19.17: Interactive Computer Services.
② 赵旸顿、彭德雷：《全球数字经贸规则的最新发展与比较——基于对〈数字经济伙伴关系协定〉的考察》，《亚太经济》2020 年第 4 期。
③ DEPA 第 4 章聚焦数据问题，第 5 章聚焦更广泛的信任环境，第 9 章聚焦创新与数字经济。
④ 郁建兴等：《中国高水平参与 DEPA 的关键领域与路径选择》，《浙江工商大学学报》2022 年第 1 期。

在境内储存为原则，出境需进行安全审查为例外的个人数据出境审查规则。[1] 同时，在个人信息保护认证方面、个人信息标准合同条款方面仍然有待完善，只有在国内加强数据治理体系，才能在国际谈判中表明中国态度。另一方面，为了促进数字贸易的进一步发展，我国逐渐从相对保守、封闭的数据治理朝着更加自由和开放的数据流动转变。中国式的数字贸易治理方案应当充分平衡数字贸易的发展与数据安全的保障，在明确数字治理原则后完成相关的配套工作，努力打造符合自身利益的数据跨境流动规则体系和全球数字生态系统。不完备的跨境数据自由流动立法可能对国际化的数字贸易形成制约，借加入 DEPA 的契机，我国应强化数据跨境流动规制体系的构建。

（二）DEPA 对数字互操作性规则设定高水平

DEPA 的数字贸易互操作性规则提倡缔约方技术标准向国际标准看齐，或通过承认监管等效性、充分性的方式，协调各国异质的数字贸易环境，以实现数字贸易环节的互联互通。[2] 这不但有利于我国拓展对外数字贸易的高水平进程持续深入，也更有助于我们同世界其他经济体开展数字贸易合作，通过更高水平的互操作性规则达到促进数字贸易发展、消除贸易壁垒的目标。但是，DEPA 的数字贸易互操作性规则也会给国内的网络安全、信息安全带来挑战。首先，国内的数字技术创新水平需要与 DEPA 相匹配，持续提升自身的国际数字标准，加快提高数字技术能力。其次，国内的数字贸易良性治理需要与 DEPA 的数字贸易规制方案相匹配，达到 DEPA 要求的权责一致标准，促进数字技术升级的同时，在数据跨境流动、个人信息保护、数字知识产权保护方面的立法亟须完善。最后，数字互操作性规则的目标是促进数据跨境自由流动，这可能给我的数据治理能力以及数据安全带来挑战。

---

[1] 靳思远：《全球数据治理的 DEPA 路径和中国的选择》，《财经法学》2022 年第 6 期，第 96 页。

[2] 殷敏、应玲蓉：《DEPA 数字贸易互操作性规则及中国对策》，《亚太经济》2022 年第 3 期，第 27 页。

（三）高标准数字贸易合作及数字鸿沟

DEPA 成员国大多为发达国家，成员国的数字贸易发展水平较高，在技术、治理等方面较为领先。相比之下，我国虽然已经成为数字贸易大国，但想步入数字贸易强国的行列，就必须同 DEPA 的成员国开展数字贸易合作。双方之间不对等的数字技术、数字治理增加了潜在的贸易壁垒风险。消除数字贸易鸿沟与壁垒是一项全方位的工作，更是一项"权责一致"的工作，在享受更加高标准的条款的同时，在与国内治理对接时一定要注意到条款间的张力，全方位提升治理水平，加速数字技术创新，是重中之重。

四　中国对 DEPA 数字贸易国际规则的应对

（一）国际层面的因应

1. 完善和促进跨境数字贸易的区域合作机制

据统计，截至 2023 年 9 月，我国已经与包括澳大利亚、新加坡、智利在内的 29 个国家建立了双边电子商务合作机制，与 18 个国家签署数字经济投资合作备忘录，一批数字企业成功"出海"。在我国已经签署的 21 个自由贸易协定（FTA）中，有 10 个设置了电子商务或数字经济专章，为中国企业参与和开展数字贸易提供了坚实的法治保障。[①] 与此同时，积极主动申请加入 DEPA 充分展现了我国支持数字贸易自由化、主动对接高标准国际规则的立场。一方面，积极拓展数字贸易国际合作的"朋友圈"，加快谈判并签订新的 FTA，积极对接高水平数字贸易规则；另一方面，对现有的含有数字贸易规则的 FTA 进行更新升级，充分发挥中国在跨境电子商务领域的优势地位，与数字贸易发展水平相当、具有相同利益诉求的国家进行深度合

---

① 《我国已与 29 个国家建立双边电子商务合作机制》，中国政府网，2023 年 9 月 7 日，https：//www.gov.cn/lianbo/bumen/202309/content_ 6902680. htm。

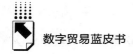

作。如中国与澳大利亚FTA、中国与智利FTA的升级协定中均包含电子商务规则。未来，我国应充分借助建设"数字丝绸之路"的契机，主动对接共建"一带一路"国家，找准共建"一带一路"经济体与DEPA的差距所在，以"数字包容"为主题对数字贸易规则核心议题展开探讨，为加入DEPA做好预先缓冲，准确评估和有效减少DEPA的潜在影响。

2. 推动构建数据跨境自由流动新规则

通过将DEPA与其他区域贸易协定进行比较可以发现，目前数字贸易规则谈判可以就电子签名等贸易便利化条款达成共识，但是在数据跨境流动、源代码保护等方面仍存在分歧。美国与欧盟所推广的数字贸易规制方案虽然标准高，但并不适应大多数发展中经济体的现状。对接DEPA的数字贸易规制方案，应充分立足于我国的利益诉求，从优化国内配置、融合高水平自由贸易的需求出发，积极推动新的数字贸易国际规则的形成。在文本表述层面，可考虑将FTA的"电子商务"章节转换为更高形态的"数字贸易"专章，聚焦数字贸易核心议题，补齐我国在数据跨境流动、数字产品非歧视待遇、源代码保护等数字贸易核心议题上的短板。针对数字贸易中的非歧视待遇，既要明确数字产品非歧视待遇是对数字贸易壁垒的降低，也是在为数字企业积极争取市场开放的权利，通过灵活运用豁免条款，合理设定"负面清单"逐步完善市场准入规则，在保障我国产业平稳发展的基础上对接DEPA数字贸易规则。

3. 细化例外条款审查与适用的机制

WTO规则中既有促进跨境数据自由流动的规定，亦有一般例外条款、国家安全例外等限制性规则，作为一国能够合法地采取数据本地化的措施，以限制数据跨境自由流动的基础。《服务贸易总协定》（GATS）第14条的一般例外条款包含公共道德、生命健康、法律法规等多个方面。判断一国所采取的限制跨境数据流动的措施是否适用一般例外条款，则需要通过个案具体分析该措施是否符合上述规定，以及是否违反第14条序言部分的歧视与限制条款。在争端解决程序中，WTO专家组和上诉机构重点审查缔约方所处的法律环境，并判定限制性措施与据称的目标之间是否具备充分的关联性。对于国家安全例外条款，GATS 第 14 条之二为成员国采取限制数据自由流动措施提供了合法性基础。其中与数据跨境流动高度相关的紧急情况可能体现为：一国因为数据的跨境流动可能会公开披露信息资料，导致本国安全利益受到威胁；一国的网络安全由于数据的跨境流动可能受到严重影响。在援引例外条款为限制数据跨境流动寻求抗辩和豁免时，缔约方往往承受较高的证明责任和法律解释义务。原因在于，WTO 体系内尚未针对数字贸易设定专门的例外条款，GATS 中的条款能否被扩张解释并适用于数字贸易，存在不确定因素，需要依赖于专家组的个案分析及裁量。因此，未来 WTO 争端解决机构需要创造更多适当的条件对特定的技术标准进行规定。我国应积极在多边贸易谈判中争取话语权，细化例外条款的审查原则，推动增设与网络安全相关的规则，使限制数据流动的贸易措施正当化，增强本地化措施的合规性。[1]

4. 在维护数据安全流动基础上促进数字贸易自由化

《数据安全法》和《个人信息保护法》构成了中国特色的"数据安全"话语体系。当前，世界各国对数据跨境流动的规制具有碎片化、不成体系化的特点，不仅在理念上存在分歧，而且在规则上亦存在冲突。如前所言，欧盟提倡个人信息保护与数据自由流动并举，美国虽然倡导贸易自由化但是却具有保护主义、单边主义特征，现有的模式与中国及广大发展中国家的现实情况并不契合。商务部的统计数据显示，截至 2025 年，中国可数字化的服务贸易进出口总额将超过 4000 亿美元，占服务贸易总额的比重为 50% 左右。[2] 作为数字贸易大国，中国应高度重视与数据跨境流动紧密相关的数据安全问题，兼顾数字贸易自由化的总体趋势。在数据跨境流动规则的国际谈判中，应当以自由流动为原则，限制流动为例外，依托负面清单就例外情形作出保留。特别是，涉及中国国家根本利益、国家安全、公共秩序的数据跨境流动需要施加合理限制。

① 张相君、易星竹：《数字贸易中跨境数据流动的国际法挑战与中国因应》，《福州大学学报》（哲学社会科学版）2023 年第 3 期，第 102 页。
② 王林：《报告预计 2025 年中国可数字化服贸总额超 4000 亿美元》，《中国青年报》2021 年 9 月 3 日，第 2 版。

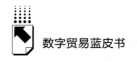

（二）国内层面的对接

1. 充分利用自贸试验区（港）开展数字贸易立法"先行先试"

2020 年 4 月 10 日，在中央财经委员会第七次会议上，习近平总书记强调要构建以国内大循环为主体、国内国际双循环相互促进的新发展格局。[①] 数字贸易的充分发展与双循环新发展格局的构建紧密相关，二者呈现相互促进的关系：双循环新发展格局不仅可以助推数字贸易，而且数字贸易活力的激发也可以反过来提升双循环中数据要素、信息产品的流通效率。通过优化国内数字贸易的市场配置，融合并借鉴发达经济体的数字贸易规则，对接自由贸易协定，可以推动人工智能、虚拟现实和物联网技术应用，丰富数字贸易的产品与服务，优化数字贸易结构，增强数字产业的国际竞争力。DEPA 的数字贸易规则对中国国内配套立法提出了较高要求。为了有效对接这些要求，我国可以考虑在海南自由贸易港、上海临港片区等条件成熟的自由贸易试验区率先推行高度自由化便利化的高标准数字贸易规则，并根据压力测试与风险测试结果反哺国内相关法规的实践，再向国内其他地区推广，在实践中不断调整和完善具有中国特色的数字贸易法律规则。

2. 加强数据分级分类做好数据跨境自由流动的监管

DEPA 的数据跨境流动规则在全球范围内属于较高水准。在加入 DEPA 的谈判中，中国应当完善数据分级分类机制并健全监管体系，对"重要数据""关键数据"进行精确定义，澄清"核心数据"的内涵和外延，避免解释泛化。尽可能对不同数据加以甄别划分，对于低敏感数据进行有序开放，创设多元化的出境通道、便利化的出境方式，优化安全审查方式。对于"重要数据""关键数据"的出境予以从严审查，保持管控。适当借鉴发达经济体设立"同等保护"机制，对于多边贸易协议缔约方或者对个人信息保护水平较高的国家，设立数据"白名单"，涉及"白名单"国家或地区之

[①] 《加快构建以国内大循环为主体、国内国际双循环相互促进的新发展格局》，《人民日报》2020 年 11 月 25 日。

低敏感数据无须通过严格的审查即可在其领域内自由流动。通过比照《网络安全法》和《数据安全法》等相关规范，我国目前采取有限的数据跨境流动，要求数据控制主体在数据跨境前依法完成安全评估、保护认证等要求。面临数据跨境自由流动带来的挑战，应以对高水平扩大对外开放提供法治保障为出发点，进一步提升自由化，与 DEPA 数据规则实现对接。完善数据出境安全评估机制，不但可以保持高标准的数据自由流动，也更有利于维护我国数据主权与安全。

3. 建立健全数字贸易争端预防与解决机制

法律的生命力在于实施，数字贸易国际规则与国内立法的生命力在于能够对当事人的行为提供指引、为法官审理和裁判相关争议提供法律渊源。据此，数字贸易争端预防与解决机制的健全将成为衡量一国数字贸易法治状况的重要因素。随着数字贸易在全球范围内的蓬勃发展，跨境数字贸易纠纷与日俱增。迄今为止，我国先后设立了杭州互联网法院、北京互联网法院、广州互联网法院，为解决私人之间的数字贸易纠纷提供了司法平台，并为国际贸易争端治理方案的探索积累了宝贵的经验。2022 年 11 月，杭州互联网法院开发的"跨境数字贸易司法解纷与治理平台"入选 2022 年度世界互联网大会"携手构建网络空间命运共同体"实践案例；2023 年 11 月，杭州互联网法院分别发布《数据权益司法保护十大典型案例》和《司法护航跨境数字贸易高质量发展十大典型案例》；2024 年 4 月，杭州互联网法院发布《跨境数字贸易十大典型案例》。除了诉讼之外，仲裁在解决数字贸易纠纷方面具有得天独厚的优势：第一，仲裁的管辖权依据当事人达成的仲裁协议确定，不受法定地域管辖权的限制；第二，仲裁遵循"一裁终局"原则，大大提升了数字贸易争议解决的效率；第三，仲裁奉行专家断案的模式，当事人可以选择在数字贸易领域具有专业知识和丰富经验的仲裁员裁断纠纷；第四，数字贸易大多具有国际性，需要适用的准据法以 DEPA 等国际条约、国际协定为主，仲裁裁决能够通过联合国《承认及执行外国仲裁裁决公约》在全球 170 多个国家得到承认和执行。在未来，我国既要有秉持司法审判机关在数字贸易纠纷解决方面的经验，又要在仲裁等替代性纠纷解决机制方面

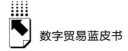

予以创新，以跨境数字贸易纠纷解决与治理平台为载体，以技术为通用语，深入跨境贸易纠纷解决规则、体制和机制探索，全面协调各市场主体在数字贸易规则构建发展的分歧解决途径，为数字贸易争端解决机制的创新提供中国智慧。

结　语

伴随数字经济的全球化，建立在不同模板基础上的数字贸易规制方案出现融合态势，尤其是在贸易便利化、关税与数字税、数据跨境流动与网络安全、消费者保护方面的共识越来越多。与此同时，由于数字贸易仍然处于发展和演变中，各国的数字经济发展水平不平衡，对于新议题、新现象、新规则难以消弭分歧、凝聚共识。中国在数字贸易国内立法和参与数字贸易国际规则制定方面的起步相对较晚，对外签订的囊括数字贸易条款的贸易协定数量有限，与欧美等发达经济体存在差距。为了更好地掌握并且对接 DEPA 确立的数字贸易规制方案，有必要对现有的多重方案进行梳理、比较，了解分歧所在，汲取有益经验，掌握规则制定的主动权。我国拥有广阔的数字贸易市场和前景，但在数字贸易规则的制定上远不及欧美等国完善和全面。在各国通过区域贸易协定推行本国数字贸易规制方案的背景下，我国应以 DEPA 的数字贸易规制方案为蓝本，借鉴他国经验，完善国内立法，积极参与数字贸易国际规则制定，为数字贸易发展保驾护航。

参考文献

戴龙：《数字贸易法通论》，中国政法大学出版社，2022。
郭鹏：《国际数字贸易自由化的若干法律问题研究》，暨南大学出版社，2021。
李雪平、万晓格：《数字贸易争端解决的规则与程序：国际法与比较法研究》，法律出版社，2023。
武长海主编《国际数据法学》，法律出版社，2021。

杜冰清：《自由贸易协定中的数字贸易规则研究》，《中国商论》2023 年第 1 期。

甘露：《对接 RCEP、CPTPP、DEPA 规则推进海南自由贸易港服务贸易制度型开放》，《南海学刊》2023 年第 3 期。

洪俊杰、陈明：《巨型自由贸易协定框架下数字贸易规则对中国的挑战及对策》，《国际贸易》2021 年第 5 期。

吉易成：《构建数字贸易规则"中式模板"》，《中国外资》2023 年第 10 期。

李昊恩：《论〈美墨加协定〉数字贸易规则与中国启示》，《宁夏社会科学》2023 年第 5 期。

李洪涛、张菲、隆云滔：《国际数字贸易规则助力中小企业数字化转型——以 DEPA 数字贸易规则为例》，《数据与计算发展前沿》2022 年第 6 期。

梁国勇：《全球数字贸易规则制定的新趋势与中国的战略选择》，《国际经济评论》2023 年第 4 期。

刘洪愧、林宇锋：《数字贸易国际规则的主要"模板"、融合前景与中国应对》，《全球化》2023 年第 4 期。

茹宏亮：《数字贸易"美式模板"及对中国的影响》，《中国外资》2023 年第 19 期。

杨莉：《数字贸易国际规则构建的中国方案——基于中国区域贸易协定框架下数字贸易条款的演进特点解析》，《价格理论与实践》2022 年第 10 期。

朱福林：《全球高标准 RTAs 数字贸易规则演进与中国因应》，《学术论坛》2022 年第 5 期。

Andrew D Mitchell and Neha Mishra, "Regulating Cross‐Border Data Flows in a Data‐Driven World：How WTO Law Can Contribute," *Journal of International Economic Law* 3 (2019).

María Vásquez Callo‐Müller, *Digital Trade and International Law* (Cambridge：Cambridge University Press, 2023).

Mira Burri, "Cross‐Border Data Flows and Privacy in Global Trade Law：Has Trade Trumped Data Protection?," *Oxford Review of Economic Policy* 39 (2023).

Mira Burri, "The International Economic Law Framework for Digital Trade," *Information Systems & Economics eJournal* 1 (2015).

Mira Burri, *Big Data and Global Trade Law* (Cambridge：Cambridge University Press, 2021).

Mira Burri, María Vásquez Callo‐Müller and Kholofelo Kugler, "The Evolution of Digital Trade Law：Insights from TAPED," *World Trade Review* 1 (2024).

B.10
数字贸易规则的国际分歧与中国应对

郝宇彪　徐修成*

摘　要：　提升数字贸易规则话语权是构建贸易强国的重要抓手。目前，国际数字贸易规则呈现碎片化、孤岛化及重叠化特点，各国在数字贸易规则上存在较大分歧，尚未形成统一的数字贸易规则范式。美、欧、日、中构建了四大数字贸易规则范式，引领国际数字贸易规则的发展方向。但其构建的四大范式在数据跨境流动、数字知识产权保护、个人数据隐私保护等规则上存在较大差异。为提高中国数字贸易规则范式的影响力，本报告建议夯实发展基础，提升数字贸易规则制定话语权；完善数字贸易规则，打造更完善的"中式"蓝本；平衡安全与发展原则，强化数字领域国际合作。

关键词：　数字贸易规则　数字贸易　话语权

进入 21 世纪以来，数字技术得到了蓬勃发展，以大数据、物联网、互联网、人工智能及区块链等信息技术为基础的新型贸易模式开始崭露头角，并逐渐延伸到国际层面。这些技术的发展，不仅改变了人们的生活方式，也对全球经济产生了深远影响。其中，最具影响力的变化之一就是跨国数字贸易的兴起。跨国数字贸易指通过数字技术和平台进行的跨国贸易活动。这种新型贸易模式的出现，标志着国际贸易从传统的商品、服务等有形贸易向无形的数字贸易的演进。这种转变，对传统的国际贸易方式、贸易规则、贸易

---

* 郝宇彪，博士，首都经济贸易大学经济学院教授，主要研究领域为公共债务、对外投资风险、产业链风险等；徐修成，首都经济贸易大学经济学院博士研究生，主要研究领域为国际贸易、产业链风险等。

格局产生了巨大的冲击。跨国数字贸易的兴起，使贸易的形式和内容发生了根本性的变化，从而推动了全球贸易的发展。

根据国务院发展研究中心对外经济研究部和中国信息通信研究院发布的《数字贸易发展与合作报告2023》，2022年全球数字服务贸易规模达到了3.82万亿美元，同比增长3.9%。根据UNCTAD数据，2022年全球服务贸易总额达7万亿美元，数字服务贸易在全球服务贸易中的占比高达54.57%。[①] 全球已经进入了由数字贸易主导的新阶段。数字贸易的快速发展，不仅改变了贸易的形式，也对全球经济格局产生了深远影响。数字贸易的兴起，使国际贸易更加便捷，交易成本降低，市场参与者更加多元。同时，数字贸易也带来了新的挑战，如数据安全、隐私安全等问题。

然而，目前全球的国际数字贸易规则并不统一，这对数字贸易的进一步深化产生了不利影响。各国在数字贸易规则的制定上存在较大的分歧，使全球数字贸易的发展面临着严峻的挑战。

世界贸易组织（WTO）作为全球最大的贸易组织，一直在努力推动数字贸易规则的谈判。目前，WTO的数字贸易规则谈判已取得了实质性的进展，初步完成了数字便利化规则、个人数据保护、开放式政府数据等13条规则的磋商。这无疑是对全球数字贸易规则制定的重要推动。然而，在一些核心议题上，如数据跨境流动、数据本土化、知识产权保护等方面，各成员国并未达成共识。这些问题的存在，使全球数字贸易规则的统一化进程受到了阻碍。

美国和欧盟作为全球经济的重要力量，凭借先发优势，率先建立起了数字贸易规则的"美式模板"和"欧式模板"，并通过区域合作与谈判，对全球进行了数字贸易规则的输出。其在一定程度上推动了全球数字贸易规则的发展，但也引发了一些问题，如数字贸易规则的公平性、适用性等。

日本在数字贸易规则的制定上也取得了显著的成就。日本先后通过CPTPP、《日欧经济伙伴关系协定》、UJDTA等双边及多边协议，建立起

---

① UNCTAD, *Global Trade Update 2023*.

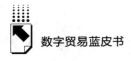

了完善的数字贸易规则。这使日本在数字贸易规则制定上占据了领先地位。

中国作为全球最大的发展中国家，也在数字贸易规则制定领域提出了新的见解。中国强调数据安全问题，并通过双边协定、多边协定及自贸区等方式，建立起了中国式的数字贸易协定新范本。这种做法在一定程度上反映了中国在全球数字贸易规则制定中的影响力。

习近平总书记在十九届中共中央政治局第三十四次集体学习讲话中强调："积极参与数字经济国际合作，要密切观察、主动作为，主动参与国际组织数字经济议题谈判，开展双多边数字治理合，维护和完善多边数字经济治理机制，及时提出中国方案，发出中国声音。"① 随着数字贸易重要性的进一步凸显，各国围绕数字贸易规则的合作与博弈将持续深化。梳理当前国际贸易规则发展趋势，厘清各国建立数字贸易规则关切点，总结数字贸易规则国际分歧，有利于我国争取数字贸易规则制定话语权，推动数字贸易发展。

一 数字贸易规则内涵及分类

在构建全球性数字贸易规则时，首先需要解决的就是数字贸易规则的定义和范围。数字贸易是一个多维度的概念，不仅涉及传统货物和服务贸易，还包含数据流动、知识产权保护、网络安全等多方面内容，这在一定程度上增加了数字贸易规则分类的难度。

（一）数字贸易规则相关概念界定

顾名思义，数字贸易规则就是调节和规范数字贸易活动的原则和规定。然而，需要指出的是，关于数字贸易的内涵和范围，无论是政府相关主管部门还是学界，目前尚未达成完全一致的认识。但主流的界定认为，数字贸易

---

① 《加强数字经济国际合作 推动全球数字治理变革》，《光明日报》2022年9月6日。

涵盖了通过互联网及相关技术实现的订单处理、产品生产和交付服务的全流程，这不仅包含了数字产品与服务的在线销售，还涉及数据流通对全球价值链的促进作用，以及推动智能制造和多样化平台应用的服务。2023 年 7 月，世界贸易组织（WTO）、经济合作与发展组织（OECD）、国际货币基金组织（IMF）和联合国贸发会议（UNCTAD）共同发布了新版《数字贸易衡量手册》，将数字贸易分为数字订购和数字交付。数字订购是在计算机网络中，通过专门为下订或接受订单而设计的方法，进行的商品或服务的国际销售或购买；数字交付是所有通过计算机网络远程传送的国际贸易交易。实际上，数字订购贸易就是国际电子商务，涵盖商品和服务两方面的交易，而数字交付贸易只涵盖服务的交易。目前也有观点认为，电子商务是否应该纳入数字贸易范畴，还需进一步考虑。

基于数字贸易的兴起，新技术、新模式、新业态的出现，推动交易工具、交易手段、交易标的及交易成本等发生了巨大变化，传统贸易规则不再适用于数字贸易的发展，进而引致对数字贸易规则的需求。目前，WTO、OECD 等多边层面上对数字贸易规则缺少宏观界定，数字贸易规则呈现碎片化、孤岛化和重叠化特点。

各国将数字贸易的发展诉诸双边贸易协定，但基于各方利益、安全、所有权等目的的分歧，导致在某些具体条款上产生冲突，甚至会形成贸易保护、贸易壁垒、贸易冲突等问题。总体而言，各国数字贸易规则核心关切点为数据跨境流动、数据本地化、数字关税、个人数据隐私保护、数字知识产权保护及数字贸易便利化。

早在 1980 年 OECD 在《关于隐私保护和个人数据跨境流动的指南》（以下简称《OECD 指南》）首次界定了"个人数据跨境流动"，认为个人数据跨境流动是指跨越国家界限的个人数据移动。1985 年，在《跨境数据流动宣言》中，OECD 首次对"跨境数据流动"做出法律解释，认为跨境数据流动是指计算机化的数据或者信息在国际层面的流动。在这里，跨境数据流动代指个人数据跨境流动。跨境数据流动存在数字主权、个人隐私保护、国家安全等多维度的问题，因此在国际层面尚无统一标准。

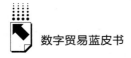
数据本地化是数据跨境流动制度的核心条款之一。数据本地化规则要求在本国产生的源数据只能存储在境内的服务器上，不得向境外流动。目前，对数据本地化规则存在三类看法，即以美国为代表的禁止数据本地化，以欧盟为代表的数据本地化中间道路以及以中国为代表的源数据本地化积极推行者。

数字关税即对数字贸易（包括数字产品贸易和数字服务贸易）征收的数据国际传输关税。早在 1998 年，WTO 通过了《全球电子商务宣言》，各方同意对新兴的数字贸易不征收关税。但各国对关税免征范围及电子传输的定义并不一致。

在中国《个人信息保护法》中明确指出，个人数据是指载有可识别特定自然人信息的数据，不包括匿名化处理后的数据。而公共数据不指向具体个体。在数字经济时代，每个人都以数字化的形式存在，众多数据集合在一起，呈现多样性和复杂性特点，某些数据存在个人数据和公共数据界限模糊的问题，面临较大的暴露风险。当数据所有者在不知情和不同意的情况下，被他人或机构暴露和利用时，就产生了个人数据隐私泄露问题。

数字贸易是技术密集型贸易，通常包含前沿数字技术和商业秘密，与算法、计算机底层设计、大数据等密切相关，传统的知识产权保护条例无法解决数字知识产权问题。数字知识产权保护是国际数字规则中的重要议题，是指在数字化环境下产生的知识产权，主要围绕开放源代码、数字版权、专利申请及非法网络入侵进行展开，涉及关键基础设施、软件开源等问题。

数字贸易便利化涉及电子认证、电子签名、无纸化贸易、国内电子交易监管框架、互联网费用分摊等多个维度，数字贸易便利化规则的主要目的是推进数字贸易端与端的对接，缩减贸易流程，降低交易成本，推动数字贸易提速增质。

（二）数字贸易规则分类

当前，数字贸易进入快速发展阶段，贸易占比不断提升，带动全球经济稳中有进，与之相伴的数字贸易规则不断丰富，但仍存在分类不明的问题。

区域贸易协定电子商务和数据条款数据库（TAPED）对编码条款合法程度进行估算后，将数字贸易条款分为三类：软条款、混合条款以及硬条款。软条款是指不可强制执行的承诺，具有非约束性义务；混合条款是指在协议文本中表述为"允许""例外条款"等未明确内容，即在条款表述中同时包含约束性和非约束性的义务；硬条款是指可强制执行的承诺，具有约束性义务。

中国信息通信研究院在《全球数字经贸规则年度观察报告（2023年）》中将数字贸易规则分为内生性数字贸易规则及衍生性数字贸易规则。内生性数字贸易规则包含数字贸易关键影响因素开放及数字贸易可信、创新环境两大领域，针对数字技术、数据、数字基础设施、数字平台、营商环境、数字化转型，共提出31条规则，包括知识产权保护、源代码、个人信息保护、数据跨境流动、数字政府等；衍生性数字贸易规则主要涉及数字贸易赋能，针对关税、非关税措施、市场准入、贸易便利化、技术保护、消费者保护共提出11条规则，主要包括电子传输免征关税、数字产品非歧视待遇、电子认证、电子签名等。

部分学者通过数字贸易相关协定中对数字贸易规则的表述，对数字贸易规则进行分类。彭宇等将数字贸易政策分为自由开放型、贸易促进型及隐私保护型条款。[①] 熊鸿儒等综合一些高质量自由贸易协定，如 CPTPP、USMCA 等将贸易规则总结为数字贸易税收、数据基础设施、数据安全保护与跨境传输、数据贸易壁垒等主要议题。[②] 赵静媛等在此基础上做了进一步研究，认为数字贸易规则可分为数据相关条款、市场准入条款、贸易促进条款、消费者保护条款以及争端解决条款。[③] Rachel 认为从美国政策角度而言，数字贸

① 彭羽、杨碧舟、沈玉良：《RTA 数字贸易规则如何影响数字服务出口——基于协定条款异质性视角》，《国际贸易问题》2021 年第 4 期，第 110~126 页。
② 熊鸿儒、马源、陈红娜、田杰棠：《数字贸易规则：关键议题、现实挑战与构建策略》，《改革》2021 年第 1 期，第 65~73 页。
③ 赵静媛、何树全、张润琪：《RTA 数字贸易规则对数字行业增加值贸易的影响研究》，《世界经济研究》2022 年第 9 期，第 48~61 页。

易规则分为关税壁垒和非关税壁垒两种形态。① Burri 和 Polanco 在考虑各条款重要程度的基础上，将数字贸易规则分为电子商务条款、数据流动条款、数据条款和数字知识产权条款。②

二　数字贸易规则发展现状与挑战

当前，数字经济新动能持续释放，数字贸易规则成为各国竞争的重中之重。在全球范围内，数字贸易规则仍存在碎片化、孤岛化、重叠化的问题。发达经济体根据本国数字经济特点，竞相提出符合该国国家利益的数字贸易规则范式，试图主导全球数字贸易规则的构建。新兴经济体数字经济发展虽然存在一定的滞后性，但仍可选择最符合本国特色的数字贸易发展模式，从而实现后发先至。

（一）全球数字贸易规则不统一

数字贸易的兴起改变了国际贸易的发展模式，虚拟化、数字化、智能化、便捷化成为当前国际贸易的新趋势。数字贸易作为新型贸易形式，在传统的贸易规则下，存在贸易产品分类不明确、不统一，因此亟须制定与数字贸易相匹配的规则政策。但由于各国关键基础设施、数字技术、监管水平等发展差异较大，使有关数字贸易规则的制定目的、监管重点不同，而不同国家的数字主权、利益差异也造成规则制定时存在分歧，导致国际上并不能形成一套统一的数字贸易规则。虽然 WTO 成员已就电子签名与认证、在线消费者保护、无纸化贸易、消费者信息保护等 13 个议题达成共识，但在数据流动、数字知识产权保护、源代码等核心议题方面仍存在较大分歧。

数字贸易规则主张不仅在发达经济体与发展中经济体之间存在普遍差

---

① F. F. Rachel, *Data Flows*, *Online Privacy and Trade Policy* (Congressional Research Service Working Paper, 2019).

② M. Burri, R. Polanco, "Digital Trade Provisions in Preferential Trade Agreements: Introducing a New Dataset," *Journal of International Economic Law* 1 (2020).

异，在发达经济体内部也存在较大的分歧。美国与欧盟就数据跨境自由流动程度始终未达成一致，发展中经济体一般支持数据存储本地化，而以美国为首的西方国家则持相反态度。

目前，主导全球数字贸易规则制定有四大模板：聚焦数据开放以及知识产权保护的开放式"美式模板"；关注个人数据隐私保护、文体（视听）例外的半开放"欧式模板"；强调数字安全、电子商务的逐渐放开式的"中式模板"；融合式"日式模板"。

（二）发达经济体具备突出优势

全球主要经济体，包括美国、欧盟等发达经济体，凭借先发优势，不断在数字技术、数字基础设施关键领域、数字人才等方面积累比较优势，对外传播输出数字贸易规则，不断扩大其影响力，试图建立一套完全对其有利的数字贸易国际规则。而数字贸易不发达地区，由于数字基础建设水平、创新能力、应用能力明显低于世界一般水平，其数字贸易发展具有明显的滞后性，没有形成目标明确的数字贸易规则，易受发达经济体数字贸易规则影响，从而阻断新兴经济体数字贸易发展土壤。

以美国为首的发达经济体建立数字霸权的主要目的有二。一是压制其他新兴经济体数字创新能力。一方面，发达经济体创新能力占据主导地位。根据世界知识产权组织（WIPO）发布的《2023 年全球创新指数报告》，在2023 年全球创新指数前 20 榜单中，新兴经济体中只有中国进入榜单，其他皆为发达经济体；另一方面，发达经济体在新兴产业技术创新方面制定了技术标准，形成了生态联盟，并对专利产权及隐性知识方面作出限制，设置了较高的进入壁垒。二是摄取新兴经济体数字资源。发达经济体具有先发优势，亚马逊、Meta、三星、东芝等科技跨国企业掌握着全球大量用户数据及数字技术，控制着全球互联网生态的诸多关键环节，形成了全球范围内的数字把持地位。发达经济体凭借诸多跨国企业逐渐渗透到众多发展中经济体的社会发展中，并取得一定影响力和控制力，造成发展中经济体的数字依赖性，从而达到摄取数字资源的目的。

207

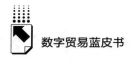

欧美等发达经济体借助七国集团（G7）、跨境隐私规则体系（CBPR）、经济合作与发展组织（OECD）等不断巩固发达经济体在数字贸易规则制定方面的核心地位，通过签订 USMCA、《跨太平洋伙伴关系协定》（TPP）等制造较高的数字贸易规则合作准入门槛，甚至通过签订《美国印太战略》，试图主导印太地区数字贸易规则的制定权。但这种模式并不利于全球数字贸易的发展。

（三）新兴经济体选择多元化

新兴经济体在数字贸易领域展现出多样化的利益诉求，导致在维护数字主权的同时，也设立了诸多数字贸易壁垒。在市场准入方面，新兴经济体之间存在显著分歧：一些国家倾向于市场开放，以取得规模经济的优势；而其他国家则基于对本国数字产业发展的保护，更倾向于实施严格的市场准入规则；监管体系的差异同样显著，新兴经济体数字贸易监管体系完善程度存在差异，监管机构的发展也相对参差不齐，从而导致其对数据跨境流动的态度不一致；在利益诉求方面，大多数新兴经济体对信息安全和数字主权给予了高度重视，在数字贸易问题上持保守立场，存在较大的分歧。

新兴经济体在数字贸易政策上表现出明显的差异化。2021 年，中国分别申请加入 CPTPP 和 DEPA，意味着中国试图在由美欧主导的数字贸易规则之外，探索并形成具有亚太地区特色的数字贸易模式。印度利用其在数字服务贸易市场的潜力，实施了"数字印度"战略。面对数字贸易逆差常态化的挑战，俄罗斯采取了更为审慎的贸易政策立场。对于新兴经济体来说，一个关键的挑战是如何在数字贸易领域做出战略选择。是加入现有的"美式模板"或"欧式模板"，还是建立独立自主的规则体系，如"中式模板"，是新兴经济体在数字贸易领域亟须解决的问题。

三　全球数字贸易规则典型代表

在全球范围内虽尚未形成统一标准的数字贸易规则体系，部分核心条款还存在严重的分歧，但在国际范围内已形成四大数字贸易规则范式，其影响力不断扩大，主导着国际数字贸易规则体系构建的方向和走势。

（一）全球数字贸易规则的"美式模板"

1. 永久免除数字传输关税规则

本报告所讨论的免除数字关税是指免除数字传输关税。美国作为永久免征数字关税的代表之一，强烈反对以任何形式征收数字关税。2022 年 6 月，在世界贸易组织（WTO）部长级会议召开之际，美国两党 30 多名议员联名向美国贸易代表戴琪施压，警告如果不能延长该关税禁令，"美国经济、就业和创新的实力将被削弱"，要求戴琪务必在本次大会上推动协议延续下去。[①] 2023 年，美国电信服务收入为 3324.04 亿美元。[②] 美国数字贸易仍领跑全球，若征收数字关税，美国可能会遭受巨大损失。在美国数字贸易规则最具代表性的协定——USMCA 中也明确规定任何缔约方不得对缔约方之间的电子传输包括传输内容征收关税。

美国坚决反对数字关税的征收，强调数字产品的价值由企业创造，认为数字税会加重数字化企业的运营的成本。美国拥有最多的数字平台企业，在数字平台方面具有垄断地位，根据中国信息通信研究院测算，截至 2022 年 12 月底，美国共有 26 家全球价值超百亿美元的互联网平台，价值规模约 6.8 万亿美元，占据总体规模的 73.8%，其中包括谷歌、苹果、亚马逊等重要的数字平台类跨国企业，[③] 这些跨国数字企业需在世界各国市场扩张，以期获得更高的利润。而数字关税的免除将大大降低跨国数字企业的扩张成本，为其数字服务提供价格优势，排挤目标市场数字企业，从而占据更大的市场份额。

此外，美国也希望能够永久性免除数字关税，从而为企业和消费者创造

---

① 《美两党议员施压戴琪：若 WTO 不延长该关税禁令，美国实力将被削弱》，观察者网，2022 年 6 月 13 日。

② Statista，*Global：Communication Services Revenue by Segment*.

③ 中国信息通信研究院，《平台经济发展观察（2023 年）》。

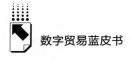

稳定和可预期的市场环境，避免因关税变更产生的税差而导致企业搬迁和贸易转移。

2. 数据跨境自由流动规则

美国是数据跨境自由流动规则的倡导者，其主要主张来源于重大经济利益诉求。2022 年全球市值最高的 100 家企业中，美国独占 63 席，显示出美国在全球经济中的显著地位。[①] 特别是在互联网行业，美国企业不仅具有先发优势，还在社交媒体、搜索引擎、电子商务、云计算等关键领域保持世界领先地位，根据 WTO 公布数据，2022 年美国出口的服务总价值为 9000.1 亿美元，领跑全球，而全球第二名的英国，仅有 4921 亿美元。[②] 具体表现在以下方面。

一是互联网企业的先发优势所带来的数据本地化存储及全球数据管理权；二是美国政府对关键部门、行业和领域的数据跨境流动实施了分散、隐蔽但有效的管控；三是对国际规则具有高度的主导权、话语权和解释权；四是执法机构享有对境外数据实施长臂管辖的广泛权利。

然而，在 2023 年 10 月，美国在世界贸易组织电子商务规则谈判中放弃了其长期以来坚持的部分数字贸易主张，包括关于数据跨境自由流动、禁止数据本地化及软件源代码审查的国家要求。这一转变的驱动因素包括以下方面。

一是在逐步推动美国-欧盟、美国-日本以及美国-英国等数据跨境流动的双边和多边规则体系相继成型和落地之后，美国在数据跨境流动规则的全球格局中形成了一定意义上的数据流动生态圈，并且已占据了相对优势地位。

二是在新一代数字应用等高速发展的全球数字化浪潮下，美国当下的全球数据生态优势地位具有相对性。特别是人工智能的系统性影响日益显现，为了维持已经占有的相对优势，美国不惜放弃之前的长期主张，试图最大限

---

① 普华永道：《2022 年全球市值 100 强上市公司排行榜》。
② WTO, *World Trade Statistical Review 2022.*

度地扼杀来自他国的可能的数据资源挑战威胁。

三是在美国国内，与特朗普政府的立场不同，着眼拜登政府本身关于加强大型科技公司监管的思路和价值诉求，可以发现反对有利于大型科技公司进行垄断扩张的数字规则的主张日益占据上风。虽然美国部分立法成员和大型企业、行业组织持强烈反对意见，但从近年来美国有关数据治理、市场秩序和国际规则的各项举措来看，包括反垄断立法司法的态势和《国家安全和个人数据保护法案》等联邦立法的进程，都反映出拜登政府有关加大大型数字企业监管力度的走向已然趋于稳定。

3.数字知识产权保护规则

美国在数字知识产权保护方面持有比较严格和全面的立场，这在USMCA 和 TPP 的相关规定中均得到了体现：美国在 TPP14.17 第 1 款中明确要求实现"源代码非强制本地化"。USMCA 承袭了这一规定，并将其适用范围扩展到了除大众市场软件之外的基础设施软件；在 TPP 的基础上，USMCA 将"源代码中的算法""密钥""商业秘密"添加到了"开放禁令"的适用范畴；近年来，美国在规制互联网服务提供商（ISPs）在第三方知识产权侵权行为的责任方面出现了强化趋势。具体表现在明确 ISPs 在第三方知识产权侵权行为中需承担连带责任，以及强化 ISPs 在知识产权保护中承担的义务。

基于知识产权保护的视角，美国政府将强制性源代码转让视为贸易壁垒。美国认为如果企业在进入某个市场时面临强制披露源代码的要求，可能会增加其知识产权被盗用的风险，从而抑制企业进入该市场的积极性。

此外，美国在数字产业，特别是视听服务领域占据主导地位，为保障在该领域的相关利益，美国在全球范围内积极打击数字内容盗版，同时推动制定严格的版权保护规则。在国际贸易协定谈判过程中，美国强调 ISPs 在知识产权侵权问题上的责任，以及在保护知识产权中应承担的义务。这些都反映了美国在数字贸易规则发展中不断强化知识产权保护。在"WTO 电子商务诸边谈判"中，美国提出了与数字知识产权保护相关的规则提议，包括禁止强制转让技术和商业秘密，以及禁止强制使用本国技术，进一步体现了

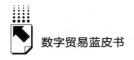
其对数字知识产权保护的重视。

4. 严格限制数据本土化规则

作为全球数字技术引领者，美国是数据自由化的最大受益者，也是数据本土化的坚决反对者。TPP 第 14.13 条明确规定缔约方不得在领土内设置数据本地化壁垒；特朗普政府虽然出于党派利益和竞选承诺，退出了 TPP，但在 2018 年推出的 USMCA 完全吸收了上述规定。同年，美国通过了《云法案》（*CLOUD Act*），规定任何在云上存储数据的公司须要求将数据转交给美国政府，旨在促进美国对跨境数据的执法访问。

美国是数字技术和数字经济最发达的国家之一，根据京融智库数据，截至 2023 年 8 月，全球十大互联网企业中，美国独占七位。① 因此，美国从两个方面维持美国企业在数据方面的垄断优势。一方面，在国际层面倡导数据跨境自由流动，反对数据本土化措施。美国推动经合组织（OECD）通过《OECD 指南》，该指南建议不得以保护个人隐私和自由的名义限制数据跨境自由流动，《APEC 隐私保护框架》也以此为参考，建议各成员国在保证国家安全利益的基础上推进数据跨境自由流动。虽然其目的都是为了推动数据自由流通，促进各成员国信息共享，但是并不具有约束力。另一方面，美国通过双边和多边协议推广数据跨境流动和禁止数据本土化规则，如 TPP、《跨大西洋贸易与投资伙伴关系协定》（TTIP）及《国际服务贸易协定》（TISA）等都引入了数据跨境自由流动相关议题，明确规定缔约方不应将供应商购买本地服务或设置本地基础设施作为进入市场的前提条件，具有一定的约束力。

美国反对数据本土化的原因有两个方面。其一，数字技术是中立的。数字技术本身没有善恶，是中性的工具和手段，其对社会的影响取决于人们如何应用它。其二，数字本土化是一种贸易壁垒。数字本土化要求增加了企业准入门槛，提高了企业的运营成本，会对企业造成不利影响，是一种不正当竞争。

---

① 资料来源于 2023 年 11 月 8 日京融智库发布的"全球互联网市值 Top 30 榜"。

（二）全球数字贸易规则的"欧式模板"

1. 个人数据隐私保护规则

欧盟各成员国一直重视对个人隐私权的保护，采取以法律为基础的网络隐私权保护模式，通过一系列法律法规确立了网络隐私权保护的基本原则和制度，并提供了司法或行政救济措施以确保这些原则的精准实施。欧盟成员国在个人数据保护方面有着悠久的历史，如瑞典在 1973 年颁布的《数据法》，法国在 1978 年颁布的《数据处理、档案及自由法》。1995 年，欧盟通过了《数据保护指令》，进一步强化了对个人数据的保护，禁止将个人数据传输至数据保护标准未达到欧盟要求的国家和地区，并要求第三国必须建立数据保护机构进行登记。在特定条件下，隐私数据的使用还需获得欧盟委员会的批准。2018 年 5 月，《通用数据保护条例》（GDPR）正式生效，要求企业必须重点保护个人数据而非控制企业流程，这被广泛认为是欧盟有史以来最为严格的网络数据管理法规。

欧盟采取以法律规制为主导的网络隐私保护模式，其主要原因可以归结为历史和体制因素。首先，由于第二次世界大战的历史背景，欧盟民众强烈反感监视和控制行为，这种情感促使欧盟对个人隐私保护的高度重视。其次，鉴于欧盟成员国众多且各国法律法规存在差异，特别是在个人数据保护等隐私权内容上缺乏统一标准，为了促进网络隐私权保护的协调一致，并推动信息社会及互联网相关产业和应用的快速发展，最有效的策略是通过制定统一的法律法规来实现成员国间的政策协调。

2. 文体（视听）例外规则

文体（视听）例外是"欧式模板"数字贸易规则的核心规则，影响着数据跨境自由流动的开放程度，其目的是保护本国文化免受外来文化影响，维持本国公民意识形态独立。在数字贸易治理中，欧盟经常引入文体（视听）例外条款，并持有坚定立场。对于数据跨境自由流动，欧盟持比较开放的态度，对其限制比较少，但文体（视听）部门是一个主要例外。早在1989 年欧盟就颁布了《无国界电视指令》，防止文化入侵，此后，在《关税及贸易总协定》（GATT）和《服务贸易总协定》（GATS）中，欧盟都对文体（视听）的自由贸易做出了限制。视听服务作为在线传输的关键数字产品之一，已成为国际贸易中的一个重要议题。欧盟特别强调维护民族文化的独立性，并对文化进口实行限制，尤其是对来自美国等文化强国的强势文化影响保持警惕。欧盟认为文化产品不仅具有商业价值，更承载着独特的社会价值，因此不应简单按照自由贸易原则来处理。在欧盟的坚持下，包括视听服务在内的文化产品在 GATT 和 GATS 中设置了较多例外条款。此外，在 TTIP 和 TISA 的谈判中，欧盟与美国的主要分歧之一就是欧盟坚持文本（视听）的例外原则，而美国则倾向于市场决定一切的贸易自由化立场。

3. 数字知识产权保护规则

数字知识产权保护是"欧式模板"数字贸易规则谈判中的重点议题，强调数字内容版权保护，主要保护版权持有人的权益以及平衡用户和内容创作者之间的利益。

欧盟于 2019 年通过了《数字化单一市场指令》（DSM 指令），旨在协调欧盟成员国的版权法律，以适应数字环境和跨境环境，主要包括：调整例外和限制，以适应文本与数据挖掘、跨境教学活动等领域；改进授权许可的做法，确保获取内容的渠道更加广泛；为版权市场实现良好运转引入有利于新闻出版商在线使用新闻出版物的相关权益。此外，欧盟还对链接税及企业上传过滤器做出了规范，保护版权著作人的合法权益。

在国际谈判中，欧盟根据谈判对象的数字经济水平而采取差异化策略。与发达经济体的谈判中，欧盟坚持知识产权保护必须与隐私保护相结合，这一点在 2011 年签署的《反仿冒贸易协议》（ACTA）得到体现。然而，出于对网络供应商采取的侵权行为阻止措施可能侵犯个人隐私的担忧，该协议最终未能在欧盟内部通过。相比之下，在与发展中经济体的谈判中，欧盟对隐私保护的要求有所调整，显示出在不同的情形下，欧盟对隐私保护重视程度的差异。如在《综合性经济贸易协议》（CETA）中，尽管包含了与 ACTA 相似的条款，但欧盟更倾向于优先考虑对数字知识产权的保护，且该协议在欧盟内部得到了获批。

4. 数据跨境自由流动规则

欧盟在数据跨境自由流动的规则上，采用双重标准。一方面，针对数字技术和数字经济发展处于领先地位的美国，欧盟强调应适当纳入数据本地化措施，在与美国进行的各种数字贸易谈判过程中，对跨境数据的自由流动性持谨慎态度，对于美国提出的技术中立理论，也持反对意见，认为数字技术除内在价值外，还具有社会价值，对技术的使用必须考虑其社会影响。另一方面，针对数字技术、数字经济欠发达的发展中国家，欧盟则驳回了数据存储本地化的合理要求，并认为数据存储本地化是一种贸易壁垒，该态度在欧盟与越南、俄罗斯、中国的贸易谈判中均有所体现。

此外，虽然欧盟整体倾向于有限制地开放数据跨境自由流动，但仍有部分成员国持有不同的态度。德国为降低对外部电子设备监听的风险，早在 2013 年就开始建立国家层面的专门网络存储本地数据。法国也采取了类似的措施，投资 1.5 亿欧元用于构建独立的云计算基础设施，强调数字主权。

"欧式模板"的数据跨境自由流动是基于保护个人隐私为前提的。出台的《关于个人数据处理保护与自由流动指令》和《一般数据保护条例》等法规，都规定了数据跨境自由流动的条件和标准，而 2018 年实行的《一般数据保护条例》更是规定了个人数据访问权、可携权和删除权等权利，进一步提高了对个人数据存储和处理的成本，要求相关企业在确保欧盟成员国公民隐私的前提下，才可以将数据向欧盟之外的国家流动。

（三）全球数字贸易规则的"日式模板"

1. 数字知识产权保护规则

日本尽管并没有发展出巨无霸型数字平台跨国企业，但始终认为对数字知识产权的保护是维护其电子和信息技术制造业及服务业占据全球优势地位的关键。《防止不正当竞争法》（UCP 法）是日本知识产权保护的重要法律框架，2023 年 3 月日本重修 UCP 法后，将数字假冒产品纳入管控范围，允许实体向法院提出明令禁止在线分销数字假冒产品。同年 6 月，《商标法》

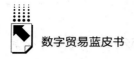

也进行了修订，扩大了可注册商标的类型，允许个体经营者以自己的名字作为商标使用，在特定情况下，未经他人同意也可注册这些名字作为商标使用，本次修订为商标的注册使用提供了更多的灵活性。

日本在数字知识产权保护领域涉及三项核心立场。首先，日本强烈反对强制公开源代码和算法。日本认为强制公开源代码和算法不仅可能泄露企业商业秘密，甚至会形成数字贸易壁垒，阻碍数字贸易的正常发展。其次，日本反对政府对特定技术，包括加密技术，施加强制性要求。日本认为强制性加密措施会阻碍新技术的发展和商业机会的涌现，同时构成技术壁垒，限制外国公司参与市场。最后，日本强调政府在获取数字知识产权时应遵循正当程序，以防止在数字经济不够发达的国家中，由于立法保护不足，政府部门可能通过不当手段获取外国企业的知识产权和商业秘密。

2. 个人数据隐私保护规则

无论是在提高国内数字经济发展水平上，还是在区域数字贸易治理和多边数字贸易治理中，日本都高度重视个人数据隐私保护诉求。

在日本签订的RTAs及向WTO的提案中均涉及数据隐私保护、消费者保护、个人数据隐私保护等数字贸易规则。日本是亚洲最早实施数据保护法规的国家之一，自2003年日本首次颁布《个人信息保护法》（APPI）后，该国在数据保护领域取得了显著进展。日本于2020年对APPI进行了二次修订，2022年4月1日生效，本次修订进一步加强对个人数据出境的监管力度。为了进一步强化个人信息隐私保护，日本在2016年成立了个人信息保护委员会（PPC）。2018年，日本与欧盟正式签署《日欧经济伙伴关系协定》，该协定允许日本和欧盟公司之间进行个人数据共享。这一协定的签署不仅促进了双方数字贸易合作，也表明日本在数据隐私保护方面达到了国际认可的最高标准。

数据隐私保护对日本而言，不仅是一项关乎国内企业和消费者权益的基本要求，也是其数字经济发展水平能否获得国际社会，特别是发达经济体认可的关键因素。更重要的是，日本通过致力于保护个人数据隐私，意图在数字贸易治理中谋求数据保护的全球主导权，从而提升在全球数字贸易规则制定中的主导权。

3. 数据跨境自由流动规则

日本积极推动数据跨境自由流动，在此方向上与美国保持一致。在 CPTPP 中明确提出了主张数据跨境自由流动，禁止数据服务器设置于国内的限制，但出于公共政策目的的可以除外。在数据跨境流通方面，通过与欧美等发达经济体保持一致，日本能够确保自身融入发达经济体数字市场与规则联盟的同时，也能通过高标准打开数字经济发展落后地区的大门，发挥本国企业优势。

一方面，日本在数字贸易立法方面展现出较高的灵活性。在数据跨境流动的管理上，日本采取了相对宽松的政策，仅对那些与国家安全相关的敏感或关键数据进行必要的监管；此外，日本对于数据本土化并无过多要求，仅关注涉及国家安全的重要数据的本土化存储。

另一方面，日本在双边和多边贸易谈判过程中均引入数字贸易章节，在 TPP 和亚太经济合作组织（APEC）等多边框架下积极参与制定相关数据规则，主张数据跨境自由流动，这与美国具有相同的立场。同时，日本也非常重视个人信息数据保护，通过完善国内相关法律法规，如《个人信息保护法》（APPI）、《跨境数据流动指南》等，缩小与欧盟相关领域的差距，以期能够与《一般数据保护条例》（GDPR）相适应，从而达到国际一流标准。

4. 公开特定政府数据规则

日本认为特定政府数据（如公共交通数据、防灾、疾控等）的公开，能够促进国内外企业进行数据创新，从而促进数字贸易的进一步发展，并反哺于更加高效的公共政策制定和实施。

美国在 USMCA 中首次引入了"公开政府数据"条款，随后在与日本签订的 UJDTA 中纳入这一条款。美国此举旨在促进政府数据的透明度和可访问性，为企业提供创新和商业发展的资源。日本政府也逐渐认识到，公开政府数据对于激发国内企业的创新能力和推动数字贸易具有积极作用。因此，日本在向 WTO 提交的提案中，特别强调了公开政府数据的重要性，并主张政府收集的数据应当对所有企业公开，无论其国籍如何，以确保数据的非歧视性获取。

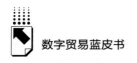

（四）全球数字贸易规则的"中式模版"

1. 有限数据跨境流动规则

中国对于数据跨境主要从两个维度进行规制：一是本地化限制；二是限制数据跨境。本地化要求更多适用于关键信息基础设施运营者（CIIO），要求其在境内运营过程中收集和产生的个人信息和重要数据都应当在境内进行存储。同时部分行业敏感数据也存在分散的本地化要求。中国目前对于数据跨境活动主要采取限制性规范，要求数据控制主体在数据跨境活动前需符合法律规定条件或按照规定完成安全评估、保护认证等条件。

对于个人信息跨境流动，企业在满足相关通用条件的基础之上，应当首先判定是否满足《个人信息出境安全评估办法（征求意见稿）》，其是否有可能落入 CIIO 范畴，进而确定是否适用跨境规则。对于重要数据而言，CIIO 应在满足本地化要求的基础上，根据《关键信息基础设施安全保护条例》，经安全评估后出境；而其他数据处理者的出境活动，则有待相关管理办法的出台与规范。

除个人信息与重要数据之外，如果企业掌握的数据有可能属于管制物项相关数据或企业因特殊情形触发境外监管机构调取的数据，则还应当适用特殊的数据安全保护规则进行数据本地化，或经国内主管机关批准，否则向外国司法或者执法机构提供存储于中国境内的数据将会受到严格限制。

当企业掌握的数据落入特定行业时，还应遵守相应的行业规范和要求，目前对数据跨境进行特殊规制的行业主要包括医疗业、银行业、征信业及汽车业，企业在面对跨境数据中含有的人口健康信息、个人金融信息、征信业相关信息、网约车平台采集的个人信息和生成业务数据、汽车全流程中涉及数据及地图数据时，应当遵守相应的本地化要求或审批申报流程，保障数据流动的合规性。总的来说，中国的数据跨境流动规则体系是多元化和全面的，旨在保护个人隐私，确保国家安全，同时也鼓励合规的数据流动。

2.暂时免除数字关税规则

在新的一轮 WTO 全球数字贸易规则谈判中，关于电子传输征收关税的议题，各方仍同意延续暂缓征收数字关税，中国也保持该立场。RCEP 也明确规定，维持目前不对缔约方之间征收跨境电子传输关税的现行做法，后续依据 WTO 层面决议再作调整，这也反映了中方的立场相对灵活，将最终决定权赋予 WTO 多边贸易体制。

但关于数字关税征收规则，仍存在两个问题。一方面，关于关税暂免的范围及电子传输的定义各国并无统一定论。实际上，需要探讨的不是是否应当"暂免关税"，而是其定义和范围，征税是前提，只需在这个前提下讨论电子传输暂免关税的定义和范围。另一方面，对中国而言，"免关税"是临时性义务，但"临时性"失效后并不一定选择征收，也可能是永久免征，除本国电子传输进口关税损失外，还需要综合中国数字商品和服务的水平和体量，考虑中国通过电子传输对外出口时面临的关税壁垒影响。

3.大力倡导贸易便利化规则

贸易便利化是中国优势比较集中的领域。贸易便利化规则涵盖了国内电子交易框架、无纸化贸易等条款，截至 2023 年 12 月，WTO 已就电子认证和电子签名、电子合同、无纸化交易、电子发票等问题达成共识。

中国在贸易便利化规则领域提出了一些新议题。中国移动支付普及率和供应商排名均在世界前列，主导制定了移动支付安全数字卡和二维码国际技术规范，提出了"电子支付"的数字协定新兴议题，但在移动支付的合法效力、国际标准和市场准入仍需做进一步规范。此外，中国牵头制定的《跨境电商标准框架》是全球海关跨境电商的首个指导性文件，该框架对"数据先行"的报关模式、关税电子支付、海关查验与放行中新技术的使用、便于交付和退换货的保管拆装模式等做出了规定。《电子商务法》对平台经营者行为作出了全面、细致和严格的规范，如交易主体信息登记审核、交易数据保存、信用评价公示、买卖双方权益保护等，弥补了国际平台经营者行为领域空白，为各国制定商务平台相关法律制度提供了模板。

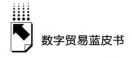

4. 放宽数据本地化规则

为保护国家主权安全，防止数据资源泛滥，应对发达经济体的"长臂管辖"，中国支持数据存储本地化，特殊数据如涉及国家秘密、个人金融信息、人口健康信息、地图数据等必须存储在中国境内服务器，但设置了例外条例，并通过国内立法、多边贸易协定的方式保障中国数据安全。

一方面，中国通过立法保障科技企业在国内市场的绝对优势，维护国家网络安全和数字主权。中国先后出台了《电子银行业务管理办法》《征信业管理条例》《网络安全法》《数据安全法》《个人信息保护法》等，对数据跨境流通做出了规范，明确提出数据本地化要求。

另一方面，中国积极参与国际数字贸易治理，推动数据跨境流动，应对发达经济体挑战，促进本国数字经济发展。在《数据安全法》中明确指出，要兼顾对数据跨境流动的需要，将数据自由流动作为在保证数据安全前提下支持的一项原则。RCEP 规定缔约方不得使用该缔约方领土内的计算设备或将设施置于其领土内，作为在该缔约方领土内进行商业活动的条件，该协定设置了"合法公共政策目标"和"保护基本安全利益"两项专门例外条款，放宽了数据本地化规则。

四 数字贸易规则核心议题及国际分歧

除在数字贸易促进与便利相关规则上，中国、日本、美国与欧盟达成的共识较多，对部分高标准议题并未达成统一意见。一是针对数字关税电子产品征收范围、传输途径并没做出明确规定；二是美、欧、日、中均支持数据跨境流动，但开放力度、开放方式或有不同；三是发达经济体与发展中经济体在数据本地化要求上差异较大；四是均注重个人数据隐私保护，但仍有部分国家或地区未涉及该议题；五是均重视数字知识产权保护，但核心关切点并不一致；最后，针对数字产品非歧视待遇，部分国家和地区并未涉及该议题。

表1 美、欧、日、中数字贸易规则核心议题主张诉求的对比情况

核心争论议题	美国	欧盟	日本	中国
数据跨境流动	完全开放	监管	例外条款	限制性开放
数据本土化	反对	反对	不强制	支持
数字传输关税	免征	免征	免征	暂时免征
数字服务税	认可	部分成员国支持	自由程度较高	无
数字产品非歧视待遇	支持	文体（视听）例外	支持	无
源代码	高度重视	非强制公开	非强制公开	无
个人数据隐私保护	无	高度重视	高度重视	高度重视
电子认证和电子签名	支持	支持	支持	支持
无纸贸易	支持	支持	支持	支持
在线消费者保护	支持	支持	支持	支持
个人信息保护	支持	支持	支持	支持
开放政府数据	开放	开放	开放	无
非应邀商业电子信息	强制性	支持	支持	支持
提高政策透明度	无	无	支持	支持
改善数字基础设施	开放	开放	开放	严格限制准入
数字企业本地进入	严格限制	提高进入门槛	宽松	逐步放开

资料来源：作者整理所得。

（一）数字贸易规则议题共识

1. 关于电子认证与电子签名

电子认证与电子签名规则已在全球范围内形成基本共识，即各经济体应认可电子签名的法律效应，不得予以否认。同时，应积极推动电子认证服务与国际标准接轨，并确保各签署国遵守相应的法律法规。此外，各经济体可以有要求特定种类的电子交易的认证方式符合一定标准的权利。

2. 关于在线消费者保护

关于在线消费者保护规则基本一致，但在具体条款上略有差异。美国在参与 CPTPP 和 USMCA 时，强调消费者保护的重要性，主张保护消费者免受商业欺诈，要求国内采用消费者保护法，并促进国家机构间的合作。日本在 UJDTA 中接受了美国关于在线消费者保护的倡导。在此基础上，中国在

RCEP 中提出了进一步的要求，即缔约方应向用户提供关于消费者保护的相关信息。而在《欧盟-英国贸易与合作协定》中，欧盟声明缔约方理应"禁止欺诈和欺骗性商业行为""要求商品和服务供应商诚信行事，遵守公平的商业惯例""要求商品或服务供应商向消费者提供明确和全面的信息"，同样关注消费者救济机制，允许消费者因权利受到侵害而获得补救。

3. 关于个人信息保护

美欧日中均对个人信息保护给予一定的重视。欧盟高度重视个人信息保护，在《欧盟-英国贸易与合作协定》中声明协议中的任何内容不得妨碍任一方采取或维持旨在保护个人数据和隐私的措施，对于个人信息保护措施给予了较高的自由权和许可度。美国在 CPTPP 和 USMCA 中均推动了保护个人信息的法律框架构建，对个人信息保护进行了详尽的规定。美国强调政策措施的非歧视性，并要求各缔约方明确告知用户其个人信息保护的条款。此外，美国还就不同经济体在监管个人信息保护方面的异质性，提出了促进兼容性和沟通的建议。日本在 UJDTA 以及中国在推动 RCEP 的过程中，均与 USMCA 中的相关条款保持了基本一致性。

（二）数字贸易规则的分歧

1. 具有相同议题的分歧

第一，关于数据跨境流动。目前，数据已经成为一种生产要素，在数字贸易中扮演着核心角色，数据要素价值的实现体现在通过数字技术实现数据的自由交换和流动。然而，由于各国数字贸易发展水平和文化背景存在差异，加之数据跨境流动可能对网络安全构成挑战，各经济体基于国家利益和保障网络安全的考虑，对数据跨境自由流动持有不同的立场和政策。

数据能否在国家之间自由传输，成为发达经济体和发展中经济体分歧最为密集的议题。美国是积极推动数据跨境自由流动的坚决拥护者，在 USMCA 及 UJDTA 中，美方均要求跨境数据自由流动。日本和加拿大等也采取同样的立场，但以例外的形式规定，基于合法的公共政策目的，可对数据跨境自由流动进行一定程度的限制。欧盟虽主张数据跨境自由流动，但同时也强调对数据跨境流动的监管，在《欧盟云服务框架》的最新草案中明确强调数据主权原则，明确规定云服务中的数据运行和维护应在欧盟内部进行。而中国、印度和俄罗斯等新兴经济体高度重视数据安全，认为其与国家主权安全密切相关，因而主张对数据跨境自由流动进行一定程度的限制。但中国和东盟等发展中国家也在商业数据规则方面展现了灵活性。如在 RCEP 中，中国承诺允许与商业相关的数据在成员国之间自由流动。

发展数据跨境自由流动的核心关切是如何保证重要数字信息不泄露。部分发达经济体利用其先进的互联网和数据处理技术，在实质上拥有对全球数据的一定"管辖权"。这些国家还利用其在全球政治、经济、军事等领域的影响力，主导着国际数字经济规则的制定。这种技术优势和规则制定权的结合，不仅凸显了数据安全传输的重要性，也使得数据安全成为全球数据经济谈判中的一个关键议题。各国也逐渐意识到，在数字经济时代，数据不仅是重要的生产要素，也是国家竞争力的关键所在。

第二，关于源数据本地化。本地化具有两层含义：一是数据本地化；二是计算机设备本地化。其中，数据本地化包含计算机设备本地化，而计算机设备本地化并不包含数据本地化。目前数字贸易谈判中争论的焦点主要是源数据本地化要求。

由于不同经济体之间存在数字发展水平、国家主权诉求与经济发展的重要程度排序及数据开放后的成本收益的不同，在数据本地化要求的议题上甚至持有完全对立的观点。在数据本地化要求上，美国持积极开放的态度，极力促进数据跨境自由流动，希望各国政府减少对数据跨境流动的干预，并以技术中立为理论武器，强烈反对数据本地化要求，认为数据本地化会阻碍各国之间的互联互通和数字贸易市场的开放。从欧盟和日本签订的 EPA 协定中可以看出，虽然两国均禁止数据存储本地化，但都设有例外条款，此外，欧盟于 2018 年通过的 GDPR 对数据存储到欧盟外的国家做出了严格的限制。

由于数字贸易发展水平的不同，不同国家出于各自国家利益，对数据本地化存储持有不同看法。此外，全球数字贸易发展水平的差异，也增加了通

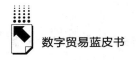

过多边贸易谈判来解决数据存储本地化问题的难度，通过双边谈判来解决这一问题可能更加容易，比较典型的有 USMCA 和 EPA。

第三，关于数字关税征收标准。在数字经济背景下，现有的税收框架无法适应数字经济的特点，推进国际税收规则和体制改革日益迫切，尽管各经济体拥有税收政策主权，但单方面实施数字税可能会对国际税收合作产生负面影响，阻碍达成全球性的数字税方案共识。由于涉及税收主权和税收利益，全球数字税收管辖权和收入分配规则分歧较大，发达经济体与发展中经济体在电子传输关税和数字服务税等税种征收方面意见并不统一。

近年来，OECD 一直寻求能够达成全球共识的数字产品税收体系的解决方案，并于 2019 年提出了"双支柱"改革方案，但由于各方基于国家主权和税收利益的考虑，并未形成统一意见。美国作为发达国家的代表，强烈反对征收数字税，一度通过加征关税反制支持数字税的国家，如"301 调查"行动等。欧盟基于防止税基侵蚀的考虑，率先提出了针对数字服务征收数字服务税的提案，截至 2020 年 6 月，法国、西班牙、意大利、挪威等 13 个成员国开始实施或考虑征收数字服务税，但由于内部各成员国数字化程度不同而没有形成统一共识。日本在 CPTPP 和 DEPA 中承诺永久免除数字传输关税，坚决反对对数字传输内容征税。中国作为数字贸易的净输入国，与南非、印度等其他发展中国家对征收数字税持谨慎态度，虽然主张暂缓征收数字传输关税，但支持对数字产品征税，且中国已经在对支付宝、微信等非银行支付机构的网络支付业务按照金融服务业标准征收增值税。

第四，关于数字企业的本地准入政策。美国通过设立外国投资委员会，对外国投资进行严格的经济安全审查，重点关注对国内生产、国防能力和关键技术基础设施的潜在影响，以确保国家安全和经济利益。欧盟则通过《数字市场方案》实施了最为严格的数字监管法规，逐步提升外国企业的市场准入门槛。相比之下，日本对数字企业的本地进入政策较为宽松，并没有对电信或信息通信技术投资设置明确的限制，仅要求外国投资者在进行直接投资时提前通知。中国也在逐步放开数字企业的进入门槛，实施的外商准入负面清单正在压减，对外开放力度逐步加大。

2. 未涉及议题的分歧

第一，关于个人数据隐私保护。隐私保护主张会影响到数据跨境自由流动和数据存储本地化要求，三者密不可分、相互交织。不同国家和地区在个人数据隐私保护上的主张差异主要基于数据安全、国家安全以及数据跨境自由流动、数据存储本地化要求的考虑。

美国缺乏全国性个人数据保护法，加州的《消费者隐私法》代表着州级层面最为严格的隐私保护措施。美国更倾向于发挥市场机制在个人隐私保护中作用，强调通过行业自律和企业家精神驱动个人数据隐私保护，主张政府行政干预不应限制数据的自由流动。欧盟持相反态度，将个人数据隐私保护视为基本人权，出台了《视听媒体服务指令》《数据保护指令》《通用数据保护条例》等条例，坚守"文本（视听）例外"以及"隐私保护"两条原则。欧盟坚持认为数字"数据存储本地化"的前提是保护好个人数据隐私，这与美国提倡的数据自由流动冲突。日本与欧盟签署了EPA，其个人数据隐私保护方面得到了欧盟方面的认可，此外，日本在DEPA个人信息保护条款中，明确加强个人信息保护的原则，要求各缔约方依据这些原则建立法律框架以保护个人信息，如对企业采用数据保护信任标记。中国在《个人信息保护法》《网络安全法》等法律中规定，网络信息、密码管理等监管部门可以在安全审查时有权获悉软件源代码或其算法，强调特殊数据，包括特殊个人数据的安全问题。

第二，关于数字知识产权保护。全球数字贸易的快速发展得益于数字技术在贸易领域的广泛应用和深度融合，极大地提高了交易效率和市场接入性。但数字技术的创新也使低成本、高质量的内容被快速复制和传播，这不仅改变了传统的内容分发模式，也对传统的知识产权保护体系提出了新挑战。各经济体出于技术保护、商业秘密及国家安全的考虑，在数字知识产权保护上的主张有所差异。

数字知识产权保护主要体现在源代码开放力度上。发达经济体为维护自身技术领先优势，高度重视数字知识产权保护，普遍主张建立严格的数字知识产权保护体系。美国主张不得强制公开源代码，认为源代码属于商业秘密，并采取加密技术在技术源头对源代码实施保护。如美国在 USMCA 中规定，缔约方不得要求转让或获取另一方个人所拥有的软件源代码作为其在境内进口、分销、销售、使用此类软件或包含此类软件的条件。欧盟在数字知识产权保护方面也有同样的利益诉求，通过《版权指令》《欧盟专利制度》等法律加强知识产权保护。此外，欧盟支持源代码非强制本地化的政策，认为不应将源代码的转移和获取作为市场准入的条件。日本虽然在 CPTPP 中反对源代码开放，但这种立场主要限于大众市场应用，不涉及关键基础设施软件。发展中经济体在这一领域相对滞后。中国在源代码问题上并未在多边或双边协定中明确表态，现行法律法规也并未强制企业提交源代码。《出口管制法》对涉及国家安全的技术源代码实施出口管制，但在人工智能、大数据等新兴领域的知识产权保护以及专利、商标等传统知识产权保护方面，中国的立法进程相对滞后，尚未建立相关法律框架。

第三，关于数字产品非歧视待遇。非歧视原则一直都是国际贸易规则体系的基本原则，即一国应对国内和国外相同产品及不同国家相同产品给予相同的待遇，出于合法的公共政策保护除外。目前，各经济体对电子产品覆盖范围及是否应当给予跨境电子产品非歧视待遇尚有争议。

发达经济体，如美国、日本、加拿大等，在全球范围内推行电子产品非歧视待遇规则，认为电子产品应采用最宽口径的定义，即几乎包括网络和智能手机相关的所有商业行为。美国特别强调电子产品应享有最大限度的非歧视待遇，而日本则认为该待遇不应影响知识产权保护和音像制品的例外限制。欧盟则倾向将电子产品视为服务贸易的一部分，主张适用《贸易服务总协定》，并坚持文体（视听）例外。中国在电子产品立法方面尚未成熟，对文化市场开放持谨慎态度，对影视、出版等数字产品实施严格的内容审查和管控。在外资准入负面清单中，中国明令禁止外资投资互联网新闻信息、网络出版、网络视听等领域。中国并未承诺对数字产品实行非歧视待遇，这与美国和日本的标准存在差异性，但与欧盟的立场基本一致。

五 关于中国如何应对的建议

当前，中国正处于经济动能转换的关键时期，数字贸易对于经济增长的作用不容忽视，如何在数字贸易规则竞争日益激烈的背景下，形成以数据驱动为核心、数字平台为支撑、数实融合为主线的数字贸易模式，增强数字创新能力，确保形成可快速推广的高质量数字贸易规则"中国方案"，提升数字贸易规则制定话语权，具有重要的理论和实践意义。

（一）夯实发展基础，提升数字贸易规则制定话语权

数字贸易规则的构建主要通过三种方式来实现：一是各经济体的贸易规则谈判。该方式通常涉及双边或多边协定的磋商，以确立贸易伙伴的规则和标准；二是将内部规制外部化，如欧盟的 GDPR 对全球数字治理的示范作用；三是技术锁定效应，如美国针对中国的技术封锁。前两个渠道虽然备受关注，但由于各经济体数字贸易发展水平不同，核心关切点存在差异，从而导致数字贸易谈判进展缓慢。而第三种方式则是依据先行者的发展优势，构建高技术标准的数字基础设施，对数据跨境流动、传输及隐私保护等做出了最初标准，该标准很可能会引导国际标准和规则走势，从而使后来者不得不遵守。

数字基础设施是保证数字贸易稳定发展的重要基础，应当给予足够的重视。在此过程中，应当充分发挥政府的指引作用，加强统筹规划，加大资金支持力度，强化项目支撑，强化要素保障，营造良好环境。一是适度超前建设网络基础设施。全面推进 5G 网络建设，实现 5G 网络城市、乡镇、行政村全面覆盖；全面部署千兆光网，打造一批"双千兆"示范城市；建设天地一体化信息网络，构建以遥感卫星为主、高低空无人机以及地面系统为辅的"空-天-地"一体化感知系统。二是系统优化算力基础设施布局。高标准打造智能计算中心，打造智能算力、通用算法和开发平台一体化的人工智能算力基础设施；推动算力资源多元配置，系统布局面向高性能计算和安全可控等

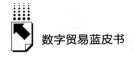

场景的算力基础设施；推动公共算力泛在应用，加快算力赋能产业升级。三是整体提升应用基础设施水平。构建全国一体化数据基础平台，完善工业互联网体系，推进新型城市基础设施建设，加快人工智能应用基础设施建设。

（二）完善数字贸易规则，打造更完善的"中式"蓝本

当前，世界主要国家已形成较为完善的数字贸易发展蓝图，并以此为基础构建对外谈判的基本方案。中国在全球数字贸易规则议题领域，在接轨国际高标准区域贸易数字知识产权保护、数字贸易规则等方面还有待建立和进一步完善，如 USMCA 和 CPTPP 将气味商标纳入知识产权的保护范围，对著作权的保护期限不少于 70 年，而中国对著作权的保护期仍只有 50 年等。

为打造更加完善的高标准具有中国特色的数字贸易规则，首先，参考《"十四五"数字经济发展规划》《"十四五"国家信息化规划》《数字中国建设整体布局规划》，秉承开放合作、互利共赢的全球化发展理念，强化数字贸易顶层设计，为国际数字贸易规则的制定和谈判提供指导。其次，参考数字经济的相关规划，完善国内法律法规，对《个人信息保护法》《数据安全法》《数据出境安全评估办法》等实施细则作出进一步补充，为数字交易良性发展提供外部环境。最后，积极推进数字经济前沿议题规则标准研究，对标高标准数字贸易规则，在平衡数字主权与网络安全，保障国家关键信息基础设施和关键数据资源的安全的前提下，积极参与国际数字贸易规则的制定和协商，推动建立开放、包容的数字贸易规则体系和合作机制，促进中国数字贸易的稳定发展。

（三）平衡安全与发展原则，强化数字领域国际合作

数字贸易对中国经济发展具有重大意义，不仅是推动中国经济向高质量发展转型的关键因素，也是中国在全球经济新格局中担任更积极角色的必然选择。中国积极参与国际合作，旨在促进全球数字贸易治理体系的变革，构建互利共赢的数字合作格局。在确保数据安全和促进经济发展的双重目标下，与其他国家建立安全的数据互通机制，共同开发数据资源，加强在数字

技术领域的合作，积极参与数字技术国际标准的制定，有利于在国际上及时提出数字贸易领域的中国方案。

首先，积极参与数字技术创新合作，推动数字技术与实体经济的深度融合。一是在与其他国家数字技术合作时，应以建设数字基础设施和搭建数字创新平台为重要抓手。充分发挥"一带一路"合作机制，强化资源优势互补，保障网络基础设施互通互联，推动信息通信技术发展；二是中国政府、企业与研究机构在数字技术的国际标准制定上应承担更加积极的角色。其次，大力发展数字贸易，推动高质量对外开放。一是加大服务业开放力度，探索数字经济新业态准入；二是加快建设数字口岸和国际信息产业平台，如建立国际互联网数据专用通道，以先进技术为支撑，促进数据的高效流通和处理；三是大力发展跨境电商，通过建立综合试验区来鼓励业务创新，并支持跨境电商各环节的发展，培育一批跨境电商的龙头企业、海外仓领军企业和优秀的产业园区，以此来构建完整的跨境电商产业链和生态圈，从而推动数字贸易的繁荣和国际竞争力的提升。最后，中国应积极参与国际数字贸易规则相关议题的讨论与治理体制的建设工作，主动向世界提供数字治理公共产品，有效弥补现有国际数字贸易治理体系存在的缺陷，开创数字贸易合作新局面。

参考文献

蔡跃洲、马文君：《数据要素对高质量发展影响与数据流动制约》，《数量经济技术经济研究》2021 年第 3 期。

刁莉、王诗雨：《新兴经济体数字服务贸易壁垒分析》，《亚太经济》2023 年第 3 期。

黄家星：《国际数字贸易规则碎片化：现状、成因及应对》，《太平洋学报》2022 年第 4 期。

李春顶、何传添、林创伟：《中美贸易摩擦应对政策的效果评估》，《中国工业经济》2018 年第 10 期。

李海英：《数据服务跨境贸易及调整规则研究》，《图书与情报》2019 年第 2 期。

李忠民、周维颖、田仲他：《数字贸易：发展态势、影响及对策》，《国际经济评论》

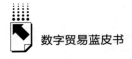

2014 年第 6 期。

刘斌、潘彤：《人工智能对制造业价值链分工的影响效应研究》，《数量经济技术经济研究》2020 年第 10 期。

刘典：《全球数字贸易的格局演进、发展趋势与中国应对——基于跨境数据流动规制的视角》，《学术论坛》2021 年第 1 期。

罗云开：《中国与欧盟数字贸易合作问题研究》，《上海对外经贸大学学报》2021 年第 6 期。

彭磊、姜悦：《数字贸易规则本质与中国数字贸易规则体系构建研究》，《国际贸易》2022 年第 9 期。

沈玉良、彭羽、高疆：《是数字贸易规则，还是数字经济规则？——新一代贸易规则的中国取向》，《管理世界》2022 年第 8 期。

石静霞：《数字经济背景下的 WTO 电子商务诸边谈判：最新发展及焦点问题》，《东方法学》2020 年第 2 期。

王岚：《数字贸易壁垒的内涵、测度与国际治理》，《国际经贸探索》2021 年第 11 期。

肖宛晴、刘传平：《欧美数字主权与数字贸易政策比较分析》，《世界经济与政治论坛》2021 年第 6 期。

谢谦：《全球数字经济规则议题特征、差异与中国应对》，《改革》2023 年第 6 期。

熊昂：《我国数据安全立法中域外立法管辖制度构建路径之探讨》，《法律适用》2023 年第 12 期。

徐金海、夏杰长：《全球价值链视角的数字贸易发展：战略定位与中国路径》，《改革》2020 年第 5 期。

徐敬宏：《欧盟网络隐私权的法律法规保护及其启示》，《情报理论与实践》2009 年第 5 期。

许多奇：《个人数据跨境流动规制的国际格局及中国应对》，《法学论坛》2018 年第 3 期。

杨蕾：《论跨境数据泄露通知制度的规范逻辑与实践逻辑交互》，《北京理工大学学报》（社会科学版）2023 年第 5 期。

叶凌寒、翁东玲：《中国高标准数字贸易规则研究——基于与其他数字贸易规则的比较》，《亚太经济》2023 年第 6 期。

伊万·沙拉法诺夫、白树强：《WTO 视角下数字产品贸易合作机制研究——基于数字贸易发展现状及壁垒研究》，《国际贸易问题》2018 年第 2 期。

余振、沈一然：《数字税国际争议对全球经济治理的影响及中国对策》，《天津社会科学》2022 年第 3 期。

袁野、祖纯、尹西明等：《区域科技创新中心支撑高质量发展的理论逻辑和实现路径研究：以中国西部（重庆）科学城为例》，《科学学与科学技术管理》2024 年 1 月

24 日。

张光、宋歌：《数字经济下的全球规则博弈与中国路径选择——基于跨境数据流动规制视角》，《学术交流》2022 年第 1 期。

张茉楠：《跨境数据流动：全球态势与中国对策》，《开放导报》2020 年第 2 期。

张晴、于津平：《制造业投入数字化与全球价值链中高端跃升——基于投入来源差异的再检验》，《财经研究》2021 年第 9 期。

张雪春、曾园园：《日本数字贸易现状及中日数字贸易关系展望》，《金融理论与实践》2023 年第 2 期。

张正怡：《数字贸易的规范考察及中国方案》，《东岳论丛》2022 年第 8 期。

周念利、陈寰琦：《基于〈美墨加协定〉分析数字贸易规则"美式模板"的深化及扩展》，《国际贸易问题》2019 年第 9 期。

周念利、陈寰琦：《数字贸易规则"欧式模板"的典型特征及发展趋向》，《国际经贸探索》2018 年第 3 期。

周念利、李玉昊：《数字知识产权规则"美式模板"的典型特征及对中国的挑战》，《国际贸易》2020 年第 5 期。

周念利、吴希贤：《日本参与国际数字贸易治理的核心诉求与趋向分析》，《日本研究》2020 年第 3 期。

周念利、姚亭亭：《数字服务贸易限制性措施贸易抑制效应的经验研究》，《中国软科学》2021 年第 2 期。

B.11
世界数字贸易规则的变革动向

申　萌*

摘　要： 随着数字贸易逐渐成为国际贸易的核心驱动力，数字贸易规则无疑是当前国际贸易规则重构中的关键议题。当前，世界数字贸易规则的主要模式呈现多元化态势，包括美式模板、欧式模板、日式模板以及多边原则等，各大经济体在数字贸易规则的制定上展开了激烈的竞争。为了顺应这一趋势，世界各大经济体需要积极应对，遵循国际数字贸易规则，实施数字产品非歧视待遇规则，强化跨境数据流动规则的互操作性，同时优化并创新数字化转型新规则。展望未来，世界数字贸易规则的发展将呈现三大趋势：数字贸易规则中人工智能、数字化版权内容出现；数字贸易由单向走向融合包容；数字贸易规则向更高开放水平的高阶对标。

关键词： 数字贸易　贸易规则　规则变革

新兴数字技术正在迅速推动贸易数字化的进程，不仅改变着贸易的具体内容和方式，更深层次重塑着国际贸易的整体格局。各大经济体的数字化水平正在稳步提升，国家间的数字贸易增长速度迅猛。在全球经济寻求"再平衡"及国际贸易规则不断重构的背景下，数字贸易治理逐渐受到国际社会的广泛关注，而各大经济体也积极致力于参与制定数字贸易规则。随着多边、区域及双边层面谈判的展开与相关协定的签署，数字贸易的国际规则体系正逐步健全，各种具有不同模式的数字贸易规则变革已悄然兴起。近年

---

* 申萌，博士，首都经济贸易大学经济学院教授，主要研究领域为贸易与环境。

来，数字贸易规则的构建与内容呈现众多新趋势，涉及数字贸易便利化、供应链弹性、数字产品非歧视待遇、数据跨境流动以及数字化转型等议题已成为关注焦点，各经济体围绕规则合作与博弈将持续深化。

在此背景下，本报告梳理当前数字贸易转型发展态势，深入剖析关键规则的演进方向，归纳出"美式模板""欧式模板""日式模板""多边原则"四种具有代表性的数字贸易规则竞争模式，并提出与国际数字贸易规则相契合的应对导向。最后，期望能够展望全球数字贸易规则的未来变革动向，并为理解数字贸易规则领域的变革动态提供有价值的参考。

一 数字持续赋能传统贸易转型发展

数字技术的持续赋能正深刻推动传统贸易的转型发展，引领着全球贸易体系迈向更高效、更智能的新时代。随着人工智能、大数据、云计算、区块链等数字技术的不断突破，传统贸易的边界和模式正在被重新定义。数字技术不仅优化了贸易流程，降低了交易成本，更在供需匹配、市场分析、风险控制等方面提供了前所未有的智能支持。这加快了世界各国在贸易领域的深度融合，为企业出口形成新赋能。

（一）数字技术助力传统国际贸易便利化

随着数字技术高速发展和普及应用，推进传统贸易便利化已为各方共识，具体方面如下。

一是数字技术促进传统贸易高效流动。在数字技术支撑下，贸易双方不再具有严格的时间和空间属性，限制作用大幅弱化。[①] 数字技术打破了传统贸易中时间和空间的壁垒，使贸易活动能够在全球范围内随时随地进行。无论是跨越时区进行商务谈判，还是远程监控货物的运输状态，数字技术都为

---

① 马述忠、房超、梁银锋：《数字贸易及其时代价值与研究展望》，《国际贸易问题》2018年第10期，第16~30页；戴翔、曾令涵、熊凤琴：《数字技术、全球增长共赢链与中国高水平开放》，《江苏行政学院学报》2022年第4期，第38~44页。

贸易双方提供了极大的便利。此外，大数据和人工智能还帮助企业实现智能化决策和精准营销，降低运营风险，提高决策效率。一方面，人工智能通过深度学习和大数据分析，能够为企业提供海量的市场信息和消费者数据。这些数据经过智能算法的处理后，帮助企业更准确地把握市场动态和消费者需求；另一方面，基于这些洞察，企业可以制定更为精准的营销策略。大数据能够通过对消费者行为、兴趣偏好等信息的分析，实现个性化的产品推荐和定制化的服务。

二是数字技术为国际贸易发展创造了良好环境。随着网络数字技术快速发展，电子商务平台已经成为全球贸易的重要推动力量。[①] 包括亚马逊、eBay、阿里巴巴等在内的全球电商平台通过电子商务平台和在线支付工具，使消费者足不出户就能轻松完成购物和支付流程。传统的跨境贸易涉及众多烦琐环节，如合同签订、货物运输、货款结算等，而电商平台的出现则将这些环节简化，大大缩短了交易周期，极大地提高了交易效率。同时，全球电商平台的崛起为国际贸易提供了更广阔的市场和更多的商机。这些平台不仅汇聚了来自世界各地的产品和服务，还为买卖双方提供了直接的交流和交易平台。通过电商平台，企业可以轻松地拓展国际市场，寻找新的合作伙伴和销售渠道，从而实现业务的快速增长。

三是数字技术提高了贸易监管和信用管理的效率。数字技术通过实现贸易流程的数据化记录、智能化监控和审查以及流程优化，极大发挥了数字智能的优势。在物流领域，区块链技术聚焦物流追溯与物流信息共享，能解决跨境物流运输成本高、时间长以及物品丢失等问题。[②] 不仅如此，区块链去中介化的信用体系有效为贸易经济中的信用问题提供了有效的解决方案。[③]

---

① 王晓红、朱福林、夏友仁：《"十三五"时期中国数字服务贸易发展及"十四五"展望》，《首都经济贸易大学学报》2020年第6期，第28~42页。

② 殷明、徐晓俊：《跨境电商出口贸易面临的挑战及对策——基于区块链技术应用的视角》，《商业经济研究》2020年第6期，第149~152页；欧阳日辉、李林珂：《区块链技术促进贸易创新发展的作用机制与路径》，《国际贸易》2022年第2期，第47~57页。

③ Zhihong L, Yuxiang H, Zechun C, "Creativity in Trusted Data: Research on Application of Blockchain in Supply Chain," *International Journal of Performability Engineering* 15 (2019).

区块链技术通过去中心化的方式，构建了一个公开、透明、不可篡改的账本，在这个账本中，每一笔交易都被加密并永久地记录在链上，同时由网络中的多个节点共同维护。这种设计使区块链上的数据具有极高的可靠性和可信度，在贸易经济中发挥着重要作用。

未来随着技术的不断进步和应用范围的扩大，数字技术将在国际贸易领域发挥更加重要的作用，推动全球贸易的持续发展和繁荣。

（二）新兴技术推动贸易创新发展

随着科技的日新月异，新兴技术在全球贸易中扮演着举足轻重的角色。这些技术的广泛应用不仅为贸易经济注入了新活力，更推动了贸易模式的深度发展。新兴技术推动贸易创新主要表现在以下两个方面。

一方面，大数据和人工智能的应用推动贸易企业技术创新。人工智能是一种模仿人类智能的技术和方法，使计算机系统能够模拟和执行人类智能的某些任务；大数据为人工智能提供了大量的数据，使人工智能算法和模型能够学习和做出更准确的预测和决策。在国际贸易领域，大数据的应用为贸易管理带来了前所未有的科学性和高效性。通过对大数据的深入分析和挖掘，企业可以更加精准地把握市场需求、贸易趋势以及潜在风险，从而制定更为合理的贸易策略。这种基于数据的决策方式，不仅提高了贸易活动的成功率和效率，也为企业出口带来了更大的竞争优势。与此同时，人工智能的快速发展确实推动了机器人在企业生产环节中的广泛应用。与传统的人力劳动相比，人工智能在产品生产过程中的边际成本几乎为零，这一优势为企业带来了显著的效益和改变。[1] 不仅如此，人工智能技术的引入为贸易活动带来了智能化转型。如智能客服可以实时解答客户疑问，智能谈判系统可以辅助企业进行价格磋商和合同签订；智能风控模型可以精准识别潜在风险，保障贸易安全。这些智能化应用既保障了贸易

---

[1]　C. B. Frey, M. A. Osborne, "The Future of Employment: How Susceptible Are Jobs to Computerisation?" *Technological Forecasting and Social Change* 114（2017）.

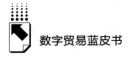

的安全性，也为企业节省了大量的人力和时间成本。

另一方面，云计算和物联网的普及带来贸易创新机遇。云计算是一种将计算资源和服务通过互联网提供给用户的模式；物联网是指连接各种物理设备和物品，并通过网络进行互连、互通和互操作的全球网络系统。云计算为企业提供了一个灵活、可扩展的数据存储和处理平台，企业可以灵活地存储和处理海量数据，使国际贸易数据能实现快速、高效地交换，为贸易经济带来了全新的创新机遇；而物联网技术通过实时数据采集和传输，使得供应链中的每一个环节都变得可视化和可控，无论是货物的运输状态、仓储情况，还是销售数据、客户需求，都可以通过物联网技术得到实时的反馈和监控。这使企业能够更准确地把握市场动态，优化资源配置，加快供应链的响应速度和不断提升灵活性。

（三）各国数字贸易便利化实践成果不断涌现

随着数字技术和数字通信的迅猛进步，数字对传统贸易的改造赋能作用日益显著。各方积极探索，形成了众多最佳实践（见表1），各方政府旨在服务企业公众，构建数字平台，提高贸易流通过程的效率和贸易服务的安全性。

表1　中国、新加坡、韩国、印度与东盟数字贸易便利化最佳实践

提出方	名称	内容及介绍
中国	e-WTP	e-WTP 是世界电子贸易平台,其目的是促进公私对话,推动建立相关规则,为跨境电子商务的健康发展营造切实有效的政策和商业环境,帮助全球发展中国家、中小企业、年轻人更方便地进入全球市场,参与全球经济
	Chinese Blockchain Service Network	Chinese Blockchain Service Network 是一个区块链服务网络,旨在推广区块链技术。它为政府和企业提供了一个基础设施,用于构建和管理区块链应用,包括贸易和供应链管理
新加坡	TradeTrust 框架	TradeTrust 框架是由新加坡 IMDA 主要运营的标准框架,由全球公认的标准组成,将政府和企业接入公共区块链,以实现跨数字平台的电子贸易文件的可信性和互操作性

续表

提出方	名称	内容及介绍
韩国	Korea Products	Korea Products 是韩国国内贸易网络,提供贸易和物流信息的数字化处理和交换服务,以提高贸易效率
印度	Indian Customs EDI System	Indian Customs EDI System 是用于数字化海关流程和贸易文件管理的平台,以加快电子整合、加速货物清关和提高可追溯性
东盟	ASEAN Single Window	ASEAN Single Window 是一个旨在促进东盟国家之间的贸易的数字化平台,每个国家窗口都将为贸易商提供一个通关文件和数据的单一点,用于简化边境流程和文件管理

资料来源：根据中国信息通信研究院资料，由课题组整理自编。

二　世界数字贸易规则的模式竞争

随着全球数字经济活动的蓬勃发展，各大经济体为增进数字贸易的繁荣，亟须协调各自的数字贸易政策，共同分享数字红利。因此，建立数字贸易规则和机制已成为国际社会的迫切需求。美国和欧盟在数字贸易规则制定方面起步较早，特别是欧盟早在 1995 年就出台了《数据保护指令》。而美国更是在数字贸易规则的关键议题上掌握着主导权，并通过诸如 USMCA 等协定不断完善其规则体系。这导致全球数字治理理念在很大程度上受到美欧主导的数据跨境自由流动国际框架的影响。①

然而，不同经济体在数字贸易领域的原则理念、核心诉求和政策偏向存在显著差异。以中、美、欧、日等为代表的数字经济体，积极利用 WTO 多边贸易规则协商机制及区域经贸协定，推动制定符合自身利益的数字贸易规则，力图在这场新一轮的数字贸易规则制定中占据有利地位。围绕国际数字贸易规则主导权的竞争，是影响国际经济竞争力重组和国际经济竞争格局重构的关键因素之一。

---

① 史丹、聂新伟、齐飞：《数字经济全球化：技术竞争、规则博弈与中国选择》，《管理世界》2023 年第 9 期，第 1~15 页。

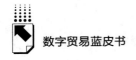
（一）美式模板

目前，美国在全球数字技术进步和数字贸易规则探索方面确实扮演了先行者的角色。与此同时，美国也利用其在全球数字经济中的主导地位，推行"数据自由主义"，旨在维护自身的领先地位，并试图遏制其所谓的战略竞争对手。

为了保障产业链供应链的安全稳定，以美国为首的发达经济体一直在推动供应链多元化进程，努力构建弹性供应链来增强抗冲击和快速修复能力。美国提出的"友岸外包供应链"概念，已成为"印度－太平洋繁荣经济框架"（IPEF）的核心组成部分。美国认为，通过与其政治盟友共同规划产品供需安排，可以有效保障供应链的安全与稳定。此外，通过将工厂、就业和投资转移至印度尼西亚、马来西亚、越南等国家，旨在降低这些国家对中国经济的依赖，进而削弱中国在印太地区乃至全球的经济影响力，减少供应链中断的风险。[①]"友岸外包供应链"所表现出的排他性和集团性特征明显，其意图在于重塑全球供应链格局。这不仅是美国应对全球挑战和恢复本国经济的战略体现，也是其对华"脱钩"的具体行动。对此，应保持高度警惕，并积极做好应对准备。

（二）欧式模板

欧盟始终坚守在保障数据跨境自由流动的同时，采取并维持一系列适当措施，如充分性认定和白名单制度等，以切实保护个人隐私数据。其中，欧盟所建立的以《一般数据保护条例》为核心的高水平法律体系，已然成为全球个人数据保护的典范。然而，近年来，欧盟对"文体（视听）例外"与"隐私保护"等议题高度关注，这体现了其对数据保护与流动的双重平衡的深思熟虑。[②]

---

① 高丹、王栋：《美国对华经贸政策新趋势与中国应对——以"友岸外包供应链"为视角》，《国际贸易》2023年第8期，第23~32页。

② 周念利、吴希贤：《美式数字贸易规则的发展演进研究——基于〈美日数字贸易协定〉的视角》，《亚太经济》2020年第2期，第44~51、150页。

与此同时，欧盟正积极推动区域单一数字经济市场的建设，致力于实现数据要素在区域内的自由流动。在这一过程中，欧盟加强了反垄断立法，并加大了违法行为的惩罚力度，旨在维护数字市场的公平竞争环境。继《一般数据保护条例》之后，欧盟又相继推出了《数字市场法》和《数字服务法》，这两部法律无疑为欧盟数字市场的规范发展注入了新的动力，彰显了欧盟在数字治理领域的坚定决心与前瞻视野。

（三）日式模板

日本在借鉴"美式模板"强调数字自由流通的基础上，部分糅合了"欧式模板"注重个人隐私和数据传输监管的特点，提出了"可信赖的数据自由流动"的理念，旨在强化个人数据保护的法律与政策框架。在金融行业，日本对数据安全管理的要求尤为严格，而在电信和信息通信技术领域的投资以及数字企业的本地化进入政策上，则展现出相对宽松的态度。在数字知识产权保护方面，日本与美国有所不同，它更倾向于保护数字产品与服务，而非仅仅关注数字技术领域的知识产权。

为了通过数字贸易推动经济发展，日本近年来积极利用二十国集团峰会等多边平台，提升其在数字贸易领域的国际影响力。在数字产品和服务贸易方面，尽管许多国家倾向于实施贸易便利化措施，但日本却采取了更高程度的贸易自由化政策，其数字产品零关税覆盖率高达 99.4%。对于数字产品的非歧视待遇，日本也持开放态度，但同样主张在特定情况下实施例外条例。

（四）多边原则

虽然中国尚未形成一套完整、统一的数字贸易规则体系，来充分反映本国利益诉求，[①] 但中国始终坚守数字贸易开放政策的核心原则：安全与开放并行不悖，数据自由流动与国家主权安全相平衡，同时积极推进数字贸易的

---

① 刘斌、崔楠晨：《数字贸易规则与中国制度型开放：未来向度和现实进路》，《中国特色社会主义研究》2022 年第 2 期，第 31~41 页。

便利化和自由化。2020 年，中国发布的《全球数据安全倡议》明确指出，发展与安全并重，要在技术进步、经济发展与维护国家安全和社会公共利益之间寻求平衡。2023 年 2 月，我国进一步通过《全球安全倡议概念文件》重申了对《全球数据安全倡议》的支持，旨在推动建立反映各方意愿、尊重各方利益的全球数字治理规则。

与此同时，新加坡作为数字贸易规则的探索者，也在积极寻求一条更为平衡的中间道路，以推动数据跨境流动的合作机制。随着中国逐步加入《数字经济伙伴关系协定》，中新两国在数字贸易规则方面的共同语言将日益增多。值得一提的是，《数字经济伙伴关系协定》采用的"模块化"结构设计，既灵活又创新，大大增强了协定的包容性、灵活性和开放性，为两国乃至更多国家在数字贸易领域的合作提供了广阔空间。

三 符合国际数字贸易规则的应对导向

（一）数字产品非歧视待遇规则

数字产品非歧视待遇规则是以数字产品为客体的数字贸易领域规则，要求一缔约方无条件赋予另一缔约方的同类数字产品以最惠国待遇和国民待遇，从而实现数字产品贸易高度自由化。[①]

数字产品非歧视待遇规则的核心是国民待遇和最惠国待遇，即"非歧视"待遇。非歧视待遇能够有效保障经贸关系当中的形式平等。在数字经济中，数字产品非歧视待遇规则则追求数字产品在世界数字贸易中的形式平等。各国在发展数字贸易过程中，势必在治理规则上有所侧重，不可避免地会出现针对国外数字产品的差别待遇。在实践中，差别待遇可能体现为对于数字产品的准入限制或准入后限制，具体可能包含数字产品的准入限制、数

---

① 廖丽、张颖：《数字产品非歧视待遇规则：立法流变、条款特征及中国适用》，《国际贸易》2023 年第 6 期，第 75~85 页。

字服务税的歧视性课征、对数字产品的购买限制等。然而，有关措施是否违反数字产品非歧视待遇原则，还需结合条约文本进行详细的法律分析。①

数字产品非歧视待遇规则在设定例外情形规定条款方面主要采用间接性承诺清单的方式来限制规则的适用范围。其在不同章节中的有关规定有所不同，共同点是均区别数字产品的属性（"服务"、"货物"或其他）从而具有不同的效力；而根据属地标准和属人标准确定规则适用对象作为数字产品非歧视待遇规则的特征标准相应扩大了数字产品非歧视待遇规则的适用对象范围。在此规则特性的背景下，原则上一切影响到数字产品待遇的措施都会受到这一规则的约束从而引起各缔约国在数字产品贸易监管和数字市场治理方面的矛盾和政策冲突，甚至威胁国家安全。因此各缔约国在规则谈判博弈中不断争取达成相关例外规定。

首先，在证明某项数字治理措施违反了"非歧视待遇"条款的基础上，仍需分析上述差别待遇是否能够援引例外条款进行合法性抗辩。其中，最直接的抗辩事由是"数字产品非歧视待遇"条款本身对章节间关系的设定：如果一项涉案措施已包含在"投资""服务贸易"等章节的正面或负面清单当中，则该措施合法性问题将自动豁免"数字产品非歧视待遇"条款的规定。如对于该条款与其他章节间关系的处理，CPTPP 中明确规定"知识产权""投资""跨境服务""金融服务"4 章内容作为"特别法"，在与"数字产品非歧视待遇"规则出现冲突时优先适用；而 DEPA 与 UJDTA 强调，缔约方之间已缔结的其他知识产权条约应当优先于本条款适用。值得注意的是，知识产权例外无论是在专门数字贸易协定还是其他国际协定的数字产品非歧视待遇规则中都有明确提出，这是由数字产品本身的知识密集、版权密集的特性所决定的，体现了规则的合理性。

另外，根据 CPTPP 第 14.4 条第 3 款、第 4 款，非歧视待遇不适用于政府补贴或赠款，这项例外条款给予各国对本地数字产品实施一定支持性政策

---

① 赵海乐：《数字产品非歧视待遇条款对我国国家利益的影响与对策》，《国际贸易》2023 年第 3 期，第 87~95 页。

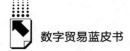
的空间；例外条款也包含广播服务例外，规则约束的数字产品仅包括通过互联网"按需"交付的内容，不包括通过传统广播、卫星、电缆或任何"按供给"交付的内容。

总之，数字产品非歧视待遇规则的设定例外条款在一定程度上有利于缓解规则适用与威胁国内安全和利益的矛盾，提高了各方对规则的接受度，促进数字产品非歧视待遇规则在世界范围内的应用，推动世界数字贸易自由化的发展进程。

（二）数据跨境流动规则加强互操作性

数据跨境流动作为数字贸易的底层支撑，其规则和机制成为世界数字贸易治理的重要议题。[①] 数据跨境流动规则的互操作性是指不同国家和地区的数据流动规则能够相互协调、兼容和配合，使数据能够在全球范围内自由、安全、有效地流动。当前，各国相继制定了不同的数据跨境流动规则并展开博弈。国家如何有效参与数据跨境流动治理，占据制定此类规则的优势，成为必须面对也亟待解答的问题。[②]

首先，世界各国应构建更为紧密的数据跨境流动规则。在当前全球化和信息化的背景下，数字贸易已成为推动世界经济增长的重要引擎，而数据跨境流动则是数字贸易的核心要素。因此，建立更为紧密的数据跨境流动规则对于促进世界数字贸易发展具有至关重要的意义。早期，美国利用数字经济领域的强大优势，主张数据跨境自由流动，推进全球数字市场开放，建立数字贸易自由化规则体系。[③] 但是，自 2022 年以来，中国陆续出台了一系列有关数据跨境流动的法律法规和规范指南，初步搭建了以"安全评估、签订合同、个人信息保护认证和其他"为主要机制的数据出境监管制度。当

① 马涛、刘秉源：《跨境数据流动、数据要素价值化与全球数字贸易治理》，《国际经济评论》2024 年 1 月 9 日，第 9~34 页。
② 包柠榛：《私人主体对数据跨境流动治理的补充功能：生成逻辑、参与路径与启示》，《国际经贸探索》2024 年第 1 期，第 104~116 页。
③ 耿楠、全毅：《"兼相爱则治"：亚太地区数字经贸规则治理》，《金融市场研究》2024 年第 2 期，第 87~97 页。

前，在 WTO 的框架下，尚未有明确的机制直接规范跨境数据流动。学者张晓玲在其文章中也进一步指出，关于数据跨境流动目前并没有形成全面、统一的国际规则体系，呈现多形态、多目标、多模式下的国际规制态势。① 因此，各国应通过制定合理的跨境数据流动规则和机制，确保数据的安全和流动，推动世界数字贸易的持续发展。

其次，通过标准兼容的方式来提高跨境数据流动规则的互操作性。主要涉及确保不同的系统、设备、协议等能够无缝地协同工作，是确保不同国家和地区之间数据顺畅流动的关键。因此，各国应积极制定和采用开放标准，提升跨境数据的兼容性，这是提高互操作性的基础。当下，尤其是在情报技术领域，日本与美国携手共进，致力于统一情报传输标准、构建联合数据系统，以及开发尖端的侦察预警系统。这一全方位的兼容性合作，不仅推动了日美两国情报技术的深度融合，更在多个层面为双方带来了显著的提升。一方面，通过合作研发先进的装备和技术，日美两国在情报获取能力上实现了跨越式发展。双方共享技术装备参数，使情报共享更为实时、精确，进一步加深了双方在情报领域的互信与协作。另一方面，美国也积极支持其他盟友间开展情报合作。在美国的推动下，日韩两国成功恢复了《韩日军事情报保护协定》。②

最后，关注跨境数据管控分歧和隐私保护对于提高数据跨境流动规则的互操作性至关重要。关注跨境数据管控分歧和隐私保护，直接涉及数据的安全性和合规性，以及不同国家和地区之间的法律和政策差异。因此，一方面需建立数据跨境流动的监管机制，对数据的流动和使用进行监督，确保数据安全和隐私保护。采取严格的数据安全和隐私保护措施，包括数据加密、访问控制、身份验证等。这些措施有助于确保数据在传输、存储和使用过程中的安全性和隐私性。另一方面，遵守不同地区的法律规定在跨境数据传输过程中至关重要。例如，欧盟的《通用数据保护条例》（GDPR）和中国的《个

---

① 张晓玲：《RCEP 对数据跨境流动国际规制的影响》，《中国有线电视》2023 年第 12 期，第 61~63 页。

② 李宏洲、夏梓方：《美国联盟体系数字治理互操作性提升及其战略效应》，《国际论坛》2024 年第 1 期，第 40~65 页。

人信息保护法》等都明确规定了数据传输的要求和限制。为了满足这些法规要求，必须在跨境数据传输时采取适当的措施，如加密数据、获取必要的许可和授权，并确保只有经过授权的人员才能访问敏感数据。这样，不仅可以保护数据的隐私和安全，还能避免因违反当地法律法规而面临的法律风险。

总之，加强数据跨境流动规则的互操作性对于促进世界数字贸易发展具有重要意义。各国应积极推动数据跨境流动规则的制定和完善，加强国际合作和交流，共同推动数字贸易的健康发展。

（三）数字化转型新规则的优化创新

数字化转型新规则的优化创新是一个复杂且多维度的过程，对于促进世界数字贸易的健康发展、提升全球贸易效率、推动经济全球化进程具有深远影响。因此，各国应加快制定政府数据开放规则。不仅有利于政府透明度和治理效率的提升，而且对于不同个人企业和其他社会组织能更加高效便捷地获取信息，并对其进行转化，产生一定价值。但是由于数字壁垒和数字鸿沟相互强化，数字化转型新规则正成为阻碍全球数字经济和数字贸易包容、均衡、持续发展的主要因素。[①]

对此，数字化转型新规则的优化创新迫在眉睫。如中国早已把政府数据开放作为重要战略，随着全球数字贸易协定的增加、数字规则适用范围的扩大，全球数字规则的融合趋势也越来越显著。[②] 越来越多的国家已经逐步建立了自己国家的政府数据开放平台，如美英等国，对多个不同地区及部分的数据资源采用搜集、记录和整合等手段，进行可机读、更简易形式的处理，同时予以不同程度的开放，与各个社会进行数据的双向互动和分享，极大地推动了社会创新活力的迸发和政府透明度的有效提升。各国政府在不断加强数据开放程度的过程中，在一定程度上也缩小了现存在世界各地间的数据

---

① 史丹、聂新伟、齐飞：《数字经济全球化：技术竞争、规则博弈与中国选择》，《管理世界》2023 年第 9 期，第 1~15 页。

② 史丹、聂新伟、齐飞：《数字经济全球化：技术竞争、规则博弈与中国选择》，《管理世界》2023 年第 9 期，第 1~15 页。

鸿沟。

目前，数字化转型新规则的优化创新面临着诸多的难题和挑战。如在数据的维度方面，如何能在社会公共利益层面保持数据开放的同时又能维护好个人的隐私和权益。在数据量指数式增长和数据获得来源不断扩大的情况下，保证在数据获取时能相应提升数据的准确度、便利性和可信度的难度和挑战也不断加大。在此背景下，世界各国不断加大探索，通过更加强有力的技术手段、完善的政策文件和与各层级机构的协调，保障数据的高质量，加强构建"数据创新"的国际合作规则。

一方面，各国政府要积极参与共同完善数据流动及创新的国际合作框架，共同解决数据创新过程中存在的法律法规不一致和制度赤字问题。全球各国政府间可以加强立法合作，制定相互认可的法律法规，建立起合作机制和相互信任机制。建立和各国进行数据访问和调取的合作机制，以便各国执法机构在必要时能够合法访问和调取跨境数据同时，各国执法机构应加强跨国合作，共同打击数据创新过程中可能存在的违法犯罪活动，通过信息共享、证据交换、执法合作等方式，加强对数据跨境流动的监管和加大执法力度。

另一方面，各国应加强平衡数据创新和流动方面国际合作治理多方利益。随着世界各国在经济方面的竞争尤其是在数字贸易方面的竞争日趋激烈，各国政府都非常重视所能获得的数据资源，并且将其视为获取经济、科技、安全等全方位战略竞争优势的关键，围绕数据创新方面国际规则构建的博弈更加激烈。加强国际合作治理，各方可以共同应对数据创新和流动面临的挑战和机遇，实现数据的合理、安全和有效流动，推动全球数据治理体系的建设和发展，促进数字经济的繁荣和可持续发展。在此背景下，就要求采取更加有效措施，积极推动多边国际合作机制的建立，通过国际组织等平台促进多方参与，确保各国政府、企业、社会组织等各方诉求得到更加有效的表达，尽可能地实现各国的多方互利共赢。在考虑制定全国治理政策和规则时，要兼顾各方合法权益。国际合作治理应在各国达成在数据创新方面的规则制度共识上努力，并以此为基础建立起崭新的全球治理体系。积极响应发展中国

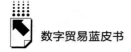

家对数据安全、数字鸿沟、个人隐私等方面的深度关切，适时推动《全球数据安全倡议》《"一带一路"数字经济国际合作倡议》等"中国方案"由倡议走向行动，提升我国在全球数字空间治理体系构建中的话语权和影响力。[①]

总之，以上的一系列规则将有助于世界各国更好地适应和引领数字贸易的发展潮流，推动全球数字贸易的繁荣与发展。

四　世界数字贸易规则的未来变革动向

（一）数字贸易规则中人工智能、数字版权内容出现

2015 年，美国主导的《跨太平洋伙伴关系协定》（TPP）正式达成，确定了数字贸易规则的基础框架和核心内容，标志着数字贸易规则正式形成。数字贸易规则主要包括数字产品关税、跨境电子商务、线上消费者保护、跨境数据传输、数据本地化和源代码要求等方面的内容。

数字知识产权保护方面内容是目前数字贸易规则的核心议题之一。数字先发经济体由于在数字技术等领域拥有优势，并在数字治理方面经验丰富，通过率先制定数据跨境流动、传输和隐私保护等领域的标准，引导了国际标准和规则的发展方向。如在数字版权方面，美国始终坚定主张强化数字知识产权保护。2003 年，美国与新加坡、智利签订的双边自由贸易协定均纳入电子商务知识产权保护章节，被视为数字时代版权保护的开创性尝试。[②] 知识产权保护问题是美欧的重要关切，其利益诉求反映在源代码保护、加密技术的保护以及交互式计算机 3 个条款中，其中美国为加强对源代码的保护，将"源代码开放禁令"扩展适用于"基础设施软件"。[③] 在《美日数字贸易

---

①　史丹、聂新伟、齐飞：《数字经济全球化：技术竞争、规则博弈与中国选择》，《管理世界》2023 年第 9 期，第 1~15 页。

②　王唯薇：《美国数字贸易政策三十年及启示》，《中国经贸导刊（中）》2021 年第 6 期，16~18 页。

③　刘斌、崔楠晨：《数字贸易规则与中国制度型开放：未来向度和现实进路》，《中国特色社会主义研究》2022 年第 2 期，第 31~41 页。

协定》中，增加了对基础设施软件源代码开放的限制以及"保护算法和加密技术"的内容，进一步强化了源代码知识产权保护。[①]

人工智能、云计算、大数据和区块链等通用型数字技术正加速与全球实体经济融合，对数字贸易规则的制定过程产生着深刻影响。[②] 与人工智能相关的条款开始出现在区域贸易协定中，表现为对数据流动的约束性承诺、关于隐私的保护、禁止本地存储要求以及与源代码和网络安全有关的规定。一些专门的数字经济协定（如《数字经济伙伴关系协定》《新加坡-澳大利亚数字经济协定》等）都包含了与人工智能相关的条款。在人工智能领域，DEPA 呼吁采用道德的人工智能治理框架，该框架考虑到了各国商定的原则，以便以负责任的方式利用人工智能。尽管协议可能不具有约束力，然而这种规则制定上的"软"方法在亚洲范围内已被证明有效。DEPA 的创新之处在于它强调了与私营部门之间的对话交流，以及新的贸易规则与国内数字监管之间的互操作性、兼容性和连贯性，这些因素均为人工智能的发展奠定了基础。[③]

（二）数字贸易规则模式由单向走向融合包容

自 21 世纪以来，受到全球经济波动的影响，霸权主义、单边主义以及贸易保护主义陆续抬头，国际数字贸易规则建构也开始出现从多边到双边和区域层面的转变，发达国家和欠发达国家以及发达国家之间经济发展程度、数字化进程的极大差距导致各方在数字贸易规则制定这一议题上均存在利益诉求的不一致，各方都在积极寻求有利于本国发展的规则建构，建立统一的国际数字贸易规则面临着许多挑战。但是，在经济全球化、数字全球化的大背景下，数字鸿沟和数字壁垒不利于各国展开更自由、更便利的经济技术交流，

---

① 周念利、吴希贤：《美式数字贸易规则的发展演进研究——基于〈美日数字贸易协定〉的视角》，《亚太经济》2020 年第 2 期，第 44~51、150 页。

② 张天顶、龚同：《"数字鸿沟"对 RTA 数字贸易规则网络发展的影响：从"信息鸿沟"到治理壁垒》，《中国工业经济》2023 年第 10 期，第 80~98 页。

③ 戴艺晗：《国际贸易法视域下的人工智能规制——以 WTO 规则为视角》，《上海财经大学学报》2023 年第 2 期，第 122~136 页。

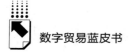
阻碍世界整体发展的脚步，数字贸易规则包容度不断提升应是必然趋势。

数字贸易规则的演进需要不断适应不断变化的全球经济环境的需求。对于从"以我为主"的单向到更具有包容性融合，愈加需要坚持多边主义，并强调国家间的平等和相互尊重。由于数字贸易经济的迅速发展所可能导致的数字壁垒，不仅存在于发达国家与欠发达国家之间，也可能存在于数字技术发达和数字资源较为丰富的国家间。因此设立更具有包容性的国际数字贸易规则、满足各国与各地区的发展需求应是在全球化趋势下的必然选择，这种转变有助于建立更加稳定、公平和可持续的数字贸易体系，推动全球数字经济的发展和繁荣。

以往 CPTPP、RCEP 等协定条款都未涉及针对数字包容性的内容。但是，2020 年 6 月新加坡和新西兰等 3 国签署的《数字经济伙伴关系协定》作为全球首个全面包含了国际数字贸易规则议题的协定，有针对性地设置了数字包容性模块，这表明缔约方认可数字包容性对于保证所有人和所有企业参与数字经济、做出贡献并从中获益的重要性，其模块化、包容性特征，赋予了不同经济体根据自身发展水平参与模块化谈判的灵活度，并囊括了数字经济产业链构建内容，为打造更加开放包容的国际数字贸易平台提供了良好范式。[①]

（三）数字贸易规则向更高开放水平的高阶对标

全球数字贸易规则持续发展，将由低阶逐步向高阶对标。高阶对标意味着数字贸易规则将参照和学习先进国家或地区的最佳实践和标准，不断提高数字贸易规则的水平和质量，推动全球数字贸易体系向更高水平发展。虽然建立起全面的自由化数字贸易规则仍然面临着许多挑战，但各国各地区互相加强合作，推动建立各国间进行数据创新和共享平台，制定共同原则和标准，建立起更高开放水平的国际贸易规则，进而推动全球数字贸易自由化便利化的实现，是各国人民的共同愿景。

[①] 李佳倩、叶前林、刘雨辰、陈伟：《DEPA 关键数字贸易规则对中国的挑战与应对——基于 RCEP、CPTPP 的差异比较》，《国际贸易》2022 年第 12 期，第 63～71 页；张亮、李靖：《国际数字贸易规则：主要进展、现实困境与发展进路》，《学术研究》2023 年第 8 期，第 53～60 页。

以数据要素的跨境流动相关规则在世界范围内的对标为例。数据要素在生产投入中占据越来越重要的地位，为聚集全球优质数据要素而对标对接高标准规则，可能将成为各国不得不进行的艰难的且理性的抉择。① 美国在推动减小跨境数据自由流动为代表的数字贸易壁垒中一直处于主导地位，具体体现为：在 TPP 中，美国构建的"跨境数据自由流动"和"数据存储非强制本地化"条款已具备强制性，但设置了监管和公共政策例外。美国在USMCA 中进一步通过大幅删减 TPP 的特定例外条款，降低了各缔约方施行个性化监管政策的自由度。2019 年，美国特别在 WTO 框架下的电子商务提案（INF/ECOM/23 第 1/8 条）中要求将"数据存储非强制本地化"适用于限定范围的金融领域。而中国以及欧盟各国也在数据流动规则方面不断推动数字贸易自由化便利化，在保留例外的前提下推动跨境数据流动，认可数据流动的重要性并制定相应法规。如 RCEP 和 TPP 保留了特定例外条款，GDPR 设置了境外企业获取欧盟数据的前提条件等。② 这充分证明了全球数字贸易规则呈现由低阶向更高水平开放的高阶发展的趋势。

参考文献

张永涛：《数字贸易规则"日本模式"：构建路径与发展趋向》，《现代日本经济》2023 年第 3 期。

朱雪婷、王宏伟：《全球数字贸易规则博弈态势与焦点》，《技术经济》2022 年第 4 期。

---

① 史丹、聂新伟、齐飞：《数字经济全球化：技术竞争、规则博弈与中国选择》，《管理世界》2023 年第 9 期，第 1~15 页。
② 陈寰琦：《国际数字贸易规则博弈背景下的融合趋向——基于中国、美国和欧盟的视角》，《国际商务研究》2022 年第 3 期，第 85~95 页。

Abstract

The new round of technological revolution and industrial transformation has spurred robust growth in the global digital economy. This has led to the emergence of digital trade, characterized by data as a pivotal production factor, digital services as its core, and digital ordering and delivery as its prominent feature. The 20th National Congress of the Communist Party of China emphasized the imperative to advance high-level opening up and promote digital trade to accelerate China's transformation into a trader of quality. Digital trade, an emerging domain under a new pattern of development that features positive interplay between domestic and international economic flow, has become a pivotal force and trend in international trade. It is reshaping business and trade models, becoming an essential avenue for fostering elevated levels of open-up and cooperation. In 2022, China's digital trade achieved record highs, with digitally deliverable services imports and exports totaling $ 364. 219 billion, marking a 3. 1% year-on-year increase. Export values reached $ 205. 284 billion, up by 7. 2% year-on-year, while imports totaled $ 158. 935 billion, with growth moderating.

The report is divided into three sections: the general report, the sub-reports, and the special reports. The general reports first analyzes the development history, current status, and existing challenges of China's digital trade. It then offers suggestions and prospects for future development. Additionally, it constructs an indicator system for the China's digital trade development index, explaining the assessment methods, data sources, and data collection processes, with a focus on evaluating and analyzing this index. The topical reports conduct in-depth research and analysis on the development of China's cross-border e-commerce, digital services trade, cross-border data transactions, digital cultural trade, and digital platforms. The special reports focus on digital trade regulations. They discuss topics such as the impact of the Regional Comprehensive Economic Partnership (RCEP) on China's digital services trade, the regulatory framework of the Digital Economy Partnership Agreement (DEPA) and China's response, international divergences in digital trade rules and China's response, and the trends in the transformation of global digital trade regulations.

As a vital component during the dynamic growth phase of the digital economy, digital trade serves as a crucial engine for economic development and a key lever for turn the country into a trader of quality while transforming the global trade pattern. Building on this premise, *Development Report of China's Digital Trade (2024)* employs methods such as country comparisons, quantitative analysis, and qualitative analysis, drawing on professional expertise and gathering insights from experts. The report aims to provide targeted policy recommendations for formulating China's digital trade development strategy, effectively promoting the high-quality development of digital trade, and accelerating China's transformation into a trader of quality.

Keywords: Digital Trade; Digital Services; Digital Ordering; International Trade

Contents

I General Reports

B.1 Report on China's Development of Digital Trade (2024)

Li Xiaomu, Cao Yueyang and Zhu Guang / 001

Abstract: Digital trade is not only a new engine driving economic growth but also a critical leverage for turning the country into a trader of quality. Since 1994, the development of China's digital trade has roughly gone through the stages of emergence, initiation, exploration, and rapid growth. Currently, China has become the largest B2C cross-border e-commerce market, and the trade volume of digitally deliverable services continues to grow. The rise of outstanding digital trade enterprises, continuous improvement of digital infrastructure, and deepening of transnational digital cooperation have injected new vitality into China's digital trade. However, in the development process of digital trade in China, significant challenges remain, such as imbalanced regional construction of digital infrastructure, insufficient international competitiveness in digital services trade, limited influence in the formulation of digital trade rules, and the need for breakthroughs in core technologies. To accelerate the creation of a "new engine" for digital trade and promote the high-quality development of China's digital trade, this report suggests leveraging regional comparative advantages to bridge the digital divide; innovating a Chinese model of digital trade to enhance international competitiveness; exploring a Chinese input for digital trade rules to strengthen international influence; and strategically planning for key foundational digital technologies to boost independent innovation in core technologies.

Keywords: Digital Trade; Cross-border E-commerce; Digital Services Trade; Trade Rules

B.2 China Digital Trade Development Index Report (2024)

Zhao Jiazhang, Su Erdou / 025

Abstract: This report measures the development of the digital trade index in 96 countries from 2014 to 2022 across four dimensions: digital infrastructure, digital trade environment, digital trade scale, and digital trade potential. Overall, the global digital trade development trend is stable and positive, with economically developed regions (countries) having a leading advantage, while emerging economies exhibiting significant development potential. Notable progress has been made in the development of digital trade in China due to its international advantages in digital trade scale and digital infrastructure construction. China's digital trade development index has rapidly risen in international ranking. In 2022, it ranked eighth in the global digital trade index, and its international competitiveness in digital trade has continued to improve. Based on the calculation results and international comparisons, this report proposes several development suggestions: strengthen the construction of digital infrastructure, enable high-quality development of digital trade, accelerate the optimization of data ecological governance, create a good digital industry environment, accelerate the cultivation of technological advantages, continuously expand the scale of digital trade, establish and improve the digital trade statistics and monitoring system, and promote digital trade technology innovation.

Keywords: Digital Infrastructure; Digital Trade Environment; Digital Trade Scale; Digital Trade Potential

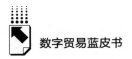
数字贸易蓝皮书

II   Topical Reports

B . 3   China's Cross-Border E-Commerce Development

Report（2024）   *Zhang Chenyan* / 060

Abstract：The high-quality development of China's cross-border e-commerce is a crucial foundation for promoting digital trade growth. In recent years, the scale of China's cross-border e-commerce has been steadily increasing, with notable growth in trade volume, market size, and financing. This progress can be attributed to the development opportunities brought about by the international environment and advancements in digital technologies. The development model of cross-border e-commerce is continuously evolving, featuring a more diversified transaction structure and a vibrant outlook. However, China's cross-border e-commerce also faces practical challenges such as increased pressure on supply chain relocation, the need for a more widespread cross-border payment system, further improvement in logistics systems, and the urgent necessity to enhance brand quality. To promote the development of cross-border e-commerce, the central and local governments have introduced policies and measures focusing on statistics monitoring, import and export processes, comprehensive pilot zone construction, new forms of foreign trade, and financial support. To mitigate the risks of supply chain relocation and address other issues in the development of cross-border e-commerce, this report suggests accelerating the construction of an ecological service system, coordinating the globalization of the supply chain, strengthening international brand building, and integrating new trade formats.

Keywords：Cross-Border E-Commerce; New Forms of Foreign Trade; Brand Building

254

B.4 Report on China's Development of Digital

Services Trade (2024)   *Wang Diankai* / 088

Abstract: Over the past decade, China has witnessed rapid growth in its digital services trade. As the digital transformation of service trade accelerated, the scale of China's digital service trade continued to grow, its proportion in service trade continued to increase, and the structure of digital service trade also evolved significantly. To foster further development in the service industry and digital services trade, China intensified reforms and opening-up measures in the digital services trade sector by enhancing its trade environment, expanding opening-up through pilot initiatives, and actively aligning with high-level international economic and trade regulations. By engaging in international digital trade rule negotiations, deepening cooperation with RCEP countries, and expanding partnerships within the Belt and Road countries, China bolstered economic and trade relationships with other countries in the digital services trade sector. However, China's digital services trade faces challenges such as weak international competitiveness, the need for improving the construction of the digital services market, and a complex global environment. Therefore, this report advocates for building a robust industrial foundation to support digital services trade, accelerating the establishment of a unified and efficient digital services market, and strengthening economic and trade connections within the international digital services sector.

Keywords: Digital Services Trade; Reform and Opening-up; International Cooperation

B.5 China's Cross-Border Data Transaction Analysis Report (2024)
                              Wen Lei, Zou Linyu / 114

Abstract: In recent years, with the enactment of the *Data Security Law of the*

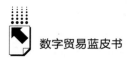

People's Republic of China and the *Personal Information Protection Law of the People's Republic of China*, China's cross-border data transactions have gradually improved and developed. Since 2022, these transactions have shown steady growth, with the market size projected to reach 515.59 billion yuan by 2030. The development of cross-border data transactions in China is primarily driven by economic growth, technological advancements, and government policies, while being constrained by data security, privacy protection, and legal regulations. Consequently, cross-border data transactions have significant impacts on various aspects of Chinese society and economy, including employment and privacy protection. Based on these insights, the report recommends: deepening the construction of the domestic data governance system to strengthen the institutional foundation for data flow; enhancing the security supervision of data transactions to fortify the security framework for data flow; promoting data sharing and openness policies to stimulate innovation in data flow; improving data security protection capabilities to build a robust data security system; actively seeking cooperative partners to expand data application fields; and strengthening international exchanges and cooperation to standardize and regulate cross-border data transactions.

Keywords: Cross-border Data Transactions; Privacy Protection; Data Security

B.6　China Digital Culture Trade Development Report (2024)

Li Jiashan, Liu Xia / 129

Abstract: In recent years, the rapid advancement of digital technology has positioned digital culture trade as a key new driver for trade growth and optimization of trade structures. Guided by national policies, China's digital culture trade is gradually showing characteristics such as the vigorous emergence of new business formats, the digital transformation and upgrading of traditional cultural trade driven by digital technology, and the increasing marketization of cultural data elements. However, several challenges persist, such as the technological gap between China and developed countries in the cultural sector, the absence of unified standards for digital culture trade statistics, an incomplete regulatory and legal framework, and insufficient infrastructure and talent cultivation in digital culture trade. To address these challenges, this report proposes several countermeasures for the high-quality development of China's digital cultural trade: enhancing the application of digital technology in the cultural field to foster inclusive growth in digital culture trade; defining the scope of digital culture trade and establishing a unified statistical and evaluation system; achieving international recognition of digital cultural resources and elements while improving supporting legal and regulatory standards; bolstering digital economy infrastructure and reforming the talent cultivation model for digital trade; and emphasizing the development of digital platforms to unlock the potential of digital culture production.

Keywords: Digital Culture Trade; Cultural Data Elements; Digital Transformation; Talent Cultivation

B.7   China's Digital Platform Development Report (2024)

Wen Lei, Zhe Leyao / 143

Abstract: The development of digital platforms is crucial for enhancing corporate efficiency, reducing costs, and promoting business transformation and innovation. This report summarizes the business models of Chinese digital platforms from perspectives such as advertising revenue, value-added services, and data-driven approaches. It analyzes the successes and failures in the development of Chinese digital platforms through case studies of ByteDance and Renren. Based on this analysis, the report suggests that the government should establish a comprehensive regulatory framework, clarify the legal status, rights and responsibilities boundaries, and operational norms for digital platforms; optimize the business environment by simplifying approval processes, lowering market entry barriers, and providing more development space; and promote data openness and sharing, data assetization and valorization, and scientific data resource management to strengthen digital governance. Companies should enhance product and service intelligence and

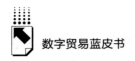
personalization by introducing advanced technologies and fostering independent innovation to meet the growing demands of consumers. Additionally, companies should prioritize data security by establishing robust data security management and evaluation systems.

Keywords: Digital Platform; Digital Security; Digital Trade

Ⅲ Special Reports

B.8 RCEP and the Development of China's Digital Services Trade

Wang Haiwen, Liu Jiayi / 160

Abstract: The rapid advancement of digital technologies has significantly progressed global digital services trade, as a new engine for global economic growth. Digital services trade not only occupies an increasingly important position and becomes a leading force in global service trade, but also contributes new vitality to global economy. The signing of the RCEP has created unprecedented opportunities for cooperation and development in digital services trade between China and its partner countries, and fostered innovation and growth in this sector. In light of the current situation, this report suggests several strategic measures: optimizing the industrial structure to promote the digital transformation of the service industry; aligning with international digital trade rules to integrate more effectively into the global trade system; enhancing technical exchanges and cooperation to facilitate data sharing and mutual recognition of systems; and strengthening digital infrastructure construction to reinforce the development momentum of digital services trade. By adopting these measures, China can continuously improve trade efficiency within the RCEP framework and inject new momentum into the high-quality development of its digital services trade.

Keywords: RCEP; Digital Transformation; Services Trade; Digital Economy

Contents

B.9 DEPA's Regulatory Scheme for Digital Trade and China's Response *Zhang Jian* / 180

Abstract: *The Digital Economy Partnership Agreement* (DEPA) is the world's first international regulation specifically targeting the digital economy, establishing a pioneering regulatory scheme for digital trade. It embodies the values, governance experiences, and developmental needs of three Asia-Pacific countries: Chile, New Zealand, and Singapore. On November 1, 2021, China formally submitted an application to New Zealand, the depository of DEPA, to join the agreement, with the aim of integrating DEPA into the emerging global governance rules of digital trade. This report examines DEPA's regulatory schemes for digital trade, outlines the commonalities and differences between DEPA's digital trade rules and other international economic and trade rules, and compares them with China's domestic digital trade regulations, especially regarding cross-border data flows. The report provides suggestions for China to better align with DEPA's digital trade rules, including strategically prioritizing digital trade, aligning with high-standard international digital trade rules, enhancing autonomous openness in digital trade, improving domestic legislation on cross-border data flows, actively participating in the formulation of international digital trade rules, and establishing a robust mechanism for the prevention and resolution of digital trade disputes.

Keywords: Digital Trade; Cross-border Data Flow; Personal Information Protection; International Economic and Trade rules

B.10 International Divergences in Digital Trade Rules and China's Response *Hao Yubiao, Xu Xiucheng* / 200

Abstract: Enhancing discourse power in digital trade rules is a crucial lever for building a strong trading nation. Currently, international digital trade rules are characterized by fragmentation, overlap, and isolation, with significant divergences

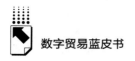
数字贸易蓝皮书

among countries preventing the formation of a unified digital trade rule paradigm.
The U. S. , EU, Japan, and China have each developed their own digital trade rule
paradigms, guiding the development direction of international digital trade rules.
However, these paradigms differ substantially in areas such as cross-border data
flows, digital intellectual property protection, and personal data privacy protection.
To enhance the influence of China's digital trade rule paradigm, this report suggests
several strategies: strengthening the development foundation and increasing discourse
power in the formulation of digital trade rules; perfecting digital trade rules to create
a more comprehensive "Chinese model"; and balancing the principles of security
and development to reinforce international cooperation in the digital domain.

Keywords: Digital Trade Rules; Digital Trade; Discourse Power

B. 11   Trends in the Transformation of Global Digital Trade Rules

Shen Meng / 232

Abstract: As digital trade increasingly becomes the core driving force of
international trade, digital trade rules are emerging as a crucial issue in the
reconstruction of international trade regulations. Currently, global digital trade
rules exhibit a diversified pattern, including the American model, the European
model, the Japanese model, and multilateral principles, with major economies
competing intensely over their formulation. To adapt to this trend, major world
economies must actively respond by adhering to international digital trade rules,
implementing non-discriminatory treatment rules for digital products, enhancing
the interoperability of cross-border data flow rules, and optimizing and innovating
new rules for digital transformation. Looking forward, the development of global
digital trade rules will likely exhibit three main trends: the integration of artificial
intelligence and digital copyright content into digital trade rules; the transition of
digital trade from unilateral approaches to inclusive integration; and the alignment
of digital trade rules with higher levels of openness.

Keywords: Digital Trade; Trade Rules; Rule Transformation

权威报告·连续出版·独家资源

皮书数据库
ANNUAL REPORT(YEARBOOK)
DATABASE

分析解读当下中国发展变迁的高端智库平台

所获荣誉

- 2022年，入选技术赋能"新闻+"推荐案例
- 2020年，入选全国新闻出版深度融合发展创新案例
- 2019年，入选国家新闻出版署数字出版精品遴选推荐计划
- 2016年，入选"十三五"国家重点电子出版物出版规划骨干工程
- 2013年，荣获"中国出版政府奖·网络出版物奖"提名奖

皮书数据库　　　　"社科数托邦"
　　　　　　　　　微信公众号

成为用户

登录网址www.pishu.com.cn访问皮书数据库网站或下载皮书数据库APP，通过手机号码验证或邮箱验证即可成为皮书数据库用户。

用户福利

- 已注册用户购书后可免费获赠100元皮书数据库充值卡。刮开充值卡涂层获取充值密码，登录并进入"会员中心"—"在线充值"—"充值卡充值"，充值成功即可购买和查看数据库内容。
- 用户福利最终解释权归社会科学文献出版社所有。

数据库服务热线：010-59367265
数据库服务QQ：2475522410
数据库服务邮箱：database@ssap.cn
图书销售热线：010-59367070/7028
图书服务QQ：1265056568
图书服务邮箱：duzhe@ssap.cn

社会科学文献出版社 皮书系列
SOCIAL SCIENCES ACADEMIC PRESS (CHINA)

卡号：745841961345
密码：

中国社会发展数据库（下设 12 个专题子库）

紧扣人口、政治、外交、法律、教育、医疗卫生、资源环境等 12 个社会发展领域的前沿和热点，全面整合专业著作、智库报告、学术资讯、调研数据等类型资源，帮助用户追踪中国社会发展动态、研究社会发展战略与政策、了解社会热点问题、分析社会发展趋势。

中国经济发展数据库（下设 12 专题子库）

内容涵盖宏观经济、产业经济、工业经济、农业经济、财政金融、房地产经济、城市经济、商业贸易等 12 个重点经济领域，为把握经济运行态势、洞察经济发展规律、研判经济发展趋势、进行经济调控决策提供参考和依据。

中国行业发展数据库（下设 17 个专题子库）

以中国国民经济行业分类为依据，覆盖金融业、旅游业、交通运输业、能源矿产业、制造业等 100 多个行业，跟踪分析国民经济相关行业市场运行状况和政策导向，汇集行业发展前沿资讯，为投资、从业及各种经济决策提供理论支撑和实践指导。

中国区域发展数据库（下设 4 个专题子库）

对中国特定区域内的经济、社会、文化等领域现状与发展情况进行深度分析和预测，涉及省级行政区、城市群、城市、农村等不同维度，研究层级至县及县以下行政区，为学者研究地方经济社会宏观态势、经验模式、发展案例提供支撑，为地方政府决策提供参考。

中国文化传媒数据库（下设 18 个专题子库）

内容覆盖文化产业、新闻传播、电影娱乐、文学艺术、群众文化、图书情报等 18 个重点研究领域，聚焦文化传媒领域发展前沿、热点话题、行业实践，服务用户的教学科研、文化投资、企业规划等需要。

世界经济与国际关系数据库（下设 6 个专题子库）

整合世界经济、国际政治、世界文化与科技、全球性问题、国际组织与国际法、区域研究 6 大领域研究成果，对世界经济形势、国际形势进行连续性深度分析，对年度热点问题进行专题解读，为研判全球发展趋势提供事实和数据支持。

法律声明

"皮书系列"（含蓝皮书、绿皮书、黄皮书）之品牌由社会科学文献出版社最早使用并持续至今，现已被中国图书行业所熟知。"皮书系列"的相关商标已在国家商标管理部门商标局注册，包括但不限于 LOGO（　）、皮书、Pishu、经济蓝皮书、社会蓝皮书等。"皮书系列"图书的注册商标专用权及封面设计、版式设计的著作权均为社会科学文献出版社所有。未经社会科学文献出版社书面授权许可，任何使用与"皮书系列"图书注册商标、封面设计、版式设计相同或者近似的文字、图形或其组合的行为均系侵权行为。

经作者授权，本书的专有出版权及信息网络传播权等为社会科学文献出版社享有。未经社会科学文献出版社书面授权许可，任何就本书内容的复制、发行或以数字形式进行网络传播的行为均系侵权行为。

社会科学文献出版社将通过法律途径追究上述侵权行为的法律责任，维护自身合法权益。

欢迎社会各界人士对侵犯社会科学文献出版社上述权利的侵权行为进行举报。电话：010-59367121，电子邮箱：fawubu@ssap.cn。

社会科学文献出版社